Universale Econom

CW00521146

BARBARA LANATI
VITA DI EMILY DICKINSON

L'alfabeto dell'estasi

Feltrinelli

Prima edizione in "Varia" settembre 1998
Prima edizione nell'"Universale Economica" maggio 2000

ISBN 88-07-81608-3

A Emily
che a tutti noi ha fatto dono dell'alfabeto dell'estasi
e a L.B., R.B., N.F., B.P., V.G., che mi hanno aiutata in
tempi diversi della mia vita a scoprire di quell'alfabeto
grammatica e sintassi.
A V.G. devo anche il titolo

Premessa

1830-1886: l'arco della vita di Emily Dickinson. Trascorsa in una grande casa, la Homestead *paterna, nel cuore di una delle cittadine ancora oggi più spettacolarmente belle del Massachusetts. Circondata di verde, la casa, di boschi e prato e morbide colline, Amherst. Là visse in reclusione volontaria, si racconta, dal 1866 in avanti. Forse, nonostante qualche viaggio – uno impostole dal padre a Washington e Filadelfia, due dalla salute a Cambridge – fin dal 1852. Raccontano infatti che si fosse, una sera, attardata a lungo, con un amico, a chiacchierare sull'uscio di casa. Al buio. Il padre le avrebbe fatto una scenata ed Emily Dickinson, spirito ribelle fin da bambina, avrebbe detto: "Bene, se è questa la fiducia che mi si dà, non uscirò mai più". Detto, fatto. Raccontano, raccontano, raccontano. Chi tra i tanti dirà la verità? E poi, perché cercarla?*

Il "caso" Emily Dickinson deflagrò in America nel 1890, anno di pubblicazione di una raccolta piuttosto smilza di poesie. Un successo: nel giro di due anni il volume contò undici ristampe. Nel 1891, una seconda raccolta, cinque edizioni in due anni.

Tanto è stato scritto sulla poesia di Emily, che intorno all'età di trent'anni decise di vestirsi di bianco. Sempre. Un vestito dopo l'altro, bianco. La sarta la ricorda "bella" ma non ricorda di averle mai provato un abito. La sorella aveva la stessa taglia e gli abiti li provava lei. La sarta "ricorda" e affida la sua testimonianza a chi la intervista, quando Emily non c'è più. I "racconti" e i "ricordi" si accumulano, incrociano. Qualcuno li raccoglie e pone le prime fondamenta del lavoro "critico" che verrà. Su di lei infatti da viva non ha scritto nessuno, se non appunti su diari. Sono conoscenti e amici di famiglia.

A lei, invece, personalmente hanno scritto in molti. Non tutto è rimasto. Lettere perdute, lettere bruciate, come molte di quelle che Emily ha scritto agli altri: alcune "perse", altre distrutte per errore o per discrezione. Oppure per noncuranza, perché – quando era viva – era una ragazza come tante. Curiosa, spiritosa, divertente. Colta. Una come le tante ragazze al di qua e al di là dell'Oceano cui la famiglia, in attesa che si sposassero, concedeva il lusso di intrattenere rapporti epistolari con amici: potevano abitare due isolati più in là della sua casa o dall'altra parte del mondo. Una lettera, tutt'al più, è un peccato veniale. Se ci sono sospetti che sconfini al di là del territorio rassicurante di una buona amicizia, la si può intercettare, oppure cercare e rispedire al mittente, oppure "benedire", quando tra le righe trapeli qualcosa di diverso, se è una lettera che prelude a un fidanzamento.

Le sue poesie e poi le lettere, due volumi, apparsi nel 1894, videro le stampe per volontà del fratello Austin e della sorella Lavinia. Insieme scatenarono una sorta di balletto interpretativo da un lato, editoriale dall'altro. Seguirono ulteriori pubblicazioni: nel 1914 un terzo volume di poesie a cura della nipote, Martha Dickinson Bianchi, figlia di Austin, poi sempre a cura sua nel 1924 una biografia; e ancora altre poesie, altre lettere "inedite", nel 1932, nel 1935, nel 1937 e infine nel 1945, ma in questo caso a cura di Millicent, figlia di Mabel Loomis Todd, la primissima curatrice insieme a Thomas Higginson del volumetto del 1890. L'edizione definitiva della sua produzione poetica, curata da Thomas H. Johnson, nel 1955, e di quella epistolare, raccolta in collaborazione con Theodora Ward nel 1958, portò una pausa – breve – di pace nel mondo dell'editoria. La serietà del lavoro dei curatori, la loro totale, imparziale affidabilità trasparivano dalle annotazioni a ogni singola lettera o poesia (ricostruivano rimandi letterari e citazioni, datavano gli scritti sulla base di eventi di grande o piccola portata, ne indicavano i destinatari), dalle appendici ai volumi che ricostruivano il percorso dei primi curatori. Johnson e Ward indicavano con precisione quali fogli fossero autografi, quali trascrizioni, quando e se l'originale fosse andato perduto e da chi.[1]

[1] *The Poems of Emily Dickinson* a cura di Th. H. Johnson, Harvard University Press-The Belknap Press, Cambridge, Mass. 1955, 3 voll. Alla numerazione, e dunque datazione, suggerita da Th.H. Johnson mi atterrò limitandomi a indicare, accanto alla poesia, il numero assegnato dal curatore della sua opera completa. Tutte le traduzioni sono mie, alcune inedite, altre già apparse in Emily Dickinson, *Silenzi*, Feltrinelli, Milano 1997. Quanto alle lettere, la mia fonte sarà *The Letters of Emily Dickinson*, a cura di T. H. Johnson e Th. Ward, Harvard University Press-The Belknap Press, Cambridge, Mass. 1958. Anche in questo caso sono responsabile delle traduzioni, alcune inedite, altre già raccolte in *Emily Dickinson: Lettere (1845-1886)*, Einaudi, Torino 1991.

Sembrò ai lettori e agli studiosi che il campo, per quanto vasto – 1775 poesie e 1409 lettere, più epigrammi e aforismi – fosse finalmente circoscritto. Ma così non fu. Nella loro presunta organicità, lettere e poesie sembravano ora disegnare – finalmente – la trama di un lungo romanzo.

Tuttavia era una trama solo punteggiata. Era come guardare un negativo di cui il tempo aveva cancellato i contorni, appannato piccole zone. Sfocato altre. Era come guardare in controluce un arazzo prezioso dimenticato sulla parete di un maniero medievale che il gelo e l'umidità avevano liso in più punti. Della figura femminile che ne era il centro, si distinguevano con chiarezza la bocca, tenera e sensuale, gli occhi malinconici e allo stesso tempo ben disegnati, occhi che incontravano con fermezza lo sguardo di chi la interrogava. Tutto il resto della sua persona sembrava consumato dal tempo. Sembrava senza corpo. Intorno, un gruppo folto di figure maschili e femminili. Molti bambini. Di tutti restava il contorno, ma a molti mancava un volto. Di altri si notava un gioiello, oppure un grembiule, oppure il libro che tenevano in mano. Sfumati nel colore e nella forma, libri affastellati e sparsi, fiori, felci e muschio, foglie, grappoli d'uva. Tralci di glicine.

La curiosità è una delle malattie più interessanti ed estenuanti da cui un lettore possa essere contagiato. Insieme all'amore per la lettura, muore con lui. Ma si trasmette ai lettori a venire, che infatti – dopo l'edizione "definitiva" del suo lavoro – continuarono a interrogarsi e a interrogarlo. Come era possibile che avesse scritto tanto e in così pochi anni? E ancora, cosa nascondeva la sua improvvisa freddezza nei confronti di persone cui aveva spedito lettere calorose, accludendovi poesie, accompagnandole a cestini colmi di fiori e frutta? O il suo appassionato rivolgersi a destinatari sconosciuti sulla cui identità nessuno riusciva ad avanzare ipotesi?

Come raccontare di un'esistenza tanto enigmatica e silenziosa, che sembrava autocancellarsi giorno dopo giorno dal mondo esterno, per riprendere corpo giorno dopo giorno e notte dopo notte su pagine bianche, sul retro di fogli già scritti o di buste intestate, a volte anche al loro interno?

A funerale avvenuto la sorella Lavinia trovò nella sua stanza più di quanto sospettasse: poesie, minute di lettere, fascicoletti che accorpavano, a seconda dei momenti della sua vita, brevi componimenti poetici. Il corpo del suo lavoro. E fu allora che Lavinia chiese all'amica di famiglia Mabel di "trascriverle" per lei. Di dar loro una forma per poi pubblicarle. Fu quando, negli stessi mesi, la cognata Susan Gilbert Dickinson, cui Emily aveva dedicato e regalato molti componimenti, cominciò a buttar acqua sul fuoco della poesia di Emily, intrattenendo chi andava a trovarla con la lettura di quei versi che le erano stati dedicati, puri esercizi sororali di cui lei avrebbe avuto l'esclusiva assoluta.

Fu a quel punto che i nodi presero a moltiplicarsi, i pettegolezzi a infittirsi, tanto da coinvolgere un numero sempre più alto di conoscenti della famiglia Dickinson e di Mabel Loomis Todd. E tra una dichiarazione ufficiale e una sussurrata, una testimonianza scritta e una trasmessa di bocca in bocca, travisata e distorta, prese corpo il mistero della donna e della poesia di Emily Dickinson.

Pregiudizi vittoriani e ostilità piccolo-borghesi colorarono lo scenario, anche se, con tutta probabilità, chi l'amò o le volle davvero bene in vita si astenne – come vedremo – dal rilasciare dichiarazioni o consegnare lettere che aprissero ulteriori squarci nella voragine di informazioni più o meno distorte che intorno a lei venivano date.

Certo il fatto che Mabel fosse anche l'amante ufficiale di Austin, come tutti, compresa la moglie Susan Gilbert, sapevano, non aiutò a calmare le acque della curiosità. Anzi, la notorietà del fatto le intorbidì. Così, per paradosso, Emily "esiste" perché accanto a lei esistono due donne e le loro figlie: Millicent e Martha. Tra le due donne, un uomo, amante della prima e marito della seconda: il fratello di Emily, Austin.

Accanto a Mabel, Thomas Higginson, con cui Emily intrattenne rapporti epistolari per quasi trent'anni. Uomo di cultura, incuriosito dalla sua persona e spaventato dalla sua poesia. Si sarebbe adoperato, "dopo" la morte di Emily, forse anche affascinato dalla determinazione e dalla bellezza di Mabel, perché la sua produzione vedesse le stampe. Sarebbe stato lui, non Mabel, il "curatore" del primo scarno volumetto di poesie.

È prima di tutto a loro che dobbiamo la "vita" di Emily Dickinson così come ci è stata e ci sarà raccontata.

Nota bibliografica

Sono elencati di seguito i testi di cui mi sono avvalsa per ricostruire il percorso della vita di Emily Dickinson, testi preziosi per il materiale originale e primario che contengono, al di là di possibili letture e interpretazioni del materiale stesso. Naturalmente, accanto agli scritti di Emily Dickinson (raccolti nella *Sezione I* di questa nota), i miei punti di riferimento sono stati soprattutto lavori che, a cominciare dallo studio di George F. Whicher, raccolgono informazioni sulla famiglia di Emily Dickinson, sulla comunità di Amherst, sui costumi e le abitudini dell'epoca, sui riti, eventi culturali e politici, di grande o all'apparenza piccola portata, che la segnano. Da questo punto di vista, la fonte in assoluto più affidabile e preziosa di cui mi sono avvalsa sono stati i due volumi di J. Leyda citati nella *Sezione II*.

Per ulteriori, esaustive indicazioni bibliografiche rimando alla Nota bibliografica del mio Emily Dickinson, *Silenzi*, Feltrinelli, Milano 1996.

Sezione I

Franklin, R.W. (ed.), *The Manuscript Books of Emily Dickinson*, Harvard University Press-The Belknap Press, Cambridge, Mass. 1981, 2 voll.

Johnson, Th.H. (ed.), *The Complete Poems of Emily Dickinson*, Little, Brown and Company, Boston 1960.

Johnson, Th.H. e Ward, Th. (eds), *The Letters of Emily Dickinson*, Harvard University Press-The Belknap Press, Cambridge, Mass. 1958, 3 voll.

Rosembaum, S.P., *A Concordance to the Poems of Emily Dickinson*, Cornell University Press, Ithaca, N.Y. 1964.

Sezione II

Bingham, M.T. (ed.), *Emily Dickinson's Home: Letters of Edward Dickinson and His Family with Documentation and Comment by Millicent Todd Bingham*, Harper and Brothers Publishers, New York 1955.

Bingham, M.T., *Ancestors' Brocades: The Literary Debut of Emily Dickinson*, Harper and Brothers Publishers, New York and London 1945.

Bingham, M.T., *Emily Dickinson: A Revelation*, Harper and Brothers Publishers, New York 1954.

Capps, J.L., *Emily Dickinson's Reading 1836-1886*, Harvard University Press, Cambridge, Mass. 1966.

Franklin, R.W., *The Master Letter's of Emily Dickinson*, Amherst College Press, Amherst, Mass. 1986.

Johnson, Th. H., *An Interpretative Biography*, Harvard University Press-The Belknap Press, Cambridge, Mass. 1963.

Lease, B., *Emily Dickinson's Readings of Men and Books, Sacred Soundings*, Basingstoke MacMillan, London 1990.

Levi St. Armand, B., *Emily Dickinson and Her Culture*, Cambridge University Press, Cambridge, Mass. 1984.

Leyda, J., *The Years and Hours of Emily Dickinson*, Yale University Press, New Haven, Conn. 1960, vol. I, pp. 1-398, vol. II, pp. 1-525.

Longsworth, P., *Austin and Mabel: The Amherst Affair and Love Letters of Austin Dickinson and Mabel Loomis Todd*, Farrar Strans Giroux, New York 1984.

Pollak, V.R. (ed.), *A Poet's Parents and the Courtship Letters of Emily Norcross and Edward Dickinson*, University of North Carolina Press, Chapel Hill, N.C. 1988.

Sewall, R.B., *The Life of Emily Dickinson*, Harvard University Press, Cambridge, Mass. 1994[2].

Sewall, R.B., *The Lyman Letters: New Light on Emily Dickinson and Her Family*, The University of Massachusetts Press, Amherst, Mass. 1965.

Whicher, G.F., *This Was a Poet: A Critical Biography of Emily Dickinson*, Charles Scribner's Sons, New York and London 1938.

* Nel caso di opere e autori inglesi o americani che siano entrati nella storia della letteratura ometterò date, in quanto facilmente reperibili per il lettore italiano.

1.

1830-1853

In data 1883, il "Boston Journal", in un articolo che illustrava una delle grandi riunioni di famiglia organizzate periodicamente ad Amherst dai Dickinson, annotava come non fosse mai stato chiaro fino a che punto la cittadina di Amherst Massachusetts fosse dei Dickinson o invece i Dickinson fossero di Amherst. Samuel Fowler Dickinson (1775-1838), il nonno di Emily, vi era nato nel 1775.

Le radici della famiglia risalivano naturalmente all'Inghilterra e all'epoca di Guglielmo il Conquistatore. Venivano dallo Yorkshire, dal grande feudo di Walter de Kean il cui nome, di generazione in generazione, si era trasformato in de Kean, poi Dykonson, e ancora Dickonson e infine Dickinson. Nathaniel Dickinson, dodicesimo discendente di quella generazione, era nato nel 1600 a Ely, piccola cittadina del sud dell'Inghilterra da cui sarebbe partito nel 1630, al seguito di John Winthrop, per un lungo viaggio attraverso l'Atlantico alla volta della "Nuova Inghilterra", e del Nuovo Mondo.

Ad accoglierli fu la Connecticut Valley, quella grande fascia di terreno, a ovest di Boston, che scende accompagnandosi a destra e sinistra del fiume omonimo nel sud del Vermont, lungo tutto il Massachusetts, poi sempre più a Sud, attraverso il Connecticut, fino a New Haven, sul mare: verde, rigogliosa, potenzialmente ricca, pericolosa e selvaggia, quella zona si presentava come l'identico rovesciato della morbida campagna inglese e di Ely, la splendida minuscola città a due passi da Cambridge la cui cattedrale resta oggi a ricordare, irripetibile nella raffinata architettura, lo splendore di un'epoca – quella elisabettiana – e implicitamente la

13

disperazione di chi, come nel caso di Nathaniel Dickinson e della sua famiglia, lasciava l'Inghilterra per ragioni di ordine più politico e religioso che economico. Furono gli insediamenti-villaggio di Wethersfield, in quello che oggi è lo stato del Connecticut, e poi Watertown, a poche miglia da Amherst, ad accoglierli. A far sì che di generazione in generazione prendesse corpo la dinastia americana dei Dickinson, così "purosangue" da essere etichettata ai primi del Novecento come "of Royal Descent".

Samuel Fowler Dickinson, che apparteneva alla sesta generazione dei Dickinson d'America fu, prima ancora del figlio Edward (1803-1874), figura di eccezionale spicco, culturale ed economico, nella piccola Amherst. Irrequieto e fantasioso, dopo aver costruito nel 1813 la prima grande casa di mattoni circondata da un ampio giardino, la Homestead in Main Street in cui sarebbero nati sia Edward che sua figlia Emily Dickinson, si adoperò anche economicamente perché fossero fondati la Amherst Academy nel 1814 e poi lo Amherst College nel 1821. Credeva nell'imprenditoria con lo stesso entusiasmo con cui credeva nella cultura, nella necessità dell'istruzione. E per questo motivo si indebitò fino alla rovina per aprire nel 1828 una scuola in cui lo studio della scienza si coniugasse con quello dell'avvocatura e della legge. L'avrebbe mandata avanti da solo. Comprensibilmente, l'ambizione utopica del suo progetto dovette urtare la sensibilità di coloro che nel maggio del 1828 l'avevano proclamato rappresentante alla Corte suprema dello stato del Massachusetts. Scuola e politica erano due pesi difficili da portare. Fu un fallimento su entrambi i fronti.

E fu così che, dopo aver venduto parte della sua casa al figlio, il 3 aprile del 1830, e quanto della Homestead ancora gli apparteneva nel marzo del 1833 al generale David Mack, si trasferì a insegnare in Ohio, a Cincinnati, dove sarebbe morto nel 1838. Dimenticato per la lontananza, per quella sua vita così poco ortodossa rispetto a quella della grande "famiglia" Dickinson, da quasi tutti i figli. Nel 1840 Edward di figli ne aveva ormai tre, era impegnato sul piano politico e civile ad Amherst e in tutta la zona circostante. Era una figura "pubblica" di primo piano, autorevole e rispettata, e l'originalità del padre e la sua vita economicamente e culturalmente disordinata, rappresentavano per lui una probabile fonte di imbarazzo. Ironia della sorte, proprio quell'originalità

14

del padre, il suo anticonformismo di fondo, si sarebbero inscritti nella vita dei suoi tre figli.

Aveva ventitré anni Edward Dickinson quando, laureatosi in legge a Yale, cominciò a corteggiare Emily Norcross (1804-1882), nel 1826. Il periodo che precedette il loro matrimonio, celebrato senza testimoni e invitati a Monson, dove Emily Norcross viveva, il 6 maggio 1828, fu – a dar fede alle lettere che si scambiarono, sessantacinque scritte da Edward e ventiquattro scritte da lei – abbastanza burrascoso. Edward era deciso, affettuoso, anche appassionato. Sembrava aver fretta di sposarsi. Emily Norcross rispondeva laconica alle sue lettere, quasi – condannata al matrimonio – desiderasse vedere Edward il meno possibile e ritardare la data delle nozze. Quando Edward si recava in visita a Monson era Lavinia (1812-1860), la futura cognata, la zia che Emily Dickinson avrebbe tanto amato, a uscire con lui, a farsi vedere in pubblico. Piuttosto, Emily Norcross usciva la sera, quando Edward era lontano. Si costruiva quella cultura – così sosteneva – cui lui teneva tanto e che a lei di certo mancava, viste le sgrammaticature e gli errori di ortografia che le sue lettere contengono. Non è improbabile che a quel punto della sua vita, per quanto poi i termini del rapporto tra i due fossero destinati a cambiare, amasse un altro uomo, forse il cugino Albert. Con lui avrebbe mantenuto buoni rapporti anche dopo il matrimonio, ricevendolo in visita ad Amherst e suscitando la comprensibile gelosia di Edward, che forse già sospettava di quella relazione prima di sposarsi.

Il matrimonio, l'eleganza architettonica della casa dei suoceri in cui di lì a poco sarebbe andata a vivere, le iniziali ristrettezze economiche piegarono Emily Norcross. Figlia di piccolissimi proprietari terrieri, non resse all'impatto con una cittadina e soprattutto con una grande famiglia, suocero compreso, colta, discreta, riservata, secondo l'etichetta vittoriana, anche se "pubblica". Non resse la lontananza dal marito spesso in viaggio per impegni politici, la solitudine, i tre figli, i traslochi dalla Homestead alla casa in North Pleasant Street e poi di nuovo nella grande casa della famiglia Dickinson.

Della sua iniziale assertività e indipendenza si perdono le tracce. Se ne appanna il ricordo nelle parole dei figli e del marito, dei vicini dalla cui vista sembrò poco per volta scivolare "lontano". In quei primi anni difficili – Edward spesso in viaggio per impegni politici e di lavoro – le fu vicina solo la sorella Lavinia, spirito indipendente fino alla fine, al punto da sfidare l'ira del padre e l'opinione pubblica sposando nel 1834 il cugino Loring Norcross (1808-1863) di cui era davvero innamorata e lasciando la claustrofobica Monson, per trasferirsi definitivamente a Boston.

Le fu vicina prendendosi cura della sua salute irreversibilmente indebolita, a partire dalla prima gravidanza. Austin nasce nell'aprile del 1829; nel maggio dell'anno seguente Emily Norcross è di nuovo incinta: sarà la volta di Emily, che nascerà il 10 dicembre. Lavinia terrà Emily con sé in vacanza a Monson nei mesi di maggio e giugno, e poi di nuovo per qualche tempo quando nel 1833, a febbraio, nascerà Lavinia Norcross (la madre volle che la sua terzogenita portasse come secondo nome il suo cognome da nubile),[1] e ancora nell'estate seguente. Alla sorella Lavinia scrive, a suo modo rassicurandola: "Emily parla di suo padre e di sua madre di tanto in tanto e anche del piccolo Austin, ma non esprime il desiderio di vederti. È felice qui". Lavinia sa della fragilità nervosa della sorella, non vuole che si senta in colpa per aver separato per qualche tempo i bambini. È lei ad aver bisogno di cure. Anche Edward è preoccupato. Le è ancora vicino: le scrive da New York, da Boston, ma Emily Norcross è ormai persa in se stessa. Scrive tenere lettere al marito che gli impegni tengono sempre più lontano. Il fratello Alfred le ricorda: "Non devi lasciare che le preoccupazioni ti travolgano: non c'è nulla al mondo di più debilitante dell'ansia". Poco per volta Emily Norcross si chiude in se stessa. Non scrive più a nessuno. In una lettera a Edward, la sorella Lucrezia scrive nel gennaio del 1838: "[...] Mi dici che Emily [Norcross], non ha nessuno che l'aiuti. Mi auguro non sia sola in questo tempo da lupi. Voglio vedere i bambini. Lavinia ormai sarà in grado di parlare e Austin e Emily vanno a scuola. Tutto il mio affetto ai bambini e a Emily [Norcross]. Di' a tua moglie che mi farebbe piacere se almeno scrivesse il suo nome nella tua prossima lettera, se non altro per non dimenticare come si scrive. Le scriverei io ogni tanto se solo rispondesse alle mie lettere".

La vita professionale ed economica di Edward, che nel 1835 fu nominato Tesoriere ufficiale dell'Amherst College, prese fin

---

[1] Nel mio testo mi riferirò sempre alla sorella di Emily come Lavinia, o Vinnie, e alla madre come Emily Norcross, per evitare confusioni con Emily Dickinson figlia.

dagli inizi una piega migliore di quella del padre. Molto affezionato ai figli, li avrebbe legati a sé: il figlio maschio nell'esercizio dell'avvocatura e le figlie alla sua "casa", a quello splendido edificio in cui, con regolarità, *pater familias* esemplare, tornava dai frequenti viaggi per essere amato in silenzio e di nascosto. "Mio padre avrebbe dato la vita per noi tre, ma non ce lo fece mai capire. Non ci fu una sola volta in cui ci avesse augurato buona notte con un bacio," confesserà Lavinia. E nel 1862 Emily, ricordando di certo anche gli anni dell'infanzia, così lo descriverà: "Mio Padre, troppo preoccupato delle difese in tribunale – per accorgersi di quello che facciamo – mi compra molti libri – ma mi supplica di non leggerli, perché ha paura che mi scuotano la mente".

Isolata dall'esterno Emily Norcross si legherà sempre di più a Edward. La routine quotidiana, la Chiesa non le bastano e l'attaccamento a Edward si fa sempre più forte. Nel 1838 sia Austin che Emily frequentano la scuola elementare, lo spazio da loro lasciato Emily Norcross lo riempie dell'attesa di Edward, cui ora scrive confessandogli il suo amore, dicendogli finalmente quanto gli manchi. Edward, lontano, le ricorda di come "la loro separazione rafforzi l'affetto che li unisce e li ha sempre legati" e come lei rappresenti ai suoi occhi l'essenza stessa della parola "casa".

...Emily: chiesa e famiglia

Lo stesso giorno in cui la lettera le viene spedita, Emily Norcross ne scrive a sua volta una al marito: "È finalmente vicino il momento in cui spero di abbracciare il mio amato sposo [...], i bambini stanno bene, tranne Emily, come sempre [...] dice che è stanca di vivere senza un padre". Cominciano per Emily le assenze da scuola; a volte è il padre che suggerisce che resti a casa, a volte è lei, che preferisce la libertà. "Quando da bambina passavo molto tempo nei boschi," ricorderà Emily avanti negli anni, "mi si diceva che il serpente mi avrebbe morso, che avrei potuto raccogliere un fiore velenoso, o che gli Spiriti Maligni mi avrebbero rapita, ma io non rinunciai e non incontrai altro che Angeli che erano ancora più timidi al mio cospetto, di quanto lo fossi io al loro, per quanto non abbia quella sicurezza nella menzogna che molti invece praticano."

Nell'infanzia i boschi e la campagna sono la "chiesa" che Emily ama frequentare, diversa da quella visitata la domenica dai genitori: "Sono religiosi – tranne me – e tutte le mattine si rivolgono a un'Eclissi – che loro chiamano 'Padre'". Per evitare di unirsi ai formali e religiosi riti domenicali della famiglia, Emily ragazzina andava a nascondersi nello scantinato di casa. Una domenica la ritrovarono il pomeriggio tardi – leggeva tranquilla. "Perché tante discussioni?" disse a Lavinia "semplicemente non avevo voglia di venire in Chiesa."

All'età di sedici anni confessa ad Abiah Root (1830-?), amica e compagna di scuola: "Penso alla felicità perfetta che ho provato quando ho creduto di essere un'erede del cielo, come un sogno delizioso dal quale il Male mi ha risvegliata per farmi tornare al mondo e ai suoi piaceri. Non avessi mai dato ascolto alle sue parole avvincenti! Non vorrei cambiare oggi mille mondi come questo con quei brevi momenti in cui ho amato il mio Salvatore. Allora mi dava una gioia immensa avere rapporti di intimità totale con Dio e sentire che lui avrebbe ascoltato le mie preghiere. Decisi di dedicare la mia intera esistenza al suo servizio e desiderai che tutti assaporassero il gusto dell'acqua che scorre nel fiume della vita con la quale spegnevo la mia sete. Ma il mondo mi affascinava e in un momento di distrazione diedi ascolto alla sua voce di sirena. Da quel momento poco per volta mi parve di perdere qualsiasi interesse nei confronti del sacro".

Adolescente, riesce a dar forma e parola al suo disagio. Poiché sente di non essere "chiamata" a far parte della "Nuova Chiesa" – la Chiesa congregazionalista –, di non meritarlo, di non volerlo, non ci va. In data 28 marzo 1846, nella stessa lettera all'amica, spiega: "La preghiera che avevo praticato con tale gioia divenne un dovere e la mia presenza venne a mancare dal numero di coloro che in piccolo gruppo si riunivano per pregare. Gli amici cercarono di farmi ragionare e mi dissero del pericolo cui andavo incontro: il Santo Spirito di Dio se ne sarebbe addolorato. Capii il pericolo in cui mi trovavo e ne fui spaventata, ma me ne ero andata a vagabondare troppo lontano per poter fare ritorno e da quel momento il mio cuore si è fatto sempre più duro e sempre più lontano dalla verità e adesso non mi resta che lamentarmi con amarezza della mia pazzia – e così pure della mia condizione di indifferenza al momento attuale".

Emily non si piegherà per anni, preferirà vedersi esclusa dal gruppo degli eletti: quando verrà, quella chiamata, sarà solo per lei, non "pubblica", ma esclusiva, totale, privata. Sarà un confronto a due – tra sé e l'altro – quando l'altro avrà il volto e la voce che lei sarà stata in grado di "conoscere": se ci saranno conti aperti, dall'una o dall'altra parte, saranno loro due a pareggiarli, da soli, lontano dalla Chiesa, lontano dagli sguardi indifferenti o compiaciuti degli altri membri della comunità.

La casa è il luogo in cui si rifugia quando l'esterno la spaventa, per aprirle l'anima a nuove paure: "Da bambina, tutte le volte che mi accadeva qualcosa, correvo a Casa incontro al Terrore," ricorda nel 1874. Qualche tempo prima aveva confessato a Thomas Higginson (1823-1911): "Non ho mai avuto una madre. Ho la sensazione che una madre sia la persona da cui ci si precipita quando si è preoccupati". Poche tracce restano nell'epistolario di Emily Dickinson della figura della madre, di cui peraltro si occuperà quotidianamente avanti negli anni. Bambina, la fugge. È una donna solitaria, melanconica, fragile di nervi, costante preda dell'ansia nei cui confronti, come il fratello, anche Edward la mette in guardia: "Abbi cura di te. Non essere nervosa. Non lasciare che l'ansia si impossessi di te" (8 gennaio 1839).

Emily amò dunque in silenzio e di nascosto un padre e una madre che sentì lontani, di cui non seppe decodificare il linguaggio: "A mia madre non interessa il pensiero," scrive a Higginson per confessargli poi a voce, incontrandolo nel 1870: "Fino all'età di quindici anni non sapevo leggere l'ora. Mio padre me lo aveva spiegato, ma non avevo capito ed ero terrorizzata ad ammetterlo, oppure a chiederlo agli altri, per paura che lui se ne accorgesse". A scuola, tuttavia, era eccezionale, "aborriva la superficialità, le soluzioni da quattro soldi, la faciloneria," dichiarerà il fratello. Era per le compagne un punto di riferimento, una specie di idolo: spiritosa, attenta, allegra. I suoi temi venivano letti in classe ad alta voce.

...sola in grande splendore

Quando i Dickinson lasciano la Homestead per trasferirsi in North Pleasant Street, dove resteranno fino al 1855, Emily ha dieci anni e nell'autunno del 1840, il 7 settembre, viene iscritta alla Amherst Academy: quattro anni di scuola media insieme alla sorella Lavinia. Ora le vite dei componenti della famiglia Dickinson sembrano svolgersi secondo ritmi meno costretti e costrittivi.

La scuola ha un effetto liberatorio su Emily e Lavinia, le apre a nuove amicizie e incontri non solo culturali. Se la madre resta nell'ombra, anche nella nuova casa, Edward è deciso a rafforzare la sua immagine di figura pubblica: è determinato a proseguire la sua carriera politica. Così, nel gennaio del 1842 è eletto rappresentante al Senato della Hampshire County e nel maggio presidente della Società agricola delle contee di Hampshire, Franklin e Hampden. I suoi viaggi si faranno sempre più frequenti e la vita, fuori casa, attiva. Austin si allontana e parte per il Willston Seminary. Emily ne sente la mancanza, ma la sua assenza la spinge a scrivere. A scrivergli di sé e delle sue nuove amicizie, della vita "fuori" così come, colorata, densa di avvenimenti, anche banali, di pettegolezzi divertenti, di piccoli incidenti, quella vita la accoglie. Austin è il suo punto di riferimento privilegiato, l'amico con cui condivide e condividerà gusti letterari ed estetici, amicizie e confidenze.

Anche Edward fa di lui un punto fermo della sua vita. Austin è il suo "progetto". Punta con successo su di lui, nonostante i tentativi che il figlio farà di lì a qualche anno per emanciparsi dalla figura e dal modello paterno. Lavinia ed Emily per Edward hanno un destino diverso: nella sua immaginazione fanno parte di una vita e una routine che sarà meglio non modificare. Edward infatti costringerà Emily a interrompere gli studi superiori per motivi di salute. Lo studio e le "buone letture" fatte di nascosto la eccitano, ma la stancano. I nervi cominciano a cederle, così sembra agli altri, così comincia a credere Emily. L'instabilità nervosa delle amiche adolescenti – come spesso accade – la contagia.

La morte di una ragazza di quindici anni nell'aprile del 1844 è il primo forte trauma di cui Emily abbia consapevolezza. All'amica Abiah Root ricordando quella morte, Emily scriverà: "Era troppo bella per il mondo e fu trapiantata dalla terra al cielo. Durante la malattia sono stata a trovarla spesso e sono rimasta al suo capezzale a curarla. Ma col passare del tempo la Ragione l'abbandonò e il medico impedì a chiunque, tranne che all'infermiera, di entrare nella sua stanza. Poi mi parve che anch'io avrei dovuto morire se non me l'avessero lasciata curare o almeno guardare in faccia. Col passare del tempo il dottore disse che avrebbe dovuto morire e mi permise di guardarla per un attimo, attraverso la porta aperta. Mi tolsi le scarpe e senza far rumore scivolai dentro la stanza dell'ammalata. Se ne stava là, dolce e bella, come in salute, i lineamenti pallidi illuminati da un sorriso – che non era di questo mondo. La stetti a guardare fino a quando gli amici me lo concessero, e quando mi dissero di smettere, lasciai che mi portassero fuori. Non versai una lacrima, avevo il cuore troppo gonfio per piangere, ma dopo che la misero a giacere nella bara e sentii che non avrei più potuto richiamarla, diedi sfogo a una malinconia permanente".

Emily, prostrata, spaventata, si ammala e la madre per "curarla" la manda lontano. Saranno gli zii Norcross a Boston ad accoglierla nei mesi di maggio e giugno, a rassicurarla, a farle sentire intorno il calore di una casa accogliente, di una famiglia unita. Emily lo sente e, come vedremo, non lo dimenticherà mai. La gratitudine che non smetterà un solo giorno di provare l'accompagnerà tutta la vita. Lavinia sarà la sua vera madre e più tardi le due cugine, Louise (1842-1919) e Frances Lavinia (1847-1896), due sorelle; per Emily un'unica persona, cui scriverà spesso lettere indirizzate a entrambe, quasi fossero una sorta di reincarnazione, immortale sdoppiamento della zia Lavinia.

Ma se la zia Lavinia la protegge di lontano, la madre "vigila" e quando le scrive, in data 27 maggio 1844, la rimprovera di non tenersi in contatto con la famiglia, di non scrivere. Poi, con una punta di acredine avanza il sospetto che "Emily" sia troppo "occupata" in altre faccende per farlo. Quanto alla data del suo ritorno, le comunica che sarà il padre a deciderla, dunque su quel punto "non si pronuncerà". Edward le scrive a sua volta una lettera "paterna", dunque, come ci si aspetta da un vero *pater familias*, austera, autoritaria: la invita in maniera perentoria ad andare a visitare – tra tutti i luoghi storici, i monumenti, i parchi, i laghi che il New England già in quegli anni offriva – il manicomio di Worcester. La prega inoltre di fare molta "attenzione", quando al ritorno dovrà cambiare carrozza a Palmer, a non cadere. E aggiunge: "quanto a Vinnie – che resterà ad Amherst mentre loro quel giorno si recheranno a Northampton – si occuperà lei della casa e sarà in grado di prepararsi una buona cena, da sola [...]. È una ragazza in gamba, è indipendente, e non parla mai di sua sorella".

Poiché non risulta che Emily tenesse o abbia mai tenuto un diario, non sappiamo quanto la formalità e la freddezza delle lettere dei genitori – scritte nel momento in cui, nel pieno di una crisi adolescenziale, avrebbe avuto bisogno di sentirli vicini – abbiano contribuito a indicarle come unica strada di sopravvivenza emotiva quella di una vita solitaria e appartata. Quanto le abbiano insegnato a non aspettarsi nulla dagli altri. Certo in qualche modo, a suo modo, "rispose" a quelle lettere. Nel maggio dell'anno seguente in un'altra lettera all'amica del cuore di quel periodo, Abiah, scrive: "Questa mattina Vinnie è andata a Boston con nostro padre, starà via un paio di settimane così io me ne resto sola, in grande splendore. Credo che ormai ci sia anche arrivata, me la immagino mentre guarda, bocca e occhi spalancati, le meraviglie della città".

Abiah fa parte del gruppo esclusivo delle cinque compagne di scuola che Emily alla Amherst Academy sceglie come sue confidenti privilegiate oltre al fratello. Insieme ad Abiah, dopo il cui matrimonio avvenuto nel 1854, non risulta abbia mantenuto contatti, del gruppo fanno parte Sarah Tracy, che finita la scuola lascerà Amherst per tornarvi in visita solo una volta nel 1851; Harriet Merrill, di cui poco si sa oltre al fatto che la madre mandava avanti una piccola locanda ad Amherst, e Abby Wood (1830-1915) che, sposatasi nel 1855, si sarebbe trasferita in Siria per fondare una scuola, la futura Università americana di Beirut.

Con lei invece Emily manterrà contatti regolari, anche se si è persa traccia delle loro lettere. Contatti di cui l'erbario prezioso ed esotico tenuto da Emily è viva testimonianza. Un rapporto, quello con Abby, ovviamente forte e cresciuto negli anni, che lascia tracce vistose nella produzione poetica di Emily, ricca di riferimenti all'Oriente, alla sua magia, alla sua barbara, affascinante, "umanizzata" fauna. Alla alterità filosofica degli spazi secchi e desertici che lo disegnano, l'immaginazione e la poesia di Emily guardano da vicino attraverso le parole, i reperti, gli "scorci" di cui le lettere dell'amica daranno riferimento.

Rapporto così intimo, forte, quello conservato negli anni con Abby al punto che, quando lei nel 1878 tornerà in visita ad Amherst, Emily accetterà – privilegio raro – di vederla.

L'entusiasmo, tuttavia, con cui Emily, adolescente, interagisce con le amiche – Abiah è "Platone", Sarah "Virgilio" e lei "Socrate" – si accompagna a quello per lo studio. Nell'agosto del 1845 si prepara per gli esami: da un libro all'altro, da una materia all'altra. È felice, anche se non smette di dubitare di sé e del senso delle cose. Come se le sue ambizioni fossero rivolte altrove, si chiede infatti: "Tra cento anni, a cosa servirà tutto questo?" (11 agosto 1845).

Nell'autunno il padre stabilisce di farle interrompere gli studi: Emily soffre di crisi depressive, l'atmosfera di casa meno stancante (e meno eccitante) l'aiuterà forse a rimettersi. Emily piega il capo di fronte alla decisione paterna: "Non proverò più nessun desiderio, sarò felice di stare là dove è stato deciso stessi". Nell'autunno frequenterà solo un corso di tedesco. Perderà traccia di Sarah e Harriet. Abiah, ormai trasferitasi a Springfield, è tutto quanto le rimane dei mesi passati alla scoperta di un mondo "adulto", lontano dallo sguardo dei genitori. Scriverle è come tenere vivo quel periodo magico, ma Abiah non risponde con la sollecitudine che Emily si augura.

Ai momenti di entusiasmo, di cui le lettere recano traccia, si alternano quelli in cui il pessimismo per paradosso ne ri-ordina la scrittura. Emily si fa più attenta, riflessiva. L'eccitazione di un tempo sembra lasciare spazio a una forma di ironico distacco, quasi una premonizione delle "piccole" delusioni a venire. Così il 12 gennaio del 1846, ricordando le feste passate, ad Abiah scrive che "il capodanno è stato un giorno grigio" e lei "non sa bene perché". Quanto ai doni ricevuti per Natale, elencati uno per uno, sembra un catalogo agghiacciante di "oggetti" che si sostituiscono nella mente di Emily quindicenne alle persone in carne e ossa. Nessuno sembra presente, quel giorno di Natale della sua vita. Sul finire della lettera annota: "Sono giunta alla conclusione che io sono Eva. Alias la signora di Adamo. Sai che nella Bibbia non c'è riferimento alla sua morte, e allora perché non potrei essere io Eva? Se trovi qualsiasi indicazione su come sia andata davvero a finire, per favore fammelo sapere subito".

La primavera scorrerà senza incidenti o avventure. Emily continua a "non star bene". In giugno si riprende. L'idea che la scuola ricominci la eccita. Andrà a South Hadley. Ma ha paura che il suo sogno non si realizzi. Teme per la sua "felicità a venire" (lettera ad Abiah Root del 26 giugno 1846). A luglio è di nuovo prostrata e i genitori la rispediscono a Boston. Sarà un mese sereno. La zia Lavinia la porterà ai concerti, la accompagnerà al Museo cinese, le farà visitare i dintorni di Boston, i luoghi "storici". Emily ha ormai sedici anni. Sa guardare e apprezzare, ma non si rende conto che il soggiorno si prolunga tanto da impedirle – guarda caso – di iniziare la scuola. Qualcuno – chi se non i genitori e per il suo "bene"? – ha deciso che stesse ancora un trimestre a casa. Ancora una volta a Emily tocca rispettare la decisione presa dal padre, anche se finge di essere entusiasta dell'"educazione" domestica cui è sottoposta: "Avevo pensato di entrare all'Accademia al mio ritorno a casa, ma dal momento che mi sono fermata più a lungo di quanto avessi pensato e visto che le lezioni erano ormai cominciate, decisi di restare a casa per il trimestre autunnale e proseguire gli studi nel trimestre invernale, che inizia la settimana dopo il 'Giorno del ringraziamento'. Per una volta in vita mia ho mantenuto la decisione presa, così ho cucito, mi sono esercitata al piano, ho dato una mano a mia madre nelle faccende di casa".

Il 2 dicembre le sarà concesso di seguire un corso di letteratura alla Amherst Academy. Mount Holyhoke e South Hadley devono attendere. Sarà per l'anno a venire. Tuttavia, la Amherst Academy che Leonard Humphrey (1824-1850) ha deciso di non lasciare e di cui è preside le riserva una sorpresa e un dono: l'incontro appunto con la prima delle figure maschili che si disegneranno nella sua immaginazione e nella sua vita come punti di riferimento precisi. Proprio Leonard Humphrey sarà il suo primo grande e affascinante maestro: "Prevedo con gioia immensa l'inizio del prossimo trimestre, sono stata lontana da scuola, esule per due trimestri per via della salute, e tu lo sai che cosa vuol dire amare la scuola. Con noi ora c'è la signorina Adams, ci resterà per tutto l'inverno, poi c'è un ottimo preside, il signor Leonard Humphrey, che è stato l'ultimo a fare il discorso di commiato. Adesso abbiamo una bella scuola".

La morte di Humphrey nel 1850 la lascerà senza parole. Sarà la prima profonda cicatrice. "Sono andata a scuola – ma nel modo in cui intende lei – non ho avuto un'istruzione. Da bambina avevo un amico che mi ha insegnato l'Immortalità – ma essendosi arrischiato ad andarle troppo vicino, lui stesso – non ne ha fatto ritorno. Subito dopo è morto il mio Maestro – e per parecchi anni il vocabolario – è stato il mio unico compagno. Poi ne ho trovato un altro – ma lui non era contento che fossi sua allieva – così ha lasciato il paese," confesserà all'età di trentadue anni nel 1862, ricordando quella sua prolungata adolescenza fatta di incontri con uomini colti con cui poteva chiacchierare di letteratura, filosofia e religione.

Difficile capire se la persona che le "aveva insegnato l'Immortalità" fosse Humphrey o Benjamin Franklin Newton (1821-1853), per due anni assistente nell'ufficio del padre, altra figura cardine della formazione letteraria di Emily, che sarebbe morto a sua volta molto giovane nel 1853. Oppure ancora Jacob Holt (1822-1848), studente presso la Amherst Academy. Jacob pubblicava poesie sul "Courier" di Northampton e sulla copia della Bibbia che le apparteneva – regalatele dal padre all'età di quattordici anni – Emily aveva trascritto uno dei suoi componimenti intitolato *The Bible*. Laconica e privata nella sua lettera, Emily non svela il nome di nessuno dei suoi tre potenziali "Maestri". Tutti e tre per lei indimenticabili.

...il cerchio luminoso

Le richieste struggenti di affetto che Emily, nel frattempo finalmente iscritta al collegio di Mount Holyhoke a South Hadley, fa all'amica Abiah ("Sei lunghi mesi hanno cercato in tutti i modi di renderci estranee l'una all'altra, ma io ti amo più di prima anche se l'anello che ci univa in quella catena d'oro si è tristemente fatto opaco, mi sento più riluttante a perderti fuori di quel cerchio luminoso, che io chiamo le *mie amiche*", 29 ottobre 1848) ci parlano della sua consapevolezza che la vita separa più che avvicinare le persone che si incontrano. Non è solo la morte quale vuoto buio da cui, anche secondo il gusto cimiteriale dell'epoca, Emily è affascinata, ad allontanarci gli uni dagli altri. Dopo la morte di Humphrey, nel novembre del 1850, scrive all'amica: "Tu ti sei già trovata vicino alla tomba; io nelle dolci sere d'estate ci ho passeggiato, ho letto i nomi sulle pietre, mi sono chiesta chi sarebbe venuto ad offrirmi lo stesso ricordo; ma non ci ho mai seppellito i miei amici e ho dimenticato che anche loro devono morire; questo è il mio primo dolore ed è certo difficile reggerlo. Quelli che sono stati privati dei loro cari così spesso che per loro la casa non è più quaggiù, quelli che comunicano con gli amici ormai solo attraverso la preghiera, loro sì, hanno di che sperare, ma quando a un'anima che non è scesa a patti non resta che Dio, quella è la vera solitudine. La primavera prossima penso non ci saranno né la luce del sole né il canto degli uccelli. Io allora cercherò una tomba prematura, quando l'erba ridiventerà verde; e chiederò agli uccelli se vi è una musica gentile e fiori selvatici dallo sguardo più mite e insetti umili e melanconici".

Ed è proprio la vita che la obbliga a divorare i giorni, a ingoiare le immagini dei volti e degli sguardi delle persone cui è legata per non perderli e perché si perderanno. Quella "fame", che Emily chiama "sete", quando è totale finisce per allontanarli da lei. Così nel momento in cui dice del suo desiderio di avere vicino Abiah, Emily sa che non l'avrà mai. Che non la vorrà davvero mai. Che l'ha già persa e di questa perdita "racconta": "Dove sei, amica mia antica, o amica mia carissima e giovane – come preferisci tu – il rivolgermi a te potrebbe di per sé sembrare presunzione, dal momento che non so se dimori qui, né, se sei volata via, in quale mondo 'il mio uccello' abbia ripiegato l'ala. Quando penso agli amici che amo e al poco tempo che abbiamo da stare qui, quando penso che poi 'ce ne andiamo', provo una sensazione di sete, un desiderio forte, un'ansia impaziente per paura che mi vengano rubati, per paura di non poterli più guardare. Vorrei averti qui, vorrei avervi tutti qui, dove posso *vedervi*, dove posso *sentirvi* e dove ho la possibilità di dire 'No' se il 'Figlio dell'Uomo' mai 'verrà'!" (fine 1850).

Metafore e immagini di matrice religiosa si mescolano, non è chiaro quanto ancora – oppure ormai – consapevolmente, a metafore e immagini di natura erotica: "...Ti stai facendo più saggia di me ogni giorno che passa, spezzi quando sono ancora in boccio le fantasie che io lascio fiorire – che poi forse non daranno frutto o che, se colte, si riveleranno amare. La spiaggia è più sicura, Abiah, ma a me piace battermi con il mare – qui dove sono, in acque tranquille, posso contare naufragi amari e sentire i venti che sussurrano, ma il pericolo, lo amo! Tu stai imparando il controllo e la fermezza. Gesù Cristo ti amerà di più. Temo che me non mi ami *affatto*!... Amica mia, scrivi quando *vuoi*, dimentica tutti gli errori contenuti nella mia lettera: queste poche parole imperfette stanno in rapporto con la comunione piena degli spiriti, come questa vita minuscola e incostante sta in rapporto alla vita *migliore*, quella eterna!".

E poco più tardi, nella produzione poetica scriverà: "Ebbrezza è il procedere alla volta del mare / di un'anima cresciuta in terraferma, / oltre le case, oltre i promontori – / nell'eterno, profondo – // Potrà il marinaio capire, / come noi cresciuti tra i monti, / l'ubriachezza divina, della prima lega / lontano dalla terraferma?" (n. 76, 1859); e: "Il mio fiume scorre verso di te – / Azzurro Mare! Mi accoglierai? / Il mio fiume aspetta una risposta – / Oh Mare – siimi benevolo – / Ti porterò ruscelli / da angoli lontani – / *Ehi* – Mare – *Prendimi*!" (n. 162, 1860).

Quasi avesse intravisto il modello della sua vita a venire, a vent'anni Emily coniuga abbandono, amore, solitudine, desiderio in un'unica esplosiva, irripetuta grammatica, la sua. Senza dubbio fu allora che cominciò a scrivere poesie, anche se la datazione suggerita dai suoi primi curatori, Mabel Loomis Todd (1856-1932) e Thomas W. Higginson (1823-1911), le fa risalire alla fine degli anni cinquanta o primi anni sessanta, evincendo – come nel caso delle due poesie appena citate – la datazione su basi grafologiche.

Fu certamente in quei primissimi anni cinquanta che Emily cominciò a scrivere, se in data 27 marzo 1853 confessa al fratello, in risposta a una sua lettera a cui Austin aveva accluso un suo esercizio poetico: "[...] ti dirò come stanno le cose – da qualche tempo *anche io* ho preso l'abitudine di scrivere qualcosa". Quello della poesia dunque è il suo "vizio" privato, nascosto, cui si sarebbe abbandonata per anni ma che prese forma allora. Più tardi avrebbe forse rivisto quei componimenti dopo averli tenuti segreti, e trascritti lei stessa, dal 1858 in avanti.

Non si spiegherebbe altrimenti la produzione sterminata e raffinatamente curata così come ci è pervenuta che lei stessa avrebbe raccolto in fascicoli e cartelline: nel 1858 cinquanta poesie, nel 1859 cento, nel 1860 sessantacinque, nel 1861 ottanta, nel 1862 trecentosessanta. Per quanto siano molti i critici e gli studiosi che scelgono di attribuire a quelle date più tardive le sue poesie, comprimendo in quattro anni la stesura di oltre seicento componimenti poetici, le lettere e la vita stessa di Emily Dickinson ci fanno pensare piuttosto a una crescita lenta e progressiva, a una maturazione graduale più che a un'esplosione quasi isterica della sua produzione: se il 1862 fu in effetti un anno chiave della sua esistenza, perché pensare che gli incontri e gli avvenimenti di quell'anno, più che spingerla a scrivere, non l'abbiano piuttosto portata a rileggere, trascrivere, dare una forma finale a un lavoro segreto cui si dedicava da anni?

...dentro e fuori la scuola

Ma con lo studio istituzionale e con la scuola, sua grande passione, Emily Dickinson non ebbe molta fortuna. Come l'aveva allontanata dall'Amherst Academy per motivi di salute, il padre che l'aveva iscritta al liceo Mount Holyoke appunto nel 1847 (Emily entra nel college il 30 settembre di quell'anno), le impedì di tornarvi l'anno seguente. Non si era sentita bene nella primavera del 1848 e suo padre ("bravissimo nel somministrarmi medicine soprattutto se sgradevoli," scriverà in una lettera del 16 maggio 1848 all'amica Abiah), decise che la sua carriera scolastica sarebbe terminata a quel punto. Emily poteva studiare a casa, se ci teneva.

Ancora una volta Emily "obbedì". La sua vendetta fu tuttavia pronta e sottile: i suoi "maestri" sarebbero stati proprio gli amici del padre, o gli uomini che gli lavoravano accanto. Le persone di cui Edward Dickinson non avrebbe mai sospettato, a partire dal figlio, che a Emily regalò nel maggio del 1849 *Kavanagh* di Longfellow, a Elbridge Bowdoin (1820-1893) che le diede da leggere lo stesso anno tra gli altri *Jane Eyre,* a Ben Newton (1807-1882) che le avrebbe fatto dono delle poesie di Emerson.

Se durante l'anno a Mount Holyhoke gli impegni di studio l'avevano sottratta alle sue amate letture, tranne il breve intervallo a casa in primavera ("Ho ben poco tempo per leggere qui, ma quando sono stata a casa, è stata tutta una festa di letture," ricorderà all'amica, ormai lontana dalla scuola), adesso Emily si scatena. Entra a far parte di un gruppo, il Reading Club, fondato e composto tra gli altri da Newton, Humphrey, James Kimball (1828-1882) che le regala le poesie di Oliver Wendell Holmes e George Gould (1827-1899), redattore di una piccola rivista mensile di cultura, l'"Indicator". Con loro Emily legge e discute Walter Scott, Charles Dickens, certamente Washington Irving e i racconti di Edgar Allan Poe.

Anche Joseph Bardwell Lyman (1829-1872), che lascerà Amherst nel 1851 per trasferirsi a New Orleans dopo aver – sembra – corteggiato invano Lavinia, divide con Emily in quei mesi l'amore per la lettura.

Leggono, dizionario alla mano, drammi in tedesco. Ricordando quell'epoca Emily gli scriverà: "Ricordi Joseph quando io ero una ragazza dal cervello poco fine e tu un lettore fin troppo erudito, l'idea che avevamo delle parole: erano cosucce da poco, senza energia. Ora non conosco nulla al mondo che abbia tanto potere. Ne esistono alcune di fronte alle quali mi inchino, stanno lì come un principe tra i lord. A volte ne scrivo una, e la guardo, ne fisso la forma, i contorni fino a quando comincia a splendere e non c'è zaffiro al mondo che ne possa eguagliare la luce".

Avvocato e giornalista, Lyman avrebbe lasciato di Emily un "ritratto" che non pubblicò mai. È il suo ricordo di Emily appena ventenne. La sua "testimonianza" per quanto nostalgica aggiunge nuova luce, un altro tassello al mosaico della vita di Emily, al ritratto di lei e della sua persona: "Una biblioteca dalle luci smorzate, tre amorini su un piccolo scaffale. Ecco entra una forma trasparente. Vestita di bianco, soffusa, come avvolta in una nebbia sottile. Il viso appena umido, alabastro translucido, la fronte tornita come una statua di marmo. Gli occhi un tempo nocciola intenso ora sognanti, lo sguardo lontano, pieno di meraviglia, occhi che non vedono forme ma penetrano all'istante nel cuore delle cose – le mani piccole, salde, pronte ma del tutto aliene alla presa di qualsiasi cosa materiale. Piccole, robuste mani controllate fino nei minimi movimenti dal cervello. La bocca sembrava fatta e usata esclusivamente per pronunciare discorsi di qualità, pensieri preziosi, brillanti, immagini come la luce delle stelle, appena velate. Parole che vibrano, un volo di uccelli".

Nella biblioteca del padre, che oltre a testi di storia e legge raccoglieva anche classici della letteratura e libri di viaggio, di certo in quegli anni Emily trovò e lesse *Artic Voyages* di Elisha K. Kane (1820-1857) e *Yucatan* di John L. Stephens: nella sua fantasia speculari l'uno all'altro e complementari a quanto della Siria le scriveva Abby. Lesse, oltre a Shakespeare, Byron e Addison, che le fecero dimenticare il *Saggio sull'uomo* di Alexander Pope studiato a Mount Holyhoke, ma certo non *Le stagioni* di Thompson.

La vista era ancora buona ed Emily divorava le pagine di quei volumi con gioia: *Evangeline* di Longfellow, *The Epicurean* di T. Moore, *The Princess* di Tennyson. Abitava ancora nella casa di North Pleasant Street e la libreria non distante, quella gestita da John Adams, "persona colta e gentile" meta delle sue escursioni.

La bambina che non era stata in grado di leggere l'ora e non aveva mai avuto il coraggio di dirlo al padre che glielo aveva insegnato, ora giovane donna, avvia nei confronti della figura paterna che temeva "i libri le scuotessero la mente" una silenziosa attiva ribellione. I libri sono il suo nutrimento, cui non vorrà mai rinunciare.

Austin, che era stato iscritto all'Amherst College nell'agosto del 1846, un anno prima che Emily entrasse a Mount Holyhoke, nell'agosto del 1850 termina gli studi superiori. Insegnerà per due anni, dal settembre 1850 a Sunderland e dal giugno del 1851 a Boston. Poi di nuovo lo studio. E nel 1853 sarà iscritto all'università di Harvard per gli studi di legge. Anche Lavinia si allontana: dal dicembre del 1849 studia a Ipswich, a nord di Boston, per un semestre. Emily resta a casa, ad accudire la madre che nel marzo del 1850 si ammala e non sembrerà guarire più, fino alla morte avanti negli anni. Emily, cui poi si unirà Lavinia, saranno i suoi "angeli custodi", condannati alla prigionia dorata delle ragazze di buona famiglia su cui ricade il compito, quando la madre si ammala, di mandare avanti il ménage familiare. Soprattutto quando la casa è grande, il padre una figura pubblica cui tocca, con piacere, intrattenere ospiti e visitatori più o meno illustri.

Un destino diverso è, come spesso avviene, quello riservato ai figli maschi. Austin dovrà studiare, sposarsi, lavorare con il padre del cui benessere economico e prestigio sociale dovrà essere l'erede. E il progetto che Edward Dickinson aveva in mente per il figlio si sarebbe dovuto realizzare. Così infatti sarebbe stato. Nell'ottobre del 1855 Austin entrerà a far parte della società del padre, si sposerà e con la moglie si stabilirà nella stupenda villa cui verrà dato il nome di Evergreens, fatta costruire proprio per lui a cento metri dalla Homestead paterna. Tra le due case un ampio giardino che non è chiaro fino a che punto le dividesse o le unisse, come i destini delle due famiglie, per sempre. Ma non a tutti i "romanzi famigliari", in cui ogni tessera del mosaico sembra prendere il posto destinatole, è riservato il classico "lieto fine".

Nella primavera del 1850, il ritorno ad Amherst di una giovane donna, per paradosso la donna che avrebbe contribuito a dar corpo ai sogni di Edward, una donna di grande bellezza e superficiale cultura, ma fortemente determinata a entrare a far parte di quel quadro all'apparenza idilliaco che era la famiglia Dickinson, cominciò a gettare ombre inquietanti, sotto diversi punti di vista, sulle figure che in quel quadro si erano disegnate. Ombre inquietanti e insieme determinanti per quelle che sarebbero state la storia, la vita e la poesia di Emily Dickinson.

...Susan, Austin, Emily: sogni a occhi aperti

Coetanea di Emily, Susan Huntington Gilbert (1830-1913) apparteneva a una famiglia non certo prestigiosa sul piano sociale. Da Greenfield suo padre, piccolo proprietario terriero, si era trasferito con moglie e cinque figli ad Amherst, ma il cambiamento non aveva fatto rifiorire le sue sorti economiche. Dopo la sua morte e quella della moglie, a diciassette anni Susan – in casa erano cinque, due fratelli e tre sorelle – era dovuta andare a vivere a Geneva, nello stato di New York, a casa di sua zia. Dopo un breve periodo di studi a Utica, era tornata ad Amherst. Insieme alla sorella Martha (1827-1895), di tre anni più giovane di lei, ma identica al punto che le chiamavano le gemelle Gilbert, era stata accolta da Harriet, la terza sorella, sposata a un mercante piuttosto agiato. I due fratelli maschi, da tempo trasferitisi in Michigan, si erano arricchiti e così riscattati dalle umili origini della famiglia.

Il ritorno di Susan, bella e spiritosa, portò di certo una ventata di novità e scompiglio sia nella famiglia della sorella che nella piccola cittadina. Si racconta che Edward Hitchcock Jr (1828-1911), figlio dell'illuminato preside (1793-1864) dell'Amherst College, si innamorò subito di lei, ma le tensioni tra Susan e il cognato che l'ospitava furono tali da spingerla a lasciare per un anno Amherst e accettare un impiego come insegnante di matematica a Baltimora, dove si trasferì nel 1851. Si racconta anche che Austin Dickinson ne fosse rimasto affascinato, al punto da iniziare un timido corteggiamento. Un corteggiamento incerto, difficile perché Austin, raccontano, sembrava essere attratto anche da Martha Gilbert.

A guardarla più da vicino la storia della loro relazione, fidanzamento e matrimonio fu complicata dal fatto che Edward Dickinson se ne invaghì a sua volta. Così, mentre sembra avesse pesantemente ostacolato la timida storia d'amore tra Lavinia e Melvin Copeland (dal background non sufficientemente prestigioso per sposare una Dickinson) e quella – sussurrata – tra Emily e George Gould, per Susan fece un'eccezione: il piglio, l'energia, l'assertività di Susan lasciarono in secondo piano, agli occhi di Edward, le sue umili origini e scarsa cultura. Susan era brillante e determinata a ritagliare per sé uno spazio in una società benestante come quella di Amherst: sarebbe stata moglie e madre perfetta, la compagna ideale per Austin, capace – come fu – di organizzargli intorno una casa accogliente ed elegante che si sarebbe aperta a incontri, *tea-parties* e festeggiamenti ufficiali in onore di quei personaggi illustri sul piano politico e culturale invitati dalla comunità di Amherst, di cui i Dickinson erano il centro simbolico. La Homestead in cui i Dickinson si ristabilirono nel 1855 non sarebbe potuta infatti, con una padrona di casa ipocondriaca, due figlie brillanti ma troppo originali, essere ciò che la grande "villa" Evergreens divenne per Amherst: il salotto esclusivo dove le "menti migliori" di quegli anni e di quella zona dell'America avrebbero discusso dello "stato delle cose".

Il ramo maschile della dinastia Dickinson ne avrebbe, nell'immaginazione di Edward, perpetrato il prestigio.

Come faceva a sospettare che proprio con Austin, con il suo matrimonio e gli eventi a venire, di quel "prestigio" si sarebbe persa memoria? Non fosse stato per quella ragazza curiosa, cocciuta, coerente ed educatamente testarda che gli era capitato di avere come figlia, per quella piccola Emily, la cui salute fisica e nervosa gli aveva dato e dava tante preoccupazioni, nessuno saprebbe oggi né di lui, né della storia della sua "dinastia".

Tuttavia Edward caldeggiò allora la relazione tra suo figlio e Susan. Nel giugno del 1852, a Baltimora per la "Whig Convention", Edward sarebbe persino andato a trovarla, forse per convincerla a tornare ad Amherst a riprendere, rafforzare e ufficializzare la sua relazione con Austin. Perché stupirsene visto che l'11 agosto del 1850, giorno in cui ufficialmente si registrava l'adesione di settanta nuovi membri della prima Chiesa congregazionalista "chiamati" alla fede, Edward e Susan erano insieme parte del gruppo? Quel giorno si celebrò in realtà una sorta di matrimonio simbolico tra futuro suocero e futura nuora. Furono loro i primi a essere "chiamati". Pochi mesi prima, invece, durante il revival religioso che travolse la comunità, Emily annotava: "Sono ferma, qui, sola, ribelle". In una lettera del 30 aprile a Jane Humphrey, ex compagna di scuola a Mount Holyhoke, Emily confessava il suo disagio. Le sembrava che cedessero tutti, che persino Vinnie, l'adorata sorella Lavinia, stesse per chinare il capo, che fosse vicina al grande momento.

Austin si sarebbe arreso a quella chiamata sei anni più tardi, non a caso quando mancavano ormai pochi mesi al suo progettato matrimonio con Susan. Come non farlo, dal momento che fin dal 1850 Susan aveva simbolicamente sposato la famiglia Dickinson stabilendo legami fortissimi e irreversibili oltre che con Austin con Lavinia ed Emily?

Della complessità del rapporto di Susan Gilbert con Lavinia, molto formale agli inizi, la storia avrebbe reso conto più tardi, dopo la morte di Emily. Quanto a Emily forse è vero, come da più parti è scritto da studiosi della sua vita e della sua opera, che se ne innamorò perdutamente. Le lettere e le poesie spedite a Susan, quando tra il 1851 e il 1852 era a Baltimora, e quelle degli anni che precedettero il matrimonio, e infine quelle portate più tardi a mano, da una parte all'altra del giardino che divideva le due case, sembrano raccontare anche di questo, oltre che dell'attaccamento e dell'affetto che legava Emily al fratello.

Per Susan, che come confesserà più tardi a suo fratello, vede nel matrimonio un'interessante via d'uscita ai suoi problemi sia sul piano del denaro che dell'immagine pubblica, Emily dimentica nel 1850 le amiche di un tempo: Susan è una specie di raggio di luce. Saranno mesi di grandi passeggiate per le due nuove amiche, di confessioni, di intimità.

Austin sa dell'interesse di Emily per Susan e, in una lettera del 29 luglio 1850, con giri barocchi di frase – le stesse che Emily accuserà di usare con lui – la invita a fare una gita in carrozza e declina l'invito che veniva da Emily a fare una passeggiata tutti e tre. Nell'agosto Austin parte per Sunderland. La corrispondenza tra Emily e Austin si infittisce, quella tra Austin e Susan subisce invece alti e bassi. Emily caldeggia la relazione tra i due, ma anche quella tra sé e Susan cui scrive lettere dense di citazioni letterarie dapprima esplicite (da *Kavanagh*, in una lettera del 24 ottobre 1850) poi sempre più diluite, mascherate nel corpo di missive piene al contempo di eccitazione e abbandono. Abbandoni e calore di cui forse Susan non è capace, se non altro nel rapporto con Austin.

Quasi prendendo spunto dalle lettere di Emily, Susan sa "scrivere" a Austin lettere d'amore, ma quando si vedono il suo comportamento e le sue parole non coincidono con le frasi scritte. Austin infatti glielo fa notare: "È curioso, Sue, che le tue emozioni più private, così chiaramente percepibili nei tuoi biglietti, non affiorano mai nella conversazione" (11 dicembre 1850).

Con lo stesso abbandono, eccitazione, dedizione, Emily scrive invece anche al fratello (13 gennaio 1851). È come se corteggiasse entrambi, ponendosi al di là di una qualsiasi identità sessuale. Come se sognasse un'unione perfetta, a tre. Rintuzza il fratello quando si raffredda nei confronti di Susan: "Susie è tra tutte le ragazze quella che in assoluto vedo di più. L'ultima volta che l'ho incontrata mi ha detto: 'da quando Austin è partito non sono più riuscita a fare una conversazione intelligente con nessuno'" (20 luglio 1851).

Da quello stesso anno, 1851, Lavinia tiene un diario, laconico, divertente. Quel diario ci aiuta a capire anche ciò che Emily sta attraversando. A Lavinia non interessa molto la nuova amica Susan. Piuttosto registra gli spostamenti, le visite, le uscite sue e di Emily. È una specie di *tourbillon* scatenato in cui tutti approfittano della lontananza di Edward e Austin. Il primo corteggiatore ufficiale di Emily, George Gould, è stato allontanato nell'agosto dell'anno precedente, quello attuale di Lavinia, Joseph Bardwell Lyman – forse più interessato all'intelligenza di Emily che alle grazie di Lavinia –, quando può, e quando Austin è ad Amherst, preferisce allontanarsi con lui per lunghe cavalcate. Lavinia legge con avidità (e molto probabilmente negli stessi mesi Emily, con lei). Lo testimoniano le surreali pagine di diario che Lavinia tiene per pochi mesi, giurando – quando si sarebbe saputo, alla morte di Emily, della sua grande produzione scritta – che Emily non lo tenne mai. A chi credere dal momento che Emily, in una lettera al fratello, nel giugno del 1851, vi fa esplicito riferimento?

Certo, a dar credito al diario di Lavinia e alla documentazione "ufficiale" di quel periodo, furono due anni incandescenti. Oltre agli spostamenti continui di Austin, alla partenza misteriosa e improvvisa (politica?) di Susan per Baltimora, si trattò di due anni segnati per entrambe le sorelle da letture a raffica. Poiché fecero insieme parte del Reading Club, come non pensare che abbiano "letto" gli stessi libri, di cui si discuteva con il gruppo?

Così Lavinia, nel suo laconico diario, annota: "28 gennaio: terminata *Biografia* di Schiller. 2 febbraio: terminato *Pilgrim's Progress*. 22 febbraio di Marvell *Bachelor's Reveries*". Sul "romanzo"-manuale-istruzioni per l'uso di Ik Marvell, pseudonimo di Donald G. Mitchell (1822-1908), *Sogni a occhi aperti di uno scapolo*, vale la pena aprire una breve parentesi. Si tratta di una sorta di diario-confessione, soap opera ante litteram. Offre istruzioni travestite per mariti decisi a trasformare qualsiasi essere di sesso femminile in un potenziale "angelo della casa", ed è dato alle stampe, ironia della sorte, negli stessi mesi in cui Hawthorne pubblica l'esplosivo *La lettera scarlatta*: ben altra storia, ben altra prospettiva, ben altra attenzione al "ruolo" della donna nella società del New England. Ma il romanzo di Ik Marvell era un best seller. Meglio leggerlo subito e capire cosa un uomo si aspettava da una donna, se non altro per evitare di fare la fine della protagonista del romanzo di Hawthorne. Tuttavia, il diario di Lavinia prosegue imperterrito: "19 marzo: iniziato *David Copperfield* – terminato il 16 aprile. 17 agosto: Hawthorne, *La casa dei sette abbaini*".

In settembre Lavinia ed Emily andranno a Boston – vogliono rivedere il fratello. E poi, ancora una volta, Emily soffre di misteriosi disturbi: devono consultare un medico omeopatico. Lo stesso mese Susan parte per Baltimora e al ritorno ad Amherst, Emily si riprende. Forse grazie alle cure. Oppure grazie a una pausa affettiva. Un momento di riposo, di distrazione o riflessione. Le persone che più ama sono entrambe lontane. Ora, forse, può finalmente voler loro bene con maggiore passione e insieme distacco. Senza vederli. Senza angoscia. Senza paura di nascondere la forza dell'affetto profondo e misterioso che prova per entrambi. Scrive lettere intense e poetiche a tutti e due. Li vorrebbe vicini, ma la loro lontananza è in qualche modo salutare. Non solo Emily "rifiorisce" fisicamente, ma di nuovo finalmente riprende a scrivere.

Suadente, sollecita il ritorno ad Amherst di Austin cui racconta dei colori della campagna, dello splendore dell'*aurora borealis* (29 settembre 1851), del grado di maturazione della frutta, del colore delle pesche, della preziosità dell'uva. Andrà a piedi a portargli tanta delizia, se nessuno lo farà per lei; e nel maggio del 1852 gli scrive: "L'aria rovente, il sole di fuoco, e gli uccelli – tu lo sai come cantano prima di un temporale, un canto affettato, affannoso – e di lì a poco il tuono ed ecco spuntare dalle loro finestre quelle luminose 'teste color crema' – poi il vento e poi la pioggia e io di corsa, in giro per la casa a chiudere porte e finestre. Come vorrei l'avessi visto arrivare, così fresco, così rinfrescante – e poi tutto brillava, come rugiada d'oro – e io non smettevo di pensare a te e anche a Susie; come vorrei foste stati qui entrambi, durante quel santo acquazzone!".

A Susan, invece, nell'ottobre del 1851 con leggera ironia parla del romanzo di Ik Marvel, ne stempera la storia all'interno della propria lettera quasi fosse lei lo scapolo seduttore e Susan la fragile potenziale preda, per poi "aprirsi", innamorata fedele e lontana, come forse Austin avrebbe desiderato l'algida Susan si aprisse con lui, in una lettera del giugno 1852: "Non so perché sia così – ma c'è qualcosa nel nome che porti, ora che sei lontana, che mi gonfia il cuore e anche gli occhi di lacrime. Non è il ricordo a *addolorarmi*, no Susie, ma penso a tutti i luoghi 'soleggiati' dove insieme ci siamo sedute, e forse è la paura che non ce ne saranno più a farmi venire le lacrime agli occhi. Ieri sera c'è stata qui Mattie [la sorella di Susan], ci siamo sedute sullo scalino di casa e abbiamo parlato della vita e dell'amore, e sussurrato le nostre fantasticherie infantili su argomenti di tale delizia – che ecco la sera è passata in un attimo – e ho fatto ritorno a casa con Mattie, nel silenzio della luna, e ho desiderato te, e il Paradiso. Tu non sei venuta a me, Tesoro, ma il Paradiso sì, così almeno ci *parve*, mentre camminavamo l'una a fianco dell'altra chiedendoci se mai quella gioia che apparterrà un giorno a noi, possa oggi essere concessa a qualcuno. Quelle unioni, dolce mia Susie, che fanno una di due vite, e quella adozione dolce e strana che non ci è concesso di avvicinare se non con lo sguardo, senza esservi ancora ammesse, quanto ci riempirà il cuore facendolo battere all'impazzata, come ci sorprenderà e si impossesserà di *noi* un giorno, per sempre, e non ci sarà dato di sfuggirle, e non potremo fare altro che giacere immobili ed essere felici! Susie, tu e io siamo state stranamente quiete al proposito, abbiamo spesso sfiorato l'argomento per poi subito fuggirlo, come fanno i bambini che chiudono gli occhi quando il sole è troppo forte. Ho sempre sperato di sapere se ci fosse una qualche fantasia a te cara, capace di illuminarti tutta la vita, qualcuno di cui sussurrare nell'orecchio fidato della notte – qualcuno al cui fianco camminare – nella fantasia – per tutto il giorno; quando tornerai a casa, dovrai parlarmi di questo, Susie".

Ma è solo per sé che Emily vuole Susan, anche se la presenza, per quanto lontana, di Austin è una sorta di garanzia, di copertura liberatoria. Una implicita "scappatoia", un gioco sottile, una strada aperta alla possibilità di ritrattare quanto scritto o di chiederne una lettura meno maliziosa e soprattutto meno impegnativa dal punto di vista delle potenziali implicazioni sentimentali. Emily è una donna coraggiosa, aperta, ma ha paura, forse, di quello che prova e scrive a Susan.

D'altra parte, che male c'è? Perché non essere così dolci con la donna che quasi sicuramente sarà la sua futura cognata? E allo stesso tempo, perché, da buona amica, non avanzare dubbi su una scelta allora tanto irreversibile come il matrimonio? E nella stessa lettera: "Quanto grigie devono apparire le nostre esistenze alle spose giovani, o alle fidanzate, i cui giorni vengono nutriti con l'oro, e che ogni sera raccolgono perle, ma a una *moglie*, Susie, a una moglie talora dimenticata, le nostre vite potranno, chissà, apparire più preziose di qualsiasi altra al mondo; tu hai visto i fiori al mattino, sazi di rugiada, e poi gli stessi dolci fiori a mezzogiorno, i capi piegati in agonia innanzi al sole cocente; e tu credi forse che queste corolle assetate possano desiderare ora una qualsiasi cosa che non sia – rugiada? No. Cercheranno disperatamente la luce del sole, agogneranno la luce bruciante del mezzogiorno, anche se quella luce le seccherà, le distruggerà; la pace non le riguarda più – ora sanno che l'uomo del mezzogiorno è più possente del mattino e le loro vite sono, da quel momento in avanti, votate a lui. O Susie, quale pericolo, e quanto piacere, per queste anime semplici e fiduciose e poi per le anime più forti cui non sappiamo resistere! Susie, quando ci penso mi pare di schiacciarmi dentro e vacillo per paura di arrendermi anch'io un giorno. Perdonami, Susie, questa tirata d'amore – è durata a lungo e se non ci fosse l'impertinenza di questa pagina a piegarmi e a impedirmelo potrei non smettere mai".

...notti selvagge sarebbero la nostra passione

Lettere intense, eroticamente allusive, appassionate si accompagnano alla stesura dei primi componimenti poetici, alla filosofia che li sorregge. Le immagini e le metafore sembrano rimandare dalla lettera alla poesia, dalla poesia alla lettera.

L'attrazione per il colore e per lo sguardo che gli si coniuga, di cui le lettere a Austin portano tracce forti ed evidenti, si scioglie in componimenti brevi prelusivi e di poco successivi a quelle lettere o (perché no?) a esse contemporanei: "Brucia luminoso nell'oro e in porpora si spegne, / balza nel cielo come orde di leopardi / poi, per morire posa il suo volto chiazzato / ai piedi del vecchio orizzonte / e così basso si china fino a toccare la finestra / in cucina e il tetto, e a colorare il granaio / e mandare un bacio, col cenno del berretto, al prato – / Infine il giocoliere del giorno svanisce" (n. 228). Per Emily la vita è un miracolo, come lo sguardo che l'accoglie, come la parola che ne traduce, raccontandone, il ritmo e il colore. "Sopra di loro, leggera / ride nel suo castello la brezza, / mormora l'ape in orecchi ottusi, / zufolano a ritmo gli uccelli ignari – / Quanta accortezza sprecata qui! // Sopra di loro, nel primo quarto di luna / passano maestosi gli anni – mondi / scavano archi – firmamenti scivolano / sulle acque distese – diademi cadono / e dogi s'arrendono – senza far rumore – / Come punti su un disco di neve" (n. 216).

La sete e la condizione solitaria ordinano i versi di altri componimenti, anch'essi ripresi più tardi: "Ebbra d'aria – / corrotta di rugiada – / da locande di buio fuso – / vacillo, lungo interminabili giorni d'estate" (n. 214). Raccontano del suo desiderio per Susan, sospettato, intravisto e controllato dal corpo e nel corpo della poesia: "Vienimi incontro – Eden – lentamente! / Labbra che ancora non ti conoscono / succhiano caute ai tuoi gelsomini – / come l'ape, quando ormai sul punto di venire meno – // Raggiunge il suo fiore – tardi – / e s'aggira ronzando intorno alla stanza – / ne passa in rassegna i nettari – / entra – e infine nei profumi si perde" (n. 211). Desiderio temuto e sollecitato nei versi: "Notti selvagge – Notti selvagge! / Fossi con te / notti selvagge sarebbero la nostra passione // Inutili – i venti – a un cuore ormai in porto – / non serve la bussola – / non serve la mappa – // Remare nell'Eden – / Il mare! / Potessi almeno ormeggiare – stanotte – / in te" (n. 249).

L'intensità e la tessitura delle lettere spedite al fratello e a Susan sembrano accorparsi, tra le altre riordinate da Emily negli anni che vanno dal 1858 al 1862, in una poesia come: "Fammi un quadro del sole – / Che l'appenda in stanza – / e possa fingere di scaldarmi / mentre gli altri lo chiamano 'Giorno'! // Disegnami un pettirosso – su un ramo – / Che io l'ascolti, sarà il sogno, / e quando nei frutteti la melodia tacerà – / che io deponga – questa mia finzione – // Dimmi se è proprio caldo – a mezzogiorno – / se siano i ranuncoli – che 'si librano' – / o le farfalle – che 'fioriscono' / Poi – evita – il gelo – che si stende sui campi – e il colore della ruggine – che si posa sugli alberi – / Fingiamo che quelli, ruggine e gelo – non arrivino mai!" (n. 188).

Cosa fosse una "notte selvaggia" – non è poi così rilevante quando la poesia che ne parla sia stata scritta – di certo Emily lo intuì in quegli anni, separata dalla donna che avrebbe voluto vicina, insieme amante e cognata, cui scrive l'11 giugno 1852: "Gli amici sono troppo preziosi perché ce ne si separi, sono troppo pochi, e quando presto se ne andranno là dove tu ed io non riusciremo a trovarli, non dimentichiamolo tutto questo, perché il loro ricordo, ora, ci risparmierà molte angosce, per quanto sarà troppo tardi per amarli! Mia dolce Susie perdonami, tutto quello che dico – ho il cuore pieno di te, nessun altro all'infuori di te nei miei pensieri, eppure quando cerco di dire parole che non riguardano il mondo, il mondo mi viene meno. Se tu fossi qui – oh se solo lo fossi, Susie mia, non avremmo assolutamente bisogno di parlare, perché i nostri occhi bisbiglierebbero per noi, e la tua mano stretta nella mia, non avremmo bisogno della parola – cerco di avvicinarti sempre di più, scaccio le settimane fino al punto in cui sembrano del tutto dissolte, poi mi immagino che tu sia arrivata, e mi immagino mentre cammino lungo il sentiero verde per venirti incontro e il cuore mi scappa di mano e ho un gran da fare a riportarlo al passo e insegnargli ad essere paziente, fino al momento in cui arriverà la dolce Susie. Tre settimane – non possono durare per sempre, perché non vi è dubbio che se ne dovranno andare con i loro fratellini e sorelline all'Ovest nella casa in cui resteranno a lungo!".

Se il gioco si fosse fatto troppo pesante o Susan incapace di "rispondere", o ancora se qualche incidente di percorso avesse allentato l'intensità di quel complicato triangolare rapporto, è difficile da stabilirsi oggi. Emily lentamente per qualche tempo rientrò nei ranghi riassumendo il ruolo di sorella attenta e affettuosa, preoccupata dalla complessità del rapporto tra Austin e il padre, dal peso e dall'ombra che la figura di Edward gettava sulla vita del figlio.

Sa delle pressioni fatte affinché Austin entrasse a Harvard, conosce la volontà di controllo che Edward desidera esercitare sulla vita del figlio. Entrambe sono fonte di ansia per Austin. Emily cerca di sdrammatizzare, è lucida, attenta. Sa quanto complessi siano i rapporti tra genitori e figli, quanto duro lo scontro con un uomo come il loro padre, ormai chiuso nel silenzio di un'autorità e un'autorevolezza da tutti riconosciutegli. A Austin scrive: "Legge tutte le lettere che scrivi subito dopo averle ritirate all'ufficio postale, a chiunque siano indirizzate. Suppongo che quando tornerà Sue, e le lettere saranno indirizzate a lei, lui andrà a portargliele e le leggerà per primo. Bene, ti dicevo, le legge una volta in ufficio, poi me le fa leggere a tavola, all'ora di cena ad alta voce un'altra volta, poi quando ritorna a casa la sera, si schiaccia un paio di noci, si infila gli occhiali e, con la tua ultima lettera in mano, si accomoda e si gode la serata. In via del tutto privata, questa mattina mi faceva presente che aveva la sensazione che 'tu ci vedessi molto chiaro lì dov'eri' – ovviamente gli ho risposto 'sì, signore', ma sono rimasta felicemente all'oscuro di dove volesse andare a parare la sua pensata. Che volesse dire che tu ci vedi chiaro, attraverso i giudici, palandrane ecc., non ero in grado di deciderlo, ma sono sicura che ti voleva fare un gran complimento. Mi pare così divertente – tu e nostro padre fate a 'cazzotti' in continuazione, quando sei a casa, ma nel momento stesso in cui siete lontani l'uno dall'altro, diventate amici fraterni; ma la vita è fatta a scacchi" (18 marzo 1853).

Ma c'è dell'altro che Emily ha intuito: un segreto che per qualche tempo condivide con Austin e che non sarà mai svelato perché mani "discrete" da quelle lettere hanno cancellato alcune righe e tagliato altre. Le mani di Austin? Oppure quelle di Lavinia cui Austin prima di morire consegnò le sue carte, oppure quelle di Susan che a sua volta ne rientrò – almeno in parte – in possesso? C'è una figura che per qualche mese disordina il disegno composto, anche se dalle linee ambigue, che del rapporto tra loro tre, tra sé, Susan e Austin, Emily ha tracciato. Una quarta figura, forse una donna cui Austin è segretamente legato più di quanto lo sia a Susan, oppure un uomo entrato nella vita di Susan e di cui si sussurra. A Austin in data 16 aprile 1853 scrive: "Non mi piace leggere le tue lettere ad alta voce a nostro padre – sarebbe come se aprendo la porta della cucina la domenica, quando torniamo dalla funzione e ce ne stiamo seduti accanto alla stufa a raccontarci l'un l'altro quello che ci passa per la mente, si scoprisse che lui sta ad ascoltare. Non so perché sia così, ma provo sensazioni terribili, così ho saltato il pezzo sui fiori selvatici, e un paio di cose che mi erano piaciute moltissimo, non ce l'avrei fatta a leggerle ad alta voce a nessuno [...].[2] Questa mattina

[2] [Diverse parole cancellate].

non la vedrò, perché il sabato *fa le torte*, ma verrà oggi pomeriggio, e leggeremo la tua lettera insieme, e parleremo di quando sarai qui con noi, prestissimo [...]".[3] E subito dopo, il 16 maggio: "Di recente mi sono sentita in qualche modo sola – ogni giorno che passa ho la sensazione di essere molto vecchia, poi, quando viene il mattino e gli uccelli cantano, mi pare non mi diano la felicità di una volta. Sospetto che sia perché tu non sei qui, e non siamo rimasti in molti tra quelli che Dio aveva voluto fatti gli uni per gli altri. Ti vorrei a casa. [...] Ti vogliamo tutti tanto bene. Non credo che tu sospetti quanto in casa si pensi e si parli dell'unico figlio assente – sì, Austin, è la casa che ti è fedele, nessun altro così sincero [...]".[4]

Ora davvero Emily si sente sola, estromessa, *lonely*.

Austin e Susan si fidanzeranno nel marzo 1853 – lo stesso mese in cui Emily aveva confessato al fratello del suo impegno segreto, la poesia, e spedito a Susan il suo primo componimento poetico. I tre precedenti di cui si sia a conoscenza sono "valentine", biglietti dolci, rime facili che il giorno di San Valentino i ragazzi e le ragazze scrivevano gli uni agli altri o a immaginari inesistenti destinatari. Raccontano di amori e umori scherzosi, piccole finzioni dolci costruite a tavolino: un gioco divertente, tra giovani, cui Emily a sua volta non si era sottratta. Anche la poesia che manda a Susan è fragile, superficiale, quasi Emily saggiasse il terreno della sua stessa capacità di gettare un ponte di parole fra sé e l'altro, ma è importante proprio perché segna l'inizio di un percorso che Emily non abbandonerà fino alla fine: parlare all'altro e dell'altro attraverso quel misterioso e criptico linguaggio di cui è fatta la sua poesia. Segna anche il suo simbolico distacco da una storia complessa e "triangolare", rischiosa sul piano affettivo soprattutto o solo per lei.

Austin ritorna poco per volta a essere il fratello che era, il confidente esclusivo delle prime spiritose lettere adolescenziali di Emily che ancora per qualche mese si firmerà "Emilie": "Ti penserò quando questa sera andrai da zia Lavinia a prendere il tè, e noi lo berremo da sole, quanto sarebbe bello averti con noi mentre nostro padre è lontano, ma non è ancora *maggio*. Ti ringrazio di esserti ricordato di me quando trovasti fiori selvatici e di voler-

---

[3] [Diverse righe cancellate].
[4] [Tre righe cancellate].

mi con te per una settimana. Sono pensieri molto gentili e non li dimenticherò. Gli uccelli cantano in modo stupendo, Pussy sta cercando di colpirli. Non ti affaticare troppo, Austin, non ti stancare troppo al punto di non poter dormire, ti pensiamo sempre. Con affetto da tutti" (16 aprile 1853).

Anche Susan diventa, nelle lettere, quello che Austin avrebbe voluto per Emily: una amata, potenziale "cognata". Il fidanzamento, ufficialmente annunciato a marzo, li unisce ormai nell'attesa. A Austin Emily racconta ora della sua affettuosa vicinanza a Susan: "Sue ha trascorso la serata qui da noi, poi l'ho accompagnata a casa e tutte e due eravamo convinte che tu non fossi più in questo mondo e neppure in quello a venire, ed eravamo sconvolte al punto da sentirci la febbre, preoccupate di dove fossi andato a finire e del perché non ti fossi fatto vivo con una di noi. Come avresti riso alla vista di noi che correvamo a destra e sinistra – che ci infilavamo nell'ufficio postale, che insistevamo che lì c'era una lettera per noi, anche se il povero signor Nims dichiarava che lì non c'era niente – che ci rincorrevamo l'un l'altra, di corsa al nostro ufficio da Bowdoin, che gli dicevamo che tanto sapevamo tutto – lui aveva la lettera e la teneva nascosta e quando lui aveva giurato che non l'aveva, ci rituffavamo in strada, poi di nuovo a casa ad annunciare i risultati delle nostre azioni disperate – e nostra madre – oh lei pensava che ti avessero divorato gli orsi nei boschi o, nel caso non fossi stato mangiato, allora che mostro di egoismo e di trascuratezza eri! Ma adesso è tutto finito e Grazie a Dio stai bene!" (13 dicembre 1853).

2.

1854-1859

...ma dimmi che cos'è la vita?

Ma è alla poesia e nella poesia che Emily racconta della sua disperazione e dell'abbandono cui Susan – di certo inconsapevole – l'ha condannata. Non è forse vero, e sono questi gli anni in cui Emily lo scopre, che "L'acqua le insegna la sete / La terra – gli oceani trascorsi / Lo slancio – l'angoscia – / La pace – la raccontano le battaglie – / L'amore, i tumuli della memoria – / Gli uccelli, la neve" (n. 135).

Nella poesia prende anche forma il senso di spaesamento di fronte alla morte prematura o improvvisa di chi le era stato vicino. Dopo Leonard Humphrey e la giovane Sophie Holland, ora la lasciava Newton. Nel gennaio del 1854 Emily scrive a Edward Everett Hall che ne era stato guida spirituale e pastore: "Il Signor Newton era diventato per me un Precettore gentile, anche se serio, colui che mi insegnava cosa leggere, quali autori prediligere, cosa in natura fosse sublime e cosa grandioso [...]. Sovente parlava di Dio, ma non ero sicura che fosse suo padre in cielo".

Privazione e desiderio cominciano a coniugarsi in questi anni, quando l'energia e l'entusiasmo che le regalano la sua intelligenza e il suo corpo giovane si scontrano con le prime visitazioni della morte. Una sorta di schianto che tutte le volte la lascia sgomenta e la spinge a scrivere. "Sono capace di passare a guado il dolore – / Stagni interi di dolore – / Ci sono abituata –" lascia scritto in un componimento terminato – forse – nel 1861: stagni di dolore, paludi di desolazione, di disperata solitudine sono i paesaggi che la morte la educa a guardare da vicino, la costringe ad attraversare. Un ammonimento severo contro la "gioia", esperienza quasi "illecita", da cui corpo e mente devono tenersi lontani: "Ma se appena la gioia mi spinge e mi sfiora / le gambe non reggono – / e barcollo – ubriaca / Non un ciotolo – sorrida – / è stata colpa del nuovo liquore – / Nient'altro!" (n. 252). A un silenzioso, immaginario interlocutore, chiederà: "E tu ne sei proprio certo / esiste davvero un 'Padre' – in cielo – cosicché se mi ci perdessi – mai – / e incontrassi quello che la balia chiama 'morte' – / Non mi toccherà poi di camminare sul 'diaspro' – a piedi nudi – / E i redenti – non rideranno di me – / Forse – 'l'Eden' non è tanto solitario / quanto lo era il New England!".

L'incontro con la morte e con l'esercizio poetico la porta ora a raffinare la visione della "fine" al punto da intravedere se stessa, giovane donna dalla bellezza intatta, puro cadavere che si sostituisce alla persona perduta. Che si offre vittima sacrificale e compiacente a un Dio "ladro" capace anno dopo anno di sottrarre al suo sguardo quelli che ne hanno formato e segnato l'esistenza: "Solo le labbra sigillate sapranno / quante volte hanno vacillato i deboli piedi / Provaci – ce la farai a smuovere il chiodo orrendo? / Provaci – ce la farai a sollevare i raffi d'acciaio? / Carezza la fronte ghiaccia – che è stata così spesso / bollente – e se vuoi – solleva quei suoi snervati / capelli e tra le tue dita prendi le sue / adamantine che – mai più – porteranno un ditale – / Opache – contro la finestra della stanza – ronzano / le mosche – sul vetro maculato brilla fermo il sole – / Mentre impavida dal soffitto dondola una ragnatela – Massaia indolente – tra margherite – composta!" (n. 187).

Due forze contrastanti la spingono a regalare a quel ladro che è Dio il proprio corpo, perché risparmi quello di un altro e a chiedere allo stesso tempo, a quello stesso Dio, severo e insieme magico nella sua generosità, l'impossibile: "Portami il tramonto in una tazza, / sommami le caraffe del mattino / e dimmi quante stillano di rugiada. / Dimmi fin dove salta il mattino – / Dimmi fin quando dorme colui / che intrecciò e lavorò le vastità d'azzurro // Scrivimi quante sono le note / tra i rami incantati / raccolte nell'estasi del nuovo pettirosso – / E quanti i viaggi della tartaruga – E quante le coppe di cui l'ape si nutre, / Baccante di rugiada! // E ancora, chi posò i moli dell'arcobaleno / chi conduce le docili sfere / con vinchi di morbido azzurro? / e inoltre quali dita rinsaldano le stalattiti / Chi conta le conchiglie della notte, / per vedere che non ne manchi nessuna?".

Chiede le siano restituiti i colori, le linee, le forme di un mondo di cui il dolore ha strappato e aggrovigliato il disegno, rinserrando il suo corpo e il suo sguardo in una prigione "bianca" – il suo stesso corpo? La sua stanza? La tomba? – in cui per paradosso è condannata alla cecità. "Chi costruì questa casupola bianca / e così salde ne serrò le finestre / che al mio spirito non è dato di vedere? / Chi mi farà uscire un giorno di gala / e mi darà quanto occorre per volar via / più sfarzosamente di un re?" (n. 128, 1859).

Di nuovo, Susan la lascia, questa volta abbandonandola, non con un fidanzamento, ma con un viaggio. Trascorre parecchi mesi in Michigan, a Grand Haven, dai fratelli. Emily può riaprirsi, ora che Susan è lontana. "Mi alzo perché splende il sole e perché il sonno mi ha abbandonata e mi spazzolo i capelli e mi vesto e mi chiedo che cosa sono e chi mi ha reso così e poi lavo i piatti e di lì un po' li lavo di nuovo e poi è pomeriggio e vengono Signore in visita e poi è sera e alcuni esponenti di un altro sesso vengono per passare un'ora e poi il giorno è finito. Ma dimmi che cos'è la Vita?" (fine agosto 1854).

La domanda che pone alla futura cognata, Emily non smetterà mai di porla a se stessa. Non saprà e non vorrà piegarsi a una risposta. La vita è ciò che in continuazione si incontra e si perde. Si ritrova e si riperde, come un sogno ricorrente. "L'altro giorno – ho perso / un mondo – qualcuno l'ha trovato? / Lo si riconosce dal diadema di stelle / che gli incornicia la fronte. / Potrebbe passare inosservato – agli occhi di un ricco / ma – ai miei occhi parsimoniosi / vale assai più dei ducati. / Signore! Trovatelo per me!" (n. 181). Come il suo amore per Susan ormai o da quel momento sigillato dentro di lei.

Il tono è ancora dolce, ma il distacco definitivo: "Non è passato giorno, bambina mia, in cui non ti abbia pensata, in cui non abbia chiuso gli occhi su una serata estiva senza il ricordo dolce di te e anche se intorno al tuo nome si raccoglieva un così grande dolore, e c'era ben altro che pace tra noi due, eppure io continuavo a ricordare, poi di lì a poco era giorno. Non mi manchi Susie – è ovvio che non mi manchi – semplicemente me ne sto seduta davanti alla finestra a fissare il vuoto e so che non c'è più nulla – *Sentire* no, non sento – più di quanto senta una pietra, che è freddissima, o un ceppo, che è silenzio, là dove una volta era calore e verde e dove gli uccelli ballavano tra i rami".

Susan è colei che ascolta ma non sente, che la condanna all'esercizio solitario della riflessione su sé. La valenza autoerotica riscontrata da alcuni critici, o piuttosto le tracce di un taglio netto tra la vita sua e quella di Sue si iscrivono a grandi lettere in versi come quelli, trascritti nel 1861, nel breve lapidario componimento: "Tenevo un gioiello tra le dita – / e mi addormentai – / Il giorno era tiepido, i venti monotoni – / Mi dissi: 'Durerà' – / Mi svegliai e sgridai le mie dita innocenti, / la gemma era sparita – / E adesso, un ricordo di ametista / è tutto ciò che mi resta" (n. 245).

"Puoi andartene o rimanere," le scrive ancora nel settembre di quell'anno. Sparire come quel gioiello sognato. E così avverrà. A dicembre Susan sarà a Chicago con Austin e di lì a un paio di mesi Emily partirà a sua volta per Washington e poi Filadelfia. Viaggio riparatore dopo una delusione d'amore? Quelli che nell'Ottocento i padri organizzavano per le figlie affinché incontrassero l'uomo che le avrebbe sposate e ne dimenticassero un altro? Difficile avanzare ipotesi al di là di quella della preoccupazione di Edward Dickinson per una figlia che forse vuole solo per sé, ma di cui intuisce l'originalità dolorosa del tratto; infatti, già all'inizio del 1854 da Washington scrive al figlio che gli farebbe piacere che la famiglia lo raggiungesse anche se non intende fare pressioni su Emily: "Ho scritto a casa. Vorrei che con tua madre e te venisse anche Lavinia – naturalmente anche Emily, se lo vorrà – ma su questo non insisterò". Edward riconosce ormai in Emily quelle "diversità" di cui qualche anno prima Emily aveva scritto al fratello parlando di sé, Lavinia e lui.

Nel luglio dello stesso anno Austin si laurea a Harvard e i due giorni trascorsi a settembre da Lavinia ed Emily a Springfield in visita dalla coppia Josiah (1819-1881) ed Elizabeth Holland (1823-1896) – entrambi figure di riferimento per tutta la vita di Emily – sono prelusivi al lungo viaggio delle due sorelle a Washington e Filadelfia. Saranno due mesi, il febbraio e il marzo del 1855: "Tre settimane a Washington, quando nostro padre era là, due a Filadelfia. Abbiamo trascorso momenti davvero piacevoli. Visto cose belle. Sentito meraviglie – molte dolci signore e nobili gentiluomini ci hanno preso per mano e sorriso amichevoli," annota in data 18 marzo 1855 Emily, sulla via del ritorno da Filadelfia. Una fiaba che sta per concludersi, che le lascia un ricordo incancellabile: l'incontro con il pastore presbiteriano Charles Wadsworth (1814-1882), l'uomo cui in molti, su suggerimento di Susan Gilbert Dickinson e poi di sua figlia Martha, vorranno dare il volto del grande infelice amore della vita di Emily. Uomo brillante e grande predicatore, che certamente entrò a far parte della cerchia delle persone cui Emily si sentì legata tanto da inseguire per lettera, dopo la sua morte nel 1882, chi l'aveva conosciuto in vita: ventun lettere ai fratelli Clark, che tuttavia non aiutano a far luce su una loro eventuale relazione. Piuttosto, da testimonianze raccolte più avanti, Wadsworth sembra rivelarsi non tanto un amante in fuga quanto una sorta di guida spirituale per Emily. Fu in visita ad Amherst nel marzo del 1860 prima di trasferirsi con la famiglia a San Francisco e far ritorno a Filadelfia nel 1869, per poi rivedere Emily nell'agosto del 1880. Un uomo forse inquieto sul piano professionale, ma marito fedele e felice padre di famiglia. Predicatore spettacolare, assertivo, affascinante al punto da sedurre, predicando dal pulpito nel 1844, la sua bellissima moglie, era anche "poeta". Non è sicuro che Emily Dickinson l'abbia fisicamente incontrato a Filadelfia nel 1855, di certo la sua "poesia" e i suoi sermoni, che videro le stampe in quegli anni, avrebbero lasciato traccia nel lavoro di Emily.

Al ritorno dal viaggio, nuovi cambiamenti si prospettano per la famiglia Dickinson. Edward fonda, come aveva progettato, una società con il figlio – lavoreranno fianco a fianco nell'esercizio dell'avvocatura – e riacquista la Homestead. Vi si trasferiranno tutti insieme in novembre. La casa è spaziosa, Emily vi si sentirà "la più piccola". Vi si accede dalla Main Street e dal viale sulla sinistra che porta alla cucina e alla dispensa. Tutto intorno il giardino e sul retro l'orto. Al pianterreno, sulla destra, la biblioteca e la sala da pranzo, sulla sinistra un ampio salotto. Tre stanze al primo piano: quella di Emily ha quattro finestre, due danno sulla strada e due sul viale. Uno scrittoio, un letto molto grande, un cassettone in legno di ciliegio. Molta luce. Gli alberi tutto intorno le raccontano del passare del tempo e delle stagioni, dei colori che si stemperano e si accendono a seconda delle ore del giorno.

Ma un trasloco e una nuova casa rappresentano sempre un momento di rinascita e insieme un lutto. Da quell'esperienza la madre sembrò non riprendersi più. All'amica Elizabeth Holland – una delle poche confidenti di quest'ultimo anno – Emily confessa nel gennaio del 1856: "Non sono in grado di raccontarti come è avvenuto il trasloco. Preferisco dimenticarlo. Credo che i miei 'effetti personali' siano stati portati in una cappelliera, e il mio 'immortale io' a piedi, poco dopo. In quell'occasione mi son fatta un appunto: c'erano i miei numerosi sensi, e anche il cappello e il cappotto e le mie scarpe più belle – ma è andato tutto perduto nella *mêlée* e ora sono fuori, all'aperto, sto cercando me stessa con l'aiuto delle lanterne".

E con lo spirito di osservazione di "una bimba", perché è così che si descrive ormai venticinquenne, intuisce la possibilità di un legame stretto tra depressione e malattia fisica cui sono dovuti mancamenti, fragilità e stanchezza cronica della madre: "Da quando siamo riapprodati 'a casa', la mamma non ha smesso di stare male. Vinnie e io abbiamo 'messo in ordine' e 'ci siamo sistemate' e continuiamo a mandar avanti la casa di nostro padre. La mamma se ne giace sul divano oppure siede in poltrona. Sono solo una bimba, dunque non sono in grado di capire di quale male sia malata e poi ho paura anche per me".

Poche tracce restano delle giornate, delle letture, degli incontri che seguirono l'ingresso nella nuova grande casa, quella dell'infanzia appunto: la casa in cui Emily era cresciuta "bambina", da cui suo padre era stato a lungo e in più occasioni assente quando Emily Norcross aveva scoperto di amarlo e di avere bisogno di lui. È una casa più imponente e insieme più raccolta, elegante fino a sfiorare l'austerità. Una casa in cui ogni componente della famiglia conduce una vita separata dagli altri. Una grande casa, quella di un giurista di contea, di mattoni scuri, alti alberi e un giardino. Un salotto piuttosto buio, freddo, formale, libri, incisioni, un pianoforte aperto. Carte tra i libri, così la descriverà Higginson dopo la sua prima visita nell'agosto del 1870.

Tra il 1856 e il 1857 sembra che Emily non scriva più a nessuno: manca qualsiasi documentazione, lettera o componimento scritto di suo pugno. Emily Norcross viene mandata a Northampton per inutili cure termali. Emily si sostituisce simbolicamente a lei, cucina, prepara il pane. Vince, con il suo pane, anche un premio alla Fiera agricola, ma intorno a lei e dentro di lei è come se fosse sceso il silenzio. Qualche lettera a Elizabeth Holland e una in primavera al cugino John L. Graves (1831-1915) che era rimasto ad Amherst con lei e Susan, quando – nell'aprile del 1854 – Austin, Lavinia e la madre avevano raggiunto Edward Dickinson a Washington.

È una lettera affettuosa e piena di nostalgia per i giorni trascorsi insieme: "Io continuo a suonare le antiche singolari melodie, quelle che ore dopo ore ti ronzavano in capo e svegliavano la dolce Sue e mi facevano impazzire, allegre e piene di dolore com'erano. Come sembra lontana quella Primavera – e quanto radiosi quei giorni". Ma è come se Emily avesse cominciato a guardare ormai alla sua vita e al mondo che la circonda da lontano, come se quel ritorno nella casa in cui era vissuta bambina l'avesse rigettata nell'infanzia, senza permetterle di riprovare le emozioni di paura, gioia, attesa che aveva provato un tempo. Senza lasciarle riconoscere le stanze, le scale, i mobili, le tende che erano appartenuti al suo sguardo e le si erano scritti nella memoria, e che ora le erano estranei. "È domenica – ora – John – sono andati tutti in chiesa – le carrozze sono ormai passate e così sono venuta fuori, sull'erba appena nata, ad ascoltare i grilli/ Mi hanno seguita tre o quattro Galline e ora sediamo vicine – mentre bisbigliano e crocchiano, a te racconterò cosa vedo oggi e cosa desidererei tu vedessi/ Te lo ricordi il muro fatiscente che divide la nostra proprietà da quella del Signor Sweetser – e gli olmi fatiscenti e i sempreverdi – e *altri* fatiscenti elementi – che nel volgere di un anno fioriscono, appassiscono e perdono i loro petali – bene – sono *tutti qui*, e sopra di me cieli più belli dei cieli italiani volgono verso il basso il loro sguardo azzurro – eccoli! – là in alto – a un miglio da qui – sulla strada del Paradiso! E poi qui ci sono Pettirossi – appena tornati a casa – e Corvi spensierati – e Ghiandaie – e ancora, te lo giuro, credimi – qui c'è un *bombo* – non di quelli che porta l'*estate* – John – di quelli seri, virili, ma del tipo vistoso, gradasso dagli abiti sgargianti! Fossi qui con me avrei molto da farti vedere, John, nell'erba di aprile – ma ci sono anche gli aspetti più *tristi* – qui e là, ali che palpitavano senza sosta lo scorso anno quasi ridotte in polvere – una piuma marcescente, una casa disabitata, dove viveva un uccello. Dove sono finite le mosche dell'anno scorso, missione compiuta, e i *grilli* di allora, dove *sono caduti*? Anche noi, John, stiamo volando via – stiamo appassendo John – e il canto 'qui giace', presto su labbra che ora ci amano – sarà canterellato per noi e concluso". Stando ferma, immobilizzata dalla paura che sente di fronte all'incapacità di coniugare fine e inizio. Oppure paralizzata dalla sensazione che abbiano lo stesso significato. "Io continuo a suonare le antiche singolari melodie, quelle che ore dopo ore ti ronzavano in capo e svegliavano la dolce Sue e mi facevano impazzire, allegre e piene di dolore com'erano. Come sembra lontana quella Primavera – e quanto radiosi quei giorni."

Anche il matrimonio di Austin, che a luglio, quasi seguendo alla lettera l'esempio del padre, sposa Susan a Geneva nello stato di New York, lontano dallo sguardo di parenti e amici, lontano da Amherst e da qualsiasi cerimonia e cerimoniale che, data la posizione dei Dickinson nella comunità, sarebbero stati inevitabili, sembra lasciarla del tutto indifferente. Non sappiamo se e fino a che punto quell'evento l'abbia toccata. Non sappiamo quanto Emily intuì – "la bimba" che sapeva riconoscere la natura psicosomatica dei disturbi della madre – la banalità di quell'unione che lei stessa si era a suo modo augurata prendesse corpo; e che il padre aveva caldeggiato affinché la dinastia Dickinson non si interrompesse; e Austin accettato, passando dal distacco all'entusiasmo in un primo tempo, e che più tardi avrebbe affrontato, a dar fede ai ricordi di Mabel Loomis Todd, affrontato come una vittima sacrificale al patibolo.

Un'unione che Susan aveva pianificato a tavolino, ora concedendosi e dichiarando il suo amore per Austin – per lettera –, ora respingendone la corte, ora inseguendolo a Boston e infine sposandolo alle "sue" condizioni: a casa della sorella, lontano da Amherst, con una cerimonia "semplice, pochissimi amici, i miei fratelli, le mie sorelle, una piccola torta, un po' di gelato e lì finisce il milionesimo matrimonio da quando esiste il mondo", come scrisse un mese prima di sposarsi ad alcuni amici di Manchester. La "semplicità" della cerimonia fu uno dei tanti "scherzi" della determinata Susan Gilbert che dava un addio definitivo alle sue umili origini, lontano dallo sguardo dei Dickinson e dei loro amici e da chi a Amherst era stato a testimone del progressivo dissesto economico e umano della famiglia in cui era nata.

Non sappiamo come Emily affrontò quella che fu sicuramente una "prova" per lei, che in modo diverso aveva amato i due sposi con tanto trasporto. Non sappiamo neppure cosa accadde e come visse quei lunghi mesi, quasi un anno e mezzo, che seguirono il matrimonio. Non lo sappiamo perché, se mai documentazione è esistita, come nel caso dei suoi rapporti epistolari con Charles Wadsworth, non ne rimane oggi traccia. Tranne una, molto lacunosa, misteriosa, facilmente decifrabile se solo il silenzio di Emily Dickinson fosse o sia mai stato "decifrabile": un ritaglio del giornale di Amherst, l'"Express" in data 12 dicembre 1856, che pubblicizza "pietre tombali". Le forbici che lo hanno ritagliato sono quelle di Emily Dickinson.

Nel 1857 Edward Dickinson ha 54 anni, Austin 28. Sembra che il primo involontariamente consegni il futuro della famiglia e il suo ruolo di primo cittadino al secondo. Mentre la carriera politica del padre subisce un duro contraccolpo – non sarà rieletto deputato al Congresso di Washington e dovrà attendere il '73 per essere rinominato delegato della Corte generale del Massachusetts –, la statura pubblica di Austin si rafforza nella comunità: si batte con successo per la riqualificazione della Amherst Academy – da un punto di vista sia economico che scientifico –, viene eletto giudice di pace e la sua casa, arredata con grande eleganza, si apre a ospiti illustri, di passaggio per motivi di ordine politico o culturale, nella sempre più "educata", colta, ricca cittadina del Massachusetts.

I modi cortesi, l'istruzione, la sensibilità e il gusto di Austin, grande collezionista di quadri e raffinato intenditore d'arte, si sposano con successo alle ambizioni di Susan, che sembra finalmente realizzare il suo sogno: sarà la prima donna di Amherst, l'ospite raffinata che, dimenticata la "semplice torta" del giorno delle nozze, organizzerà rinfreschi in onore di critici d'arte e scrittori del calibro di Wendel Phillips e Ralph Waldo Emerson.

Terrà un'agenda-annuario in cui annoterà lo splendore "pubblico" della sua casa, le battute scambiate con Emerson che, subito dopo la conferenza tenuta il 16 ottobre 1857, su "La bellezza della vita agreste", invitato a casa sua, si complimenta con lei scoprendo sul tavolo della biblioteca, lasciato lì come per caso, *Angel in the House* di Coventry Patmore. Di Emerson, il mese prima era uscita sull'"Atlantic Monthly" la poesia *Brahama* che sicuramente Emily Dickinson lesse, se la frase che usò per commentarne la figura (che Susan annotò nell'agenda un po' pomposamente intitolata *The Annals of Evergreens*), fu: "Come se fosse arrivato dal paese in cui nascono i sogni". Non sappiamo se Emily avesse sentito Emerson personalmente e si riferisse alla conferenza o se fosse presente al rinfresco o ancora se avesse in mente la poesia. Quello che invece sappiamo per certo è che fu Susan e *non* Emily a chiacchierare con un intellettuale della statura e della fama "pubblica" come di certo era Ralph Waldo Emerson a quei tempi: la "mente" del trascendentalismo, della nuova poesia, l'uomo il cui giudizio e la cui opinione pesavano a Harvard e nell'Est del continente americano più di quelli di qualsiasi altro. Fu lei a organizzargli un grandioso ricevimento e a parlargli confidenzialmente seduta con lui accanto al camino, della stele di Rosetta. Il progetto narcisistico di Susan era realizzato, anche se il romanzo di Patmore di cui ricorda di aver parlato non poteva essere su quel tavolo visto che Austin glielo avrebbe regalato, con dedica, il giorno di Natale. Le parti si erano ormai scambiate. Susan si atteggiava a Emily, la ragazza brillante e intelligente con cui uomini di grande cultura avevano amato intrattenersi nel salotto della Homestead e al Reading Club, mentre Emily scivolava impercettibilmente nel ruolo di Susan da giovane, un po' nell'ombra, un po' capricciosa, un po' intimidita dalla sicurezza altrui.

Convegni e conferenze si susseguiranno puntualmente d'ora in avanti ad Amherst, che diventerà, quasi si fosse realizzato il sogno impossibile di Samuel Fowler Dickinson, una sorta di succursale decentrata di Harvard, meno cosmopolita forse, ma altrettanto visitata e frequentata da figure di spicco della cultura di quegli anni. Ironia del destino, proprio quell'anno 1857, anno di assestamento nel bene o nel male della famiglia Dickinson, l'anno del silenzio di Emily, fu l'anno cruciale della sua vita. Non sono tanto gli anni a venire, ricchi di incontri e di rinnovati o nuovi intensi scambi epistolari, quelli su cui interrogarci, capaci di fare almeno in parte luce sul mistero della sua figura e della sua produzione così radicalmente "diversa" da quella data alle stampe dai suoi contemporanei su riviste ufficiali di cui Emily conosceva di persona redattori e direttori: dal dottor Holland, redattore con Samuel Bowles (1826-1878) dello "Springfield Daily Republican" e poi fondatore nel 1870 dello "Scribner's Monthly", a Samuel Bowles stesso, giornalista e poeta, figura politica di spicco nazionale, direttore come già suo padre, che l'aveva fondato, dello "Springfield Daily Republican", a Thomas Higginson, non solo redattore dell'"Atlantic Monthly" ma consulente di case editrici, recensore e a sua volta saggista.

Fu il 1858 l'anno in cui decise che la riservatezza sarebbe stato il tratto privilegiato della sua persona e la poesia il suo lavoro a tempo pieno. Così da quell'anno le raffinate letture fatte cominciarono ad apparire alla superficie delle sue lettere, e le poesie spedite, rielaborate, riscritte o scritte *ex novo* ad acquisire la fisionomia precisa che le renderà da allora a oggi immediatamente riconoscibili in quanto "sue".

Al 1858 risale infatti il primo volumetto, una sorta di raccolta di componimenti artigianalmente assemblati, circa sessanta, con al centro il tema dell'amore e della morte. A quello stesso anno la prima delle tre esplosive *Master's Letters* (la seconda sarà scritta nel 1861 e la terza nel 1862), famose per il loro tardo ritrovamento. Austin, che ne era in possesso alla morte di Emily, le aveva consegnate a Mabel insieme ad altre carte che le erano appartenute. Mabel le consegnò a sua volta, senza pubblicarle, alla figlia, che attese che non ci fossero più eredi viventi della famiglia Dickinson per darle alle stampe.

La lettera, in realtà una minuta di lettera, è interessante perché sembra riprendere e in qualche modo fondere al proprio interno temi e immagini che la poesia aveva fino ad allora visitato, come se Emily volesse consegnare al suo misterioso interlocutore-amante un suo "ritratto", il ritratto che di lei, tranne lo strapubblicizzato e ritoccato dagherrotipo del 1846, non esisteva. Il ritratto di una donna che affida solo alla pagina scritta il segreto dell'attesa, il desiderio di darsi completamente all'altro e insieme dimenticarlo. "Cuore lo dimenticheremo! / Tu ed io – questa notte! / Tu il calore che ti ha dato – / Io, la luce! / Avvertimi, ti prego, quando avrai / finito, così che io subito cominci! / Presto! Non vorrei mi tornasse in mente / proprio mentre tu indugi!" (n. 47) scrive nel 1858 affidando alla poesia l'inquietante ritratto di chi sa quanto lancinanti siano i primi tormenti d'amore. Di chi, come Emily in questi anni, si è lasciato sedurre da scenari surreali di passaggio dalla luce all'oscurità, di cieli che mostrano i campi punteggiati di fiori e insetti, ma soprattutto da immagini di mare, acqua, oceani che non ha mai visto, come i suoi primi componimenti poetici testimoniano.

E nella lettera al *Master*: "[...] vorrei essere grande, come Michelangelo, e dipingerlo per te. Mi chiedi cosa abbiano detto i fiori – non hanno obbedito – avevo affidato a loro i messaggi. Dicevano quello che dicono le labbra dell'Occidente, quando il sole scende, le stesse parole dell'Alba. Ascoltami ancora, mio Signore, non ti avevo detto che oggi è Domenica. Ogni domenica trascorsa sul Mare, mi fa contare le domeniche fino a quando ci incontreremo sulla riva – e chissà se le colline sembreranno azzurre come dicono i marinai. Non posso più parlare (fermarmi) questa notte (ora), perché il dolore che sento me lo impedisce. Quanto è violento il ricordo, quando si è deboli, quanto facile, l'amore".

Emily Dickinson ha ormai un volto: non supplica, non rincorre. Interroga tutt'al più, dettando allo stesso tempo le regole del gioco, il suo ipotetico interlocutore – uomo o donna che sia. A Samuel Bowles, molto vicino a tutta la famiglia Dickinson, nonostante le sue posizioni politiche divergano da quelle del conservatore Edward cui era legato da reciproca stima, scrive nel giugno del '58: "Vorrei avervi qui. Sono quasi le nove, eppure il cielo è allegro e giallo, e c'è un'imbarcazione purpurea o qualcosa del genere, sulla quale un amico potrebbe veleggiare. Questa sera sembra 'Gerusalemme'. Io penso che Gerusalemme sia come il salotto di Sue, quando ce ne stiamo a chiacchierare e ridere, e Lei e la Signora Bowles sono nei pressi. Io mi auguro che ci si comporti tutti in modo da arrivarci a Gerusalemme. Come va il morale oggi? Il nostro va abbastanza bene".

Un nuovo piglio, una rinnovata sicurezza traspare dalla lettera. Emily continuerà a scegliere oculatamente i suoi interlocutori, ma sarà più esplicita, ironica, spiritosa. Spesso le persone e i luoghi di cui parla, come nel caso di Susan e del suo "Salotto", sembrano parte di un grande palcoscenico che lei osserva con divertita ironia. Anche quando è di religione che scrive, dalle lettere traspare una sorta di serena rassegnazione nei confronti della sacralità dei testi cui d'ora innanzi guarderà con lo stesso rispetto con cui guarda a Shakespeare, ai romanzi inglesi o agli inni sacri. Anche e persino le citazioni dall'*Apocalisse* invece di aprire squarci nel tessuto del suo linguaggio, contribuiscono a tesserlo, a dargli forma; Emily conclude la lettera raccontando del giro in carrozza fatto con Austin, quella stessa mattina.

Anche la lettura, lo scambio di libri, è un tramite con l'esterno, un ponte tra sé e le persone che vede sempre meno, ma con cui comunica sempre di più. Così a Mary Haven, moglie di Joseph Haven (1816-1874) che insegna filosofia a Amherst tra il 1851 e il 1858, qualche settimana più tardi manda un biglietto con una richiesta. Desidera *Klosterheim* e *Confessioni di un mangiatore d'oppio* di Thomas de Quincey.

La famiglia continua a essere un peso che Emily sembra portare con minore fatica o "matura" rassegnazione. Così nella stessa lettera a Mary Haven, aggiunge: "Vorrei tanto passare un'ora con lei, e con le bambine, se solo potessi lasciare la casa o mia madre. Non esco mai, per paura che mio padre torni a casa e senta la mia mancanza o senta la mancanza di qualche piccolo segno di affetto, di cui potrei dimenticarmi qualora uscissi di corsa. La mamma sta come sempre. Non so che augurarmi per il suo bene".

Al 1858 e al 1859 risalgono con certezza alcune tra le sue più note brevi poesie. Come nelle lettere più recenti, sembra che Emily abbia ormai raggiunto un preciso punto di osservazione sul mondo. Guarda anche al suo corpo e alla sua persona come "fuori di sé". Osservatrice esterna del suo rapporto con l'amore, come nella poesia sopra citata, "Cuore lo dimenticheremo!", è ben attenta, quando è del paesaggio che circonda Amherst che parla, a non scivolare in facili stereotipati romantici abbandoni. Alla "natura" Emily non "si consegna" ma la contiene, la raccoglie dentro di sé, per offrirla piuttosto in dono a chi ne saprà fare tesoro: "Per oggi è tutto quello che ho da portare – Questo, e insieme il mio cuore – / Questo e il mio cuore e i campi – / e i prati – tutto intorno – / Contali uno per uno – dovessi dimenticarmene io / qualcuno dovrà ricordarne la somma – / Questo, il mio cuore e le api, una per una, / che abitano il trifoglio" (n. 26).

Sceglie – come le aveva insegnato Newton – di stare al fianco di chi è sconfitto, ma non per compiangerlo o compiangersi. Piuttosto per impadronirsi di un "sapere" che si inscrive solo nella carne di chi non può "vincere". Si impara e si cresce "perdendo": "Pare il successo dolcissimo / a chi non l'ha conosciuto. / Solo chi ne sa doloroso il bisogno / conosce il sapore di un nettare. // Non uno della folla purpurea che oggi ha conquistato la bandiera / saprà con tanta chiarezza / dire ciò che vittoria è // come chi – nell'agonia / dell'esclusione – battuto – sente risuonare / dilacerato e preciso / lo stridore lontano del trionfo" (n. 67).

Si conosce (e si ama) attraverso l'assenza di ciò e di chi si vuole conoscere e amare. Per via ablativa, prende forma la sua filosofia: nell'abrasione della carne, nell'assenza, nella carenza. Che senso e valore avrà l'indipendenza, se non passando attraverso la soggezione, conoscendola? Solo in quanto prigioniera dell'amore esigente e soffocante del padre, Emily si sente "libera". Solo chi ha sentito il freddo metallico delle "catene", può sospettare la bellezza della parola "libertà". "Mai che io senta la parola 'fuga' / senza che mi tremino i polsi/ senza che subito mi prenda un senso d'attesa, / senza che mi senta pronta ad andare! // Mai che io senta di grandiose prigioni / da soldati abbattute, senza che invano / mi metta a scuotere le sbarre, come un bambino / condannato ancora una volta a non farcela!" (n. 77).

È a queste condizioni che Emily scende a patto con la vita e con Dio, padre, padrone. "Un amante nobile e lontano" (n. 357), alla cui violenza Emily non si sottrae a condizione di denunciarne ad alta voce, accanto al fascino perverso, lo sfrontato egoismo:

Giochiamo a "ieri" –
Io, la fanciulla a scuola –
Tu – e l'eternità –
la favola mai raccontata.

Il dizionario saziò la mia fame –
I logaritmi –
vino assai secco –
la sete –

Eppure non dev'essere proprio così:
i sogni colorano il sonno
e l'accortezza dei rossi, il mattino,
s'insinua e scuote la persiana –

La vita era ancora un embrione –
Scaldavo il mio guscio –
Quando tu sconvolgesti l'eclisse
e l'uccello, così, è caduto.

Sbiadisce l'immagine delle manette
– dicono – agli occhi di chi è da poco libero –
Nulla per me di più familiare
della libertà –

Il sonno – la notte –
mio ultimo atto di riconoscenza –
La luce che entrava – il mattino –
il primo miracolo.

Sarà dato all'allodola di rientrare nel guscio
e volare, più leggera, nel cielo?
Non saranno le catene di oggi
più dolorose di quelle di ieri?

Sulla pelle di chi,
assaporata da poco la libertà,
e di nuovo dannato, non sarà
più profondo il peso delle inferriate?

Dio dei ceppi
Dio dei liberi –
Non mi sottrarre
la mia libertà [n. 728].

L'altro, che sia Dio, amante, padre, ha un potere che a Emily non interessa condividere. Preferisce, per paradosso, la condizione di vittima consapevole, proprio perché quella sua consapevolezza, che le dà la forza della denuncia, dell'impertinenza verbale, le restituisce un'assertiva identità che oblitera quella dell'altro. All'altro è concesso di esistere solo perché l'io che parla, la "persona" della poesia, gli si contrappone, complementare, dall'alto al basso, con una voce ferma e insieme beffarda. E alla domanda metafisica che pone: "Che locanda è mai questa / dove la notte si ferma / lo strano viaggiatore? / Chi è il Padrone? / Dove le serve? / Guarda, che stanze curiose! / Dove sul focolare non bruciano fuochi vermigli / E i boccali non traboccano fino agli orli" risponde lei stessa: "Negromante! Padrone! / Chi sono quelli laggiù?" (n. 115, 1859).

La cintura che, in una sorta di gioco sado-masochista, l'altro la costringe a indossare: "Intorno alla vita mi mise una cintura – / Sentii scattare la fibbia / Poi se ne andò, da imperatore, / ripiegando la mia intera esistenza / senza fretta, come un duca farebbe con l'atto / che lo investe di un regno / Da quel momento il mio ruolo è segnato / Faccio parte per sempre della nuvola" non le impedisce di sentirsi diversa da tutti gli altri: "Non così lontana, tuttavia, da non venire / al richiamo, a compiere le minute / dure fatiche che segnano il percorso degli altri // E di tanto in tanto a sorridere / Alle vite che si chinano, interessate alla mia / E gentilmente la invitano a entrare / Ma io non posso accettare l'invito, / non sapete dunque per colpa di chi?" (n. 273).

...io e il silenzio, una razza strana

Sotto questo profilo, più che la prima lettera al *Master* misterioso e lontano come il padrone di un grande feudo medievale, breve e assertiva nella sua formale gentilezza, è interessante leggere la seconda, che i curatori dell'epistolario dickinsoniano fanno risalire ai primissimi anni sessanta. Come nel caso della precedente, ne esiste una copia, non si sa se mai spedita e a chi, fitta di correzioni e varianti, di periodi sospesi, quasi fosse stata scritta di getto, in uno stato allucinatorio. Chi scrive è come se scrivesse a se stesso, come se guardasse il suo corpo muoversi in uno scenario surreale. "Signore, se vedessi una pallottola colpire un Uccello – e l'uccello ti dicesse che non è stato colpito – ti verrebbe da piangere di fronte alla sua gentilezza, ma non c'è dubbio, dubiteresti della sua parola."

Così si apre la lettera, con un'immagine che squarcia la pagina ed insieme esclude l'altro dal dialogo.

Lo costringe a guardare a sua volta: "Ancora una goccia dalla ferita che macchia il petto della tua Margherita – e allora ci *crederesti*? La fede di Tommaso nell'Anatomia era più forte della fede", e ad accettare un rapporto in cui dolore e desiderio sono l'unica, inestricabile, cifra. "Non so come sia avvenuto. Lui (Dio) mi ha fermato il cuore. Poco per volta è diventato più grande di me – e come una madre minuscola con in corpo un figlio grosso – mi sono stancata di tenerlo." Lo costringe così a un rapporto di cui chi scrive detta regole e tempi, prefigura lo scenario. "Potremmo, te, Carlo [il cane] ed io passeggiare in un prato per un'ora – senza che gliene importasse a nessuno, tranne che al Bobolink – e la *sua* fosse una preoccupazione *argentea*?" Le figure che si muovono in quel palco dividono un amore "invisibile", amano dell'amore l'invisibilità e l'assoluta esclusività.

È a sé che Emily in realtà guarda mentre passeggia nella campagna di Amherst sola e appagata dalla sua solitudine. Lo stesso scenario l'aveva dipinto in una lettera del novembre 1858 al dottor Holland: "Non c'eravate voi quest'estate. *Estate*? La memoria mi si confonde – l'ho avuta – c'è stata un'estate? Avreste dovuto vederli i campi che se ne andavano – entomologia, gaia e maiuscola! Ornitologia minuta e veloce! Danzatrice, palco e ritmo in disparte e io, un fantasma, un fantasma ai vostri occhi, che recito la storia! Un oratore di piuma, su un pubblico di lanugine – e applausi da pantomima. Proprio come a teatro! Davvero!". Neppure l'idea di un'eternità promessa appaga il suo desiderio di trovarsi "sola".

Così, nella lettera al *Master* aggiunge: "Una volta pensavo che da morta – ti avrei visto – così morivo il più in fretta possibile – ma anche quelli delle 'Corporazioni' vanno in cielo allora [l'Eternità] non sarà un privilegio esclusivo – adesso [del tutto] – Dimmi che posso aspettarti – dimmi che non ho bisogno di andarci con un estraneo in quei recessi inesplorati – ho aspettato molto – Signore – ma posso aspettare ancora – aspettare fino a quando i miei capelli color nocciola saranno screziati – e tu andrai in giro col bastone – allora potrei guardare l'orologio – e se il Giorno sarà troppo avanzato – potremmo rischiare la strada che porta al Cielo – Che cosa faresti di me se arrivassi 'vestita di bianco'? Ce l'hai il piccolo scrigno in cui riporre la Vita?".

Centinaia di pagine sono state scritte sulla potenziale identità della persona che si nasconde dietro l'appellativo di *Master* e, più estensivamente, su chi sia stato il vero grande amore di Emily Dickinson. In articoli e biografie, a seconda dei nuovi ritrovamenti di carte da lei lasciate o testimonianze dei suoi contemporanei, i nomi che gli sono stati dati vanno da quello di Josiah Gilbert Holland, a quello di Samuel Bowles con cui Emily ha, dal 1858 in avanti, intensi scambi epistolari e frequenti incontri, e ancora Benjamin Franklin Newton – suo grande "Maestro" di un tempo. Di certo la prima e la seconda delle tre *Master's Letters* – di cui si è anche ipotizzato fossero "puri" esercizi di scrittura – segnano con la pienezza e dolorosa raffinatezza delle immagini che le costruiscono, un momento epocale della vita di Emily, che consegna alla scrittura (poetica ed epistolare) il compito di articolare, organizzare, e anche iconograficamente comporre, la complessità delle domande di ordine metafisico e fisico che riguardano il suo rapporto con l'altro (sia esso Dio, carnefice, uomo, donna o natura), con lo spazio e il tempo.

Domande intorno a cui la sua poesia si interroga e a cui si rifiuta di rispondere, aprendosi di volta in volta a nuove inquietanti domande che obbligano il lettore a interrogarsi a sua volta, all'infinito, sul senso del testo che ha di fronte. Come in un componimento terminato nel 1859, dove la "persona" che parla accompagna il lettore fin sulla soglia di un paesaggio magico.

"Case" – così mi dicono gli altri Saggi –
"Palazzi"! Allora un palazzo sarà caldo!
I Palazzi non possono ospitare chi piange,
I Palazzi devono vietare l'accesso alla tempesta!
"Molti Palazzi" vicino al "Padre suo"
che *io* non conosco; confortevoli e solidi!
Se solo i bambini trovassero la strada –
Qualcuno vi ci si trascinerebbe anche stanotte [n. 127].

Lo tiene per mano, come se lui – il lettore – fosse il bimbo, incontrato in una fiaba, che ha perso la strada di casa per essersi avventurato troppo lontano dal villaggio, oppure lei – la voce, appena un sussurro, persasi a sua volta – raccontasse bambina a un misterioso soccorritore, un silenzioso interlocutore, quanto teme di avere intravisto: un mondo incantato, magico e paradisiaco in cui intravede il suo rifugio ideale, cui sa, con certezza adulta, le sarà sempre vietato l'accesso. Fiabe senza lieto fine sono quelle che conosce e racconta la "piccola" trentenne Emily. Lucida, saggia, fredda e precisa, non crede né a fate né a principi. Dialoga con se stessa, come allo specchio, spogliandosi, di verso in verso, dei panni infantili di chi pone brevi taglienti domande, per indossare quelli scuri e composti di chi risponde con altrettanto laconico rigore: identico timbro di voce, stessa fermezza dello sguardo, gelidi, paritetici, inflessibili. Allucinata per scelta, prima che la vita, così come gli altri la pensano e raccontano, la allucini. Per questo, intrecciando il lessico quotidiano a quello delle Scritture, Emily, *irriverente*, si chiede per noi: "Cos'è – 'Paradiso'? / E chi ci vive? – / E sono 'Contadini'? – / E 'zappano'? – / E lo sanno che questo è 'Amherst' – / E che – anche io – ci andrò? – // Portano 'scarpe nuove' – in 'Eden'? – / È sempre bello – là? – / Non ci sgrideranno – se avremo fame? – / O riferiranno a Dio – che siamo di cattivo umore? – // E tu ne sei proprio certo / esiste davvero un 'Padre' – in cielo – / cosicché se mi ci perdessi – mai – / e incontrassi quello che la balia chiama 'morte' – / Non mi toccherà poi di camminare sul 'diaspro' – a piedi nudi – / E i redenti – non rideranno di me – / Forse – 'l'Eden' non è tanto solitario / quanto lo era il New England!" (n. 215).

Con tono meno malizioso, ma altrettanto lucido, nell'agosto del 1858 scrive a Samuel Bowles: "Gli amici sono il mio 'patrimonio'. Mi perdoni dunque l'avarizia con cui li accumulo! Mi si dice che coloro che un tempo sono stati poveri hanno opinioni diverse sull'oro. Non so come capiti. Dio è meno sospettoso di noi, altrimenti non ci concederebbe amici, per paura che ci si dimentichi di lui! A volte credo proprio che le Grazie di un Paradiso a venire valgano meno di un Paradiso a portata di mano. L'estate, da quando siete venuti qui, si è fermata. Non l'ha notata nessuno – voglio dire gli uomini e le donne. Senza dubbio un'angoscia leggera dilacera i campi e i boschi sono percorsi da 'anime in pena'. Ma questo non è affar nostro. Siamo sufficientemente impegnati dal problema della nostra solenne Resurrezione! Da quel che ne dicono i Ministri, una Cortesia particolare! Per 'l'uomo naturale' i Bombi e un pizzico di Uccelli sembrerebbero un grosso passo in avanti, ma mi guardo bene dal contestare gusti così regali. Il nostro pastore dice che siamo dei 'vermi'. Ma come si spiega? Con tutta probabilità il 'verme vano e peccaminoso' appartiene a una specie diversa".

Quasi condannata a non riuscire a spogliarsi mai del proprio corpo, a intravedere un Eden, un'eternità abitata da "anime", Emily "barcolla" perché sa che è anche dell'anima che non si sa spogliare. Non conosce infatti, a questo punto della sua vita, abbandono se non quello "mistico", intravisto nei poeti metafisici inglesi da lei letti e amati, quello cui solo una figura come santa Teresa d'Avila ha saputo dare una fisionomia verbale. Così in una poesia (forse) del 1861 scrive: "E se dicessi – non aspetterò! / E se spalancassi i cancelli di carne – / Li oltrepassassi per evadere – verso di te! // E se mi sbarazzassi di queste mie spoglie – / mortali – per vedere dov'è che fa male – Basta – Così da entrare nella Libertà! // Non mi avranno – mai più! / Potranno chiamare le Prigioni – supplicare i fucili / che sono vuoti di senso – ormai – per me – / Come vuoto di senso era il riso – un'ora fa / o i pizzi – o una fiera ambulante / o la morte di chi morì – ieri!" (n. 277).

Perché stupirsi che una donna, capace di scrivere i versi che scrisse, a metà Ottocento, in un'America ostile a qualsiasi forma di vacillamento della "fede" (nei confronti della religione, della politica, dell'uomo stesso), "nascondesse" il suo lavoro, o perché chiedersi se fosse vero o meno che le interessasse pubblicare? L'intimità, la purezza, l'inflessibilità del suo dettato poetico non avrebbero trovato un lettore preparato a quei tempi ad accettare che una donna (o un uomo) potesse arrivare a "tanto".

A tanto e tale rifiuto di scendere a patti con il mondo, così come il mondo le si presenta allo sguardo: "Che creature dolci e serafiche – / Sono queste gentildonne – / Ti verrebbe voglia di aggredirle piuttosto / della stoffa felpata o di violare una stella – // Le loro certezze, cotonina – / Un orrore così raffinato / per la lentigginosa natura umana – / E per la divinità – vergogna – // È una gloria così – banale – / Come quella di un pescatore – / La redenzione – mia fragile signora – / possa provare – altrettanta vergogna per te" (n. 401).

A tanto e tale senso della rivolta, della ribellione, a tanta dilacerante consapevolezza dell'abisso che divide il desiderio dalla sua stessa realizzazione, da costringere se stessa e il suo potenziale lettore a guardare da vicino lo spettacolo agghiacciante di un io che vede l'abisso che separa "anima" e corpo. A osservare, entomologo del dolore, quella separazione e accettarla come necessaria e incolmabile. Quella separazione infatti è per Emily sorgente primaria e approdo finale del lavoro della poesia: "Sentii un funerale, nel cervello / e i passi pesanti di chi mi piangeva / avanti e indietro, lenti, finché / – mi parve – il senso prendesse ad affiorare – // E quando tutti furono seduti, / il Rito come il suono di un tamburo – / un ansito continuo finché mi parve / che la mente mi si intorpidisse – / E poi li udii sollevare la cassa,

/ e scricchiolarmi nell'anima, / con gli stessi stivali di piombo, di nuovo, / e poi lo spazio cominciò a suonare a morto, // come se i cieli fossero una campana / e l'essere, un orecchio, / e io e il silenzio, una razza strana, / naufraga, solitaria, qui. // E poi un asse nel cervello si spezzò, / e caddi giù, e giù – colpendo / un mondo, a ogni tuffo / e finii di capire, allora" (n. 280).

Perché stupirsi, a ritrovamento avvenuto delle sue carte, che si andasse anche a frugare tra le sue lenzuola? Nelle pieghe nascoste della sua vita privata, dietro al mistero di quell'abito bianco che incominciò a indossare dal 1861 e che le sarebbe simbolicamente rimasto incollato alla carne tutta la vita, "scolorando" le sue poesie, condizionandone l'interpretazione?

Chi e che cosa aveva potuto spingere una donna dalle letture sterminate, dalla cultura poliedrica come la sua – sapeva passare con eleganza dall'Apocalisse a *domestic novels* dell'epoca, da Shakespeare e Thomas Browne a scrittori di grande e dozzinale successo come Ik Marvell – a ritirarsi a "vita privata"?

Chi e che cosa aveva potuto spingere una donna dallo humour sottile e dall'indiscutibile fascino, ad abbreviare i tempi dei suoi incontri con l'esterno, incontri che si andranno nel tempo diradando sempre di più, al punto che, si racconta, Emily si sarebbe rifiutata di ricevere il medico che le fu vicino gli ultimi mesi, se non parlandogli da dietro la porta socchiusa?

Chi e che cosa, se non un amore infelice? Così si ipotizzò subito dopo la pubblicazione delle sue poesie nel 1890, a quattro anni dalla sua morte, perché parve impensabile allora, come per molti ancora oggi, che la sua fosse stata una libera scelta. Oppure che di amori ne avesse avuti più di uno e non solo di natura eterosessuale e non necessariamente infelici. Oppure che a qualsiasi tipo di legame, preferisse la libertà, l'indipendenza che la famiglia di cui era parte e quella grande casa e il giardino intorno le avrebbero garantito fino alla fine. Oppure che la sua unica grande, vera passione fosse, *jouissance* suprema, scrivere. Scrivere e pensare: "Come fa la gente a vivere senza pensare – avrebbe confessato a Higginson durante il loro primo incontro nel 1870 – sono tanti nel mondo (li avrà visti per strada). Come fanno a vivere? Dove trovano la forza di vestirsi al mattino?". Scrivere, pensare e leggere: "Se leggo un libro e mi sento gelare tutto il corpo, tanto che neppure il futuro può scaldarmi, allora so che quella è poesia. Se provo la sensazione fisica che mi stia spaccando il cervello, allora so che quella è poesia. Sono questi gli unici due modi in cui la riconosco. Nessun altro".

3.

1859-1865

Quando nel febbraio del 1859, Catherine Scott Turner (1831-1917) arriva ad Amherst, ha ventotto anni, uno meno di Emily. Vi si ferma un paio di mesi. Vi ritornerà nell'ottobre del 1861 e ancora nel giugno del 1877. È amica di Susan Gilbert da quando, ragazze, frequentavano il college femminile di Ithaca. È una donna intelligente, affascinante e vitale. I rapporti tra Susan ed Emily si sono all'apparenza fatti meno tesi ed entrambe attraversano volentieri il giardino che si stende tra le due case. Tra Emily e Catherine, Kate per gli amici, vedova da due anni, nasce un'amicizia a prima vista e da quel loro incontro un intenso scambio epistolare su cui si è molto scritto e speculato. Certo, il fatto che, alla morte di Emily, Kate abbia deciso di trascrivere di suo pugno solo cinque delle lettere ricevute per farne avere copia sia a Mabel che a Martha Dickinson Bianchi non aiutò né critici né curiosi a far luce sulla natura del loro rapporto. Quanto di quelle lettere venne infatti censurato da Kate, quanto omesso, quanto modificato? Con sicurezza si sa che gli originali, insieme ad altre carte che le erano appartenute, vennero distrutti, alla morte di Kate, dalla famiglia del suo secondo marito, così come si sa che le sue – cui Emily fa riferimento – si dissolsero in quel primo incendio censorio ordinato da Emily stessa a Maggie, la domestica di casa Dickinson, e alla sorella Lavinia. Ci restano dunque cinque lettere: tre risalgono al 1859, una al 1860 e un'ultima al 1866, anno del secondo matrimonio di Kate e della fine dello scambio epistolare tra le donne.

Su quel misterioso "vuoto", sulla sparizione della corrispondenza, molto si speculò anche perché l'intensità con cui Emily si rivolge alla nuova amica che, si direbbe, riesce a sostituirsi a Susan nel suo cuore, ha legittimato, fin dagli anni cinquanta del nostro secolo, l'ipotesi che tra le due giovani donne fosse esplosa una vera e propria storia d'amore. Come nel caso del suo rapporto con Susan, è innegabile che quell'incontro dovette lasciare una traccia profonda nella vita di Emily, ancora in quegli anni così curiosa, entusiasta, aperta a nuovi incontri. Quel che resta delle sue lettere ne è una prova: un'attrazione profonda, se non altro da parte di Emily, un desiderio di vicinanza e di intimità travolgente.

Le frasi scivolano tenere e irruente: intense le sue aspettative, violento quasi il piglio con cui si rivolge a Kate che non sembra "rispondere" con altrettanta devozione. Interessante piuttosto, al di là di ciò che davvero può essere accaduto tra le due, ritrovare anche in questa "prima" lettera e dunque in questi mesi, i segni di una forte tensione da parte di Emily nei confronti della scrittura. La lettera tradisce in Emily un bisogno quasi fisico di dar corpo alle emozioni che la attraversano quando un nuovo incontro la sconvolge nell'attenzione e nell'attesa: "Fermati! Il mio cuore vota per te – scrive nel marzo 1859 – e poi chi sono io per oppormi alla sua scelta? – Quali sono le tue qualifiche? Ce l'hai tu la forza di venire a vivere a Oriente dove viviamo noi? Hai paura del sole? – Quando sentirai la prima viola, che con fatica preme e succhia per fuoriuscire tra le zolle, riuscirai ad essere *decisa*? Siamo tutti degli *estranei* – cara – il mondo non ci conosce perché non conosciamo lui. E Pellegrini! – Esiti? E *Soldati* spesso – alcuni di noi vincitori, ma quelli non li vedo questa sera, a causa del fumo. – Abbiamo fame, e sete, a volte – siamo scalzi – e abbiamo freddo".

È come se chi scrive avvertisse l'esigenza di articolare la grammatica del proprio desiderio, ma ancora una volta di continuare a controllarla. Di comunicarlo, tenendo a distanza colui o colei che ne è il destinatario. La lettera si conclude con un brano che da vicino ricorda la poesia che si apriva con il verso "Tenevo un gioiello tra le dita" – in quel caso l'ipotetico destinatario era Susan, sulle cui valenze omoerotiche ho già detto – ma che di nuovo ci restituisce un'immagine di Emily come di una persona che non insegue e piuttosto ama essere raggiunta: "È un bouquet piccolo, cara – ma se la dimensione lascia a desiderare, non così l'intensità del profumo e la durata. – Molti possono vantarsi di una malvarosa, ma pochi possono produrre una *rosa*! E se il fiore appena nato dovesse sorridere del numero ristretto dei suoi compagni, pregalo di ricordarsi che se ce ne fossero *molti* non verrebbero indossati sul seno – ma piuttosto coltivati in un pascolo! Così io mi alzo e lo indosso – vado a dormire e lo tengo con me, – Mi addormento infine e l'ho stretto nella mano, mi sveglio e ancora porto il mio fiore su di me".

Alla fine dello stesso anno, un'altra lettera in cui analogamente Emily indossa la maschera di chi corteggia un'innamorata lontana: "L'anno scorso, a quest'epoca, non mi mancavi, ma le posizioni si sono invertite e io adesso dentro di me ho il ricordo intenso e sacro del tuo nero, mentre sono sicura che i miei colori per te non sono altro che sfumature appena care [...]. Per un breve periodo gli stagni furono pieni di te, ma quel breve periodo si è dissolto, lasciandomi con molti steli e pochissime foglie! La gente da queste parti ha l'abitudine di strappare le cime degli alberi e di riporre in cantina i campi, la qual cosa dal punto di vista del buon gusto è disgustosa e se soltanto mi facessero il favore di smetterla io riuscirei ad avere vegetazione e foglie delicate tutto l'anno e neppure un mese invernale". Tuttavia, Emily conclude – decisa – rintracciando un preciso confine tra sé e l'altro: "A parte questo, Katie cara, le sollecitazioni a far visita ad Amherst sono quelle che erano. – Io sono comodamente sistemata dove il mare è profondo ma l'amore, se le sue mani sono robuste, guiderà i remi della tua barca, e non te ne stare ad aspettare che arrivi io a riva, perché io sto andando verso riva, ma dall'altra parte –".

All'amata ragazza "vestita di nero", al Condor Kate, nell'estate del 1860, scrive una nuova lettera d'amore, ma la apre così, riferendosi ovviamente a una lettera speditale da Catherine Turner: "Una difesa veramente ben fatta mia cara, ma con una Lince come me del tutto inutile". E se nel cuore della pagina s'abbandona alla memoria dei momenti trascorsi insieme ("Kate, non ti sei ancora 'dissolta', il tuo volto dolce si profila chiaro nella sua nicchia spettrale – ti tocco la mano – la mia guancia la tua – ti accarezzo i capelli di etere, sorella perché sei entrata se poi dovevi allontanarti?") conclude prendendo da lei un'elegante distanza: "Ti scrivo dall'estate. Le foglie mormorano e riempiono le fessure attraverso cui brillò il rosso dell'inverno; quando Kate era qui e Frank era qui – e le 'Rane' più sincere dei nostri stessi spruzzi negli stagni del loro Creatore – È un passato così vicino – cara – eppure sembra così lontano – volato via con la neve!".

Per Emily, che da anni ormai non si allontana da Amherst,

impegnata alla ricerca di punti fermi, assillata dall'elaborazione di "certezze" e assediata da "dubbi", spazio e tempo si rovesciano l'uno nell'altro. Per questo, come fosse la sua "dimora", Emily scrive "dall'estate". Da quella stagione che, sebbene all'amica ricordi come la "Felicità" sia "innaturale", le si spalanca davanti allo sguardo calda e generosa. Materna. Quei mesi le indicano altre strade che corrono parallele a quella della ricerca dell'*altro*, quella delle stagioni e della "natura" che il tempo plasma e trasforma, spoglia e riveste come fosse un grande corpo silenzioso e "vivo".

Emily le percorre letteralmente, appena può perché quelle strade, quei sentieri, fuori e intorno alla casa e a Amherst, che lei insegue quando il tempo glielo permette, le regalano nuovi stimoli alla scrittura. E quando alla cugina Louisa Norcross confessa nel 1858: "Quand'è che tornerai Loo? E tu lo ricordi vero, mia cara, che sei tra i pochi da cui non mi tengo ben lontana?" non parla ancora di reclusione, ma piuttosto di una circoscrizione (o apertura?) del suo campo di visione e azione. Ancora a lei qualche mese più tardi (in data aprile 1859): "Se fossi qui oggi dovresti annusare il fieno, che è ancora piccolo e bruttino, come tendono ad esserc i cuccioli, ma lascia intravedere la promessa di robusti covoni [...]. Durante l'assenza di mia sorella, mi sono divertita con una mosca preziosa, non uno di quei tuoi mostri azzurri, ma una creatura timida che saltella da un vetro all'altro della sua casa bianca, tutta allegra, e canticchia e strimpella, una specie di piano minuscolo"; e al dottor Holland: "La genziana è un fiore avido che ci coglie di sorpresa. Certo, questo mondo ha breve durata e io desidero, fino allo spasimo, poter toccare coloro che amo prima che le colline diventino rosse – e poi grigie – e poi bianche – e poi 'nascano di nuovo'! Se solo sapessimo quanto a fondo si immergono le radici del croco, non lo lasceremmo sfiorire mai. Eppure i fiori del croco punteggiano molti tumuli in cui i giardinieri a fatica coltivano minuscoli bulbi evanescenti".

Emily raccoglie materiale per i lavori a venire, forse ne abbozza le prime scarne stesure. Fuori, il paesaggio le restituisce dal vivo quello che i libri di botanica le avevano fatto intravedere, sui banchi di scuola, che la lezione di Edward Hitchcock le aveva trasmesso. Molti anni più tardi, in una lettera a Higginson nel 1877 ricorderà: "Quando i fiori anno dopo anno morivano e io ero bambina, avevo l'abitudine di leggere il libro del Dr Hitchcock sui fiori del Nord America. Quella lettura mi ripagava della loro assenza – era la garanzia che eravamo vivi". Quel libro fu per Emily ragazzina una sorta di seconda Bibbia e sfogliarne le pagine, pianta dopo pianta, fiore dopo fiore, un modo per lasciarsi alle spalle il ricordo di asettici tomi polverosi, quei manuali scolastici di storia naturale che insegnavano a inglobare e memorizzare nozioni, ma mai a incontrare quei fiori e quelle piante, gli insetti, gli uccelli, le farfalle, le crisalidi, che negli stessi anni, o poco prima, Henry David Thoreau (1817-1862) e il pittore John James Audubon (1785-1851) avevano scelto per raccontare e disegnare la "differenza" del paesaggio americano rispetto a qualsiasi altro.

Era il "libro della natura" che loro e poi Emily sceglievano di "leggere", quello in cui scienza e religione si coniugavano. La poetica trascendentalista, che non molto spazio aveva negli scaffali della biblioteca di casa Dickinson, si scioglieva ora nella sua poesia: le letture di un tempo riaffioravano alla superficie della scrittura per fondersi alle immagini raccolte in passeggiate fuori casa. A tavolino, chiusa nella sua stanza, Emily come un alchimista, chiede che i ricordi dell'adolescenza – le immagini disegnate e le parole scritte sui libri di scuola, i ricordi sfocati delle fughe affamate e solitarie nei boschi e nelle paludi – deflagrino nel presente, si fondino in ciò che ora "dal vivo" vede. Riconosce. Una miscela esplosiva, una sorpresa magica. Un corto circuito doloroso tra un'adolescenza raccolta e intimidita, come era stata la sua, china sui libri, e una "maturità" sul punto di prendere forma e insieme "chiudersi" nei confronti dell'esterno, come sta per accadere a lei.

...come lame affilate

Le sue poesie dunque ora dicono dell'impossibilità di separare ciò che lo sguardo aveva raccolto, adolescente, dalle pagine dei libri – immagini e vocaboli che a quelle immagini si saldavano nel bianco dei fogli –, da ciò che Emily incontrava nelle passeggiate in giardino o lontano da casa. La parola lavora su quell'intreccio delicato su cui la pagina e il mondo – insieme – le chiedono di soffermarsi. "Dolce è la palude, con i suoi segreti, / fino all'incontro con un serpente; / ed è allora che rimpiangiamo il villaggio / e ci allontaniamo / in quella corsa sfrenata / che solo i bambini conoscono. / Una serpe è il tradimento dell'estate, / l'inganno, la sua meta" (n. 1760, non datata). Oppure: "La civiltà – sdegna – il leopardo! / È mai stato il leopardo sfrontato? / I deserti – non schernirono il suo raso – / L'Etiope – il suo oro – / Fulve – le sue abitudini – / Il leopardo lo sapeva – / Maculato – il suo pelo bruno – / Signore – questa era la sua natura – / Perché dovrebbe un guardiano aggrottare le ciglia? // Abbine pietà – ha lasciato l'Asia – / Né narcotici, né balsamo / potranno sopprimere e soffocare / ricordi di palme" (n. 492).

Emily è molto attenta, selettiva. Scrive ricordando che ogni parola – che lei guarda fino a quando brillerà di una luce più vivida dello "zaffiro" – è un oggetto prezioso, è parte di un patrimonio, un'eredità in cui è necessario scegliere, ordinare, maneggiare ogni articolo con cura. Per questo le sue poesie sono tratteggiate con linee tanto precise – colori fermi – immagini luminescenti, non solo per il suo amore forse condiviso con il fratello per la pittura. Si sente il lavoro del cesellatore, del paleografo, del tagliatore di diamanti dietro alla scelta di ogni singolo lessema, immagine, componimento poetico che si snoda sulla pagina per dare corpo nel modo più lucido, freddo quando è il caso, al pensiero che lo sottende. La parola è come la carne e insieme come il coltello che la può far sanguinare: "Come lame affilate maneggiava – / Quelle sue dolci parole – luminosi bagliori – / che una dopo l'altra ora mettevano a nudo un nervo / ora giocavano impudiche con le ossa – // Perché lei non aveva mai pensato – di ferire – / Quella – non è faccenda d'acciaio – / una smorfia volgare della carne – / affare che a stento le creature sopportano – // Provare dolore è questione naturale – / non di buona educazione – il volo sugli occhi – / antica mortale abitudine – / semplicemente si chiudon le porte – per morire" (n. 479, 1862). La mano che traccia la linea della parola e del verso è sempre puntuale e cauta, come deve essere quella del chirurgo: "Faccia molta attenzione, quando prende in mano / il coltello, il chirurgo! // Sotto quelle incisioni precise e sottili // s'agita colei che è sotto accusa – la *vita*!" (n. 108).

In data 15 aprile 1862, tre anni dopo la stesura finale di quest'ultima poesia scriverà infatti a Thomas Higginson: "È troppo impegnato per potermi dire se la mia poesia è viva?"; e in risposta alla sua in cui Higginson suggeriva modificazioni (nel 1891 Higginson ricorderà con precisione quella lettera e in un articolo sull'"Atlantic Monthly", scriverà: "Ricordo di aver timidamente avanzato quella critica che lei poi etichettò come operazione chirurgica") Emily annoterà: "Grazie per l'operazione chirurgica – non è stata dolorosa quanto pensavo".

Tesa, curiosa verso l'esterno, attenta a quanto accade, sempre presente a se stessa e alla vita delle persone che ama, all'età di trent'anni Emily, apparentemente preparata all'incontro con l'*altro*, ha ormai scelto di non permettere a nulla e a nessuno di avvicinarsi a lei. Di "travolgerla", se non passando attraverso le forche caudine dell'elaborazione che lei, Emily, sarà in grado di fare di quell'avvicinamento, di quell'incontro, attraverso il filtro della riflessione e rielaborazione nella pagina scritta di quanto ha provato e visto. Rievocando e invocando le letture fatte, affilando – lei, chirurgo di se stessa – gli "strumenti" che la biblioteca del padre e le letture onnivore le hanno "consegnato".

Emily esiste ormai, nel bene e nel male, grazie e attraverso la "scrittura" che le permetterà di accogliere e controllare ciò che l'esterno le consegna. Scrivere, giorno dopo giorno, notte dopo notte, le ha insegnato a conoscere e controllare le sue emozioni e il suo sistema nervoso che gli amici e i parenti – protettivi – considerano "fragile". Riprende le poesie, ci lavora, le trascrive: tra il 1860 e il 1861 più di centocinquanta sono pronte nella loro versione definitiva, quella che ci è stata consegnata nella forma finale. Così come è ormai pronta lei, Emily, a leggere e riconoscere in ciò che legge il fascino della "finzione", ad appropriarsene, tenendosene a distanza, sapendo riscriverne.

Sognamo – ed è buona cosa –
Ci farebbe male – fossimo svegli –
Uccidiamoci – visto che non è altro che un gioco –
Urliamo – tanto siam noi che giochiamo –

Che male c'è! Gli uomini muoiono – di fuori –
è, questa, verità – di sangue –
Ma noi – moriamo sul palco –
e il teatro – non muore –

Attenti – a non scuoterci
ché non si aprano gli occhi – a nessuno dei due –
Per paura che il fantasma – dimostri l'inganno –
E la fredda sorpresa

ci congeli in steli granitiche –
con sopra solo Età – e Nome –
e forse una frase in egizio –
È più prudente – sognare. [n. 531, 1862]

E se Susan, i cui gusti letterari, nonostante l'ambizione e gli sforzi, lasceranno sempre a desiderare, le passerà i racconti "sconvolgenti" di Harriet Prescott (1835-1921) protetta di Higginson – che nel 1860 compaiono sull'"Atlantic Monthly" – Emily li leggerà con attenzione e vi riconoscerà una "sfida" oltre cui muoversi, uno spunto per spostare il suo discorso ben oltre gli ammiccamenti morbosi che la giovane scrittrice contemporanea rivolge al lettore. Emily preferisce che il suo ipotetico pubblico resti senza parole, brancoli nel vuoto metafisico cui né Dio né la scienza danno risposta. Se la protagonista di *Amber Gods* (racconto uscito nel numero di gennaio dell'"Atlantic Monthly" a firma appunto di Harriet Prescott) si scopre cadavere, in una sequenza di certo reminescente del racconto di Poe *Il pozzo e il pendolo*, venti minuti dopo essere deceduta ("l'orologio ha suonato l'una e mezza ma le lancette, a differenza del pendolo che ha continuato a oscillare, sono ferme all'una e dieci"), Emily "risponde" con una delle più sconvolgenti poesie dell'Ottocento in cui la "persona" morta assiste al proprio funerale e con lucidità osserva e analizza, fino al momento in cui "perderà" i sensi, i modi in cui "spazio" e "tempo" per gradi si trasformeranno in un'unica sequenza, omnicomprensiva dei due e insieme cancellazione d'entrambi. "Sentii un funerale, nel cervello / e i passi pesanti di chi mi piangeva / avanti e indietro, lenti, finché / – mi parve – il senso prendesse ad affiorare – // E quando tutti furono seduti, / il Rito come il suono di un tamburo – / un ansito continuo finché mi parve / che la mente mi si intorpidisse – // E poi li udii sollevare la cassa, / e scricchiolarmi nell'anima, / con gli stessi stivali di piombo, di nuovo, / e poi lo spazio cominciò a suonare a morto, // come se i cieli fossero una campana / e l'essere, un orecchio, / e io e il silenzio, una razza strana, / naufraga, solitaria, qui." Lì e solo a quel punto, in una condizione "naufraga, solitaria", sulla soglia di un abisso privo di risposta, sembrerà concludersi il suo "viaggio". Così detta l'ultima quartina: "E poi – un asse del cervello si spezzò / e caddi giù, e giù – colpendo / un mondo a ogni tuffo / e finii di capire, allora" (n. 280, 1861). Concludersi o aprirsi? Perché quell'ultimo verso, "I finished – knowing then", può indifferentemente essere interpretato come "finii con il capire" o "finii di capire" o, ancora più liberamente e fedelmente alla complessità filosofica che sottende l'intero componimento, "il senso si fece senso".

Accettando la sfida di un tema caro ai suoi tempi e ai lettori contemporanei, quello della "mortuary poetry", della poesia scritta in occasione della morte di una persona amata, familiare o conoscente, Emily ne accentua e radicalizza il modello – così da obliterarne le valenze vicarie oltre che il carattere "morboso" – raccontando invece, con voce ferma, di come sia anche possibile guardare di persona la propria morte e incontrarla: "Lessi la mia condanna – con fermezza – / La controllai con gli occhi, / per essere sicura di non aver fatto sbagli / nella clausola finale – / La data, il modo, della vergogna – / e poi la formula devota / 'Dio abbia pietà' dell'anima / fu il verdetto della Giuria – / Resi l'anima familiare – con la sua sorte – / perché non fosse, alla fine, un'agonia sconosciuta – Ma così che lei e la morte, familiari l'una all'altra – / si incontrassero con serenità, come due amici – / si salutassero, passassero, senza un cenno – / E a quel punto, la faccenda sarebbe stata conclusa" (n. 412, 1862).

Facendo della morte uno spettacolo da cui – come in un *morality play* medievale o in un film di Bergman – sono banditi languori e pianti, vacillamenti della memoria e della ragione, nostalgia o livida attesa: "Quando sono morta – una mosca sentii ronzare – l'immobilità della stanza / come l'immobilità nell'aria / tra raffiche di tempesta. // Intorno, occhi riarsi – // respiri trattenuti – in attesa – // dell'ultimo assalto: quando il Re fosse lì / presente, nella stanza – // Dei miei ricordi feci testamento – lasciando // quanto di me fosse / ereditabile – poi // la Mosca – // Un ronzio incerto, azzurro, ineguale, / che tra me e la luce si interpose – / Poi le finestre vennero meno – allora / non potei più vedere, per vedere" (n. 465, 1862).

...la moglie senza il Segno

I primi mesi del 1860 la vedono impegnata soprattutto alla cura delle poesie e di certo alla stesura di nuove che saranno – su basi grafologiche appunto – riviste e riformulate in edizione definitiva nel 1861 e nel 1862. Emily Dickinson sembra tralasciare l'attività epistolare: restano infatti pochissime lettere, una quindicina in tutto, datate 1860, quasi – al di là dei sempre legittimi sospetti di sparizioni accidentali o eliminazioni delle medesime da parte dei destinatari – quell'anno in particolare fosse dedicato soprattutto, oltre al lavoro della poesia, a letture e incontri, visite ricevute e ricambiate.

In febbraio trascorrerà serate con i Dwight e non ne dimenticherà "il fuoco del camino e le risate". In marzo Charles Wadsworth, di passaggio a Amherst, andrà a trovarla. Sarà un incontro particolare, prima della partenza di lui per la California. Incontro forse, a voler credere a chi riconobbe in lui il suo grande amore infelice, tanto atteso, ma che sarà Emily stessa a sdrammatizzare (se dramma ci fu) tanto da porsi lei nella posizione di chi sa ascoltare, al di là delle parole, l'altro. "Gli dissi – ma lei è sconvolto – e lui tremava mentre mi diceva: 'La mia vita è piena di oscuri segreti'," ricorderà a proposito di quella visita in una lettera a James Clark nell'ottobre del 1882, dopo la morte del pastore Wadsworth.

Quell'anno riservava altri due preziosi imprevisti appuntamenti: con Otis P. Lord (1812-1884), per la prima volta ospite, con la bellissima moglie Elizabeth Farley (?-1877), dei Dickinson e con Helen Hunt Jackson (1830-1885). Giudice della Corte suprema del Massachusetts, Otis P. Lord è amico del padre di Emily e quella sua prima visita segna l'inizio di uno stretto e complicato legame, che non si scioglierà neppure dopo la morte di lui, tra la sua famiglia e quelle di Edward e Austin Dickinson: legame con al centro e come punto di riferimento primario la figura di Emily, se è vero, come sembra, che Lord l'avrebbe voluta sposare dopo la morte di sua moglie nel 1877. Quanto a Helen Hunt (Jackson), coetanea di Emily, figlia di un professore di greco e filosofia allo Amherst College, orfana di entrambi i genitori (la madre muore nel 1844 e il padre nel 1847) aveva lasciato Amherst per poi ritornarci regolarmente a rivedere la sorella, dopo essersi sposata nel 1852. Incontrò Emily Dickinson in quell'occasione, l'estate del 1860, anche se i veri personali contatti con lei avrebbero preso corpo qualche anno più tardi. E furono contatti cui Helen Hunt tenne al punto da chiedere a Emily Dickinson di essere la curatrice legale e testamentaria della sua opera.

Helen Hunt fu in assoluto la prima persona a riconoscere la statura della sua poesia, tanto da riuscire a strappargliene una, l'unica apparsa (anonima) in una sede che non fosse una rivista o un quotidiano. La poesia *Success is counted sweetest* vedrà infatti le stampe in un volume miscellaneo, *A Masque of Poets* del 1878 e, ironia della sorte, sarà attribuita a Emerson, mentre si sarebbe ipotizzato che i racconti a firma Saxe Holm (pseudonimo di Helen Hunt), che cominciarono a vedere le stampe nel 1871, fossero frutto della collaborazione tra Helen Hunt ed Emily Dickinson.

Ma sui rapporti tra Emily e Otis P. Lord, tra Emily e Helen Hunt e i racconti di Saxe Holm tornerò più avanti. A questo punto della sua vita, forse, sia Otis P. Lord che Helen Hunt sono ancora ombre che si muovono discrete e appena intraviste nei fondali dello scenario della vita di Emily Dickinson.

Un'altra è la figura maschile che avanza, con un ruolo preciso, interessante, accanto a quella di Emily. È Samuel Bowles, giornalista brillante, redattore capo dello "Springfield Daily Republican". Molto vicino alla famiglia Dickinson, dai modi eleganti, dall'intelligenza pronta e dalla cultura sterminata, Samuel è spesso ad Amherst. Dal 1858 inizia il suo scambio epistolare con Emily. È attratto da lei per quanto da più parti si avanzi il sospetto che abbia una relazione con Susan, e sia affascinato, quando la incontra, anche da Kate Turner. Un balletto, dunque, di sentimenti e corteggiamenti in cui Emily agli inizi sembra coinvolta, forse divertita, quasi sospettasse in quel "balletto" un gioco di società. Gioco leggero di sguardi e battute che ha poco a che vedere con la profondità del rapporto che lega lei a Samuel. Lo conosce meglio e da più tempo: Susan e Kate sono arrivate dopo nella loro vita, sono entrambe affascinanti, ma estranee a quel raffinato gioco di citazioni da letture e conversazioni che per lettera lei e Samuel si scambiano, alle chiacchiere che li uniscono quando lui è in visita alla Homestead, fino a quando, con lo scendere della sera, lui riparte per Springfield.

Forse è vero, è lui il grande punto di riferimento sentimentale, il primo della vita di Emily trentenne. Emily ne è a sua volta attratta. Non è forse lui il suo unico "editore"? Oltre a un "valentine" apparso nel 1852, lo "Springfield Daily Republican" dà infatti alle stampe quattro delle cinque poesie di Emily, una nel maggio del 1861 (*I taste a liquor*), una nel marzo del 1862 (*Safe in their Alabaster Chambers*), una nel numero di marzo del 1864 (*Blazing in Gold and quenching in Purple*) e infine, nel febbraio del 1866, *A narrow fellow in the grass*. La quinta, *Some keep the Sabbath going to Church*, vedrà le stampe per decisione di Charles Sweetser, cugino di Emily, nel numero di marzo 1864, in "The Round Table", rivista di breve vita da lui fondata.

Se qualcosa prende corpo nell'immaginazione e nella vita amorosa di Emily, qualcosa anche si spezza, proprio in quei lunghi mesi che vanno dalla metà del 1861 alla fine del 1862, anno quest'ultimo che vede una vera e propria esplosione di lettere indirizzate a Samuel. Emily riconosce nei tratti psicologici di Samuel Bowles quelli dell'uomo che potrebbe amare per sempre, ma di cui non vorrà condividere la vita affettiva. Per questo le lettere a lui, come quelle degli anni seguenti a partire esattamente dal 1860, portano forti tracce di una maggiore e a volte divertita intimità. Nel 1860 gli spedisce due poesie con poche laconiche righe d'apertura e chiusura della lettera. Un implicito invito ad aprirsi a un rapporto epistolare che privilegia un tono più criptico, intimo? Una dichiarazione d'amore che i versi, silenziosi, accorpano al proprio interno? Forse possono essere lette come i segnali di una richiesta: un invito a un dialogo privilegiato che ponga la letteratura e la poesia al centro del loro rapporto. Un filtro e un sigillo allo stesso tempo.

Nel maggio del 1862 Emily gli spedisce le poesie delle sorelle Brontë. Le lettere si fanno sempre più astratte, quasi impersonali, fino a "ridursi" a volte a una poesia che si sostituisce alla lettera. Quella che gli spedisce agli inizi del 1862 ha un *incipit* esplicito "Ho un Titolo divino / La moglie senza il Segno – / Acuto Onore a me accordato – / Imperatrice del Calvario".

Sembra che il passo di Emily si sia fatto più deciso. L'abito che simbolicamente indossa – da "imperatrice" – ne rende la figura solenne, autorevole, ferma, padrona di sé e della sua vita, anche se il regno e le terre su cui domina – come in uno scenario pre-rinascimentale – sono desolate, come le lande che appunto portano al Calvario. Forse confessa a Samuel la forza del suo desiderio e la certezza della sua irrealizzabilità. Oppure gli sta annunciando di avere scelto – per quanto lo concerne – la strada del misticismo e della castità, di fronte a un suo implicito rifiuto, a una sua possibile latitanza, discontinuità di attenzione, leggerezza, superficialità, che le sue maniere cortesi e gentili e la sua "attenzione" mascherano. Così la poesia prosegue: "Regale, ma senza corona – / Sposa, senza il Deliquio / che Dio regala a noi Donne – / Quando accosti Granato a Granato / Oro – all'Oro – / Nata – Avvolta nel velo da sposa – e nel Sudario / Tutto in un giorno / Tre volte vincitrice – / 'Il mio Sposo' dicono le Donne /

Parole come un canto e una Carezza / È così? / Ecco – tutto qui quello che avevo 'da dirti' – / Tu non lo dirai a nessun altro, vero? L'Onore – è / Pegno di sé a se stesso". Tuttavia, negli stessi giorni, Emily ne spedisce una copia anche a Susan, quasi a ripetere lo stesso modello di rapporto e comportamento instaurato durante il periodo di corteggiamento tra Susan e Austin.

Incapace di sottrarsi all'amore e pronta a dividerlo pur di non "perdervisi", Emily stabilisce con Samuel Bowles una sorta di gioco che sta a metà tra il seduttivo e l'infantile, come chi sollecita un incontro e poi non si concede.

Quando nell'ottobre del 1861 Bowles è stato ad Amherst a salutare Austin e Susan, Emily non ha attraversato il giardino ma gli ha scritto immediatamente. Così pure nell'aprile del 1862, a ridosso della partenza di Bowles per un viaggio di sette mesi in Europa, Emily non gli concederà l'"onore" di incontrarla. Eppure appena un mese prima, non trovando parole per esprimere l'affetto che la lega a lui, gli manda un biglietto con una poesia, e in marzo una lunga lettera. Come nel caso di Wadsworth, guida spirituale e platonico amante, in realtà Emily sta prendendo le distanze da un uomo per il quale – è chiaro – ha provato una forte passione, ma la cui vita è ormai complicata dallo stesso fascino che lui esercita sulle donne e da quello che Susan Gilbert e Kate Turner prima, Maria Whitney dopo, esercitano su di lui.

Emily intuisce, si tiene lontana, conserva intatto il loro rapporto di amicizia "familiare" e letteraria: l'innamoramento c'è stato, così come l'attrazione e i giochi di seduzione reciproca; ma sarà nella poesia e in lettere non spedite che di quegli incontri e di quei momenti Emily rivisiterà l'intensità, la potenzialità erotica e conoscitiva. Le lettere fanno da filtro, allontanano, isolano Samuel Bowles in un universo "immaginario" che appartiene solo a lei. Ora, non a caso, in primo piano tornano due figure da cui dopo che si sono sposati Emily ha teso a tenersi lontana: Austin e Susan.

...mio mentre furtivi i secoli si dileguano

Qualcosa, proprio nei mesi in cui Emily si è sentita più vicina a Samuel, è successo tra Samuel e Austin. Una lettera di Samuel datata maggio 1861, spedita ad Austin, parla diffusamente della

moglie Mary e di un malinteso tra lui e Austin. Nell'estate Emily
manda una tenera lettera a Mary Bowles e acclude l'esplosivo: "Il
mio fiume scorre verso di te – / Azzurro Mare! Mi accoglierai? /
Il mio fiume aspetta una risposta – / Oh Mare – siimi benevolo –
/ Ti porterò ruscelli / da angoli lontani – / *Ehi* – Mare –
Prendimi!" (n. 162, 1860) quasi a volerle comunicare la sua devota vicinanza. Mary è gravida del quarto figlio, che nascerà il 19
dicembre 1861. Pochi giorni più tardi Susan scriverà una lunga
lettera a Bowles, in cui gli parla di Austin, del suo amore per le
arti figurative. È una lettera il cui senso vero va forse cercato tra
le righe: un'implicita risposta alla fine di una relazione? Una delusione che riguardava il suo, di Susan, rapporto con Austin?
Emily tace, si tiene in disparte. Il 24 ottobre 1861 Bowles era stato a trovare Susan e nella lettera di ringraziamento scriveva: "È
stata una gioia potermi sedere di nuovo alla tua tavola, al mio posto di sempre, vederti, guardarci in viso – scoprire che stai di
nuovo così bene dopo tutto quello che ti hanno fatto patire".

Il primo figlio di Austin e Susan, Ned (1861-1898), era nato
in giugno. Il biglietto di Samuel era al tempo stesso un ringraziamento e un congedo. Una terza figura femminile è entrata infatti
nella sua vita: una donna che starà vicina a lui e Mary, che a differenza di Susan faticherà a rimettersi dalla gravidanza (anche se
nel novembre del 1863 nascerà il suo quinto figlio). È Maria
Whitney (1830-1910), donna di grande fascino e intelligenza che
Bowles ha incontrato a Northampton nel 1861, e che frequenterà
assiduamente sia in assenza che in presenza della moglie. Tanto
che nel gennaio del 1862, da New York, Maria scrive alla sorella:
"Mr Bowles viene spesso a trovarmi, la sua compagnia è squisita,
molto gradevole". Amicizia o amore? Di certo una relazione dalla quale nessuno dei due saprà prescindere, tanto che Maria
Whitney si trasferirà per un anno, nel 1867, in casa Bowles a
Springfield. Ma è fin dal 1862 che Maria Whitney entra in maniera ufficiale nella vita del gruppo. È lei forse la causa della fine
della relazione tra Susan e Samuel, che dalla Francia infatti scriverà: "Susan, sono felice che tu e Maria Whitney vi siate piaciute.
Mi parla con entusiasmo di te quando mi scrive e della bellezza
della tua casa. Il suo entusiasmo per Austin [...] mi ingelosisce –
e temo farebbe una 'scenata' se io lo dimostrassi nei tuoi confronti. È un furbastro vero? Eppure tutti pensano sia un simpati-
cone sincero. La prossima volta che mi scrivi, di' a Emily di man-
darmi una delle sue 'gemme'. Come ha passato l'estate?".

Emily continua a restare in disparte, in silenzio, mentre Samuel e Susan mantengono rapporti formalmente amicali. Sarà, la loro, una storia mai chiusa, anche se Maria Whitney sarà la donna cui Samuel si sentirà più legato, fino alla fine. Così, e per questo, non è chiaro se sia di Maria Whitney o di Susan che, con elegante discrezione, Samuel scrive in una lunga lettera a Austin nel dicembre del 1862, tornato dall'Europa. Si scusa per aver diradato le sue visite, per averle abbreviate: "È vero, ho molto da fare, una vita affollata da impegni, ma c'è dell'altro. C'è altro alle radici della mia reticenza – che a volte tanto mi deprime – dovresti saperlo senza costringermi a spiegarlo. – Avevo pensato di andare fino in fondo; ma non riesco. Non ho dubbi sul fatto che tu sia al corrente delle ragioni. Io devo rispettarle. E anche tu. Non sono irrisolvibili. Mi è sembrato giusto. Mi è sembrato giusto soprassedere. Ma questo […] non a me, non a te. Però ti prego, fino a quando continueranno ad esistere, sii indulgente, abbi pazienza se verrò meno ai doveri e alle gioie dell'amicizia".

È probabile che l'imbarazzo di Samuel riguardasse una sua ormai chiusa relazione con Susan (che in qualche modo il viaggio in Europa "sigilla" per sempre) oppure una risposta a una lettera di Austin protettivo nei confronti di Mary Bowles e preoccupato dell'intensità del legame che Samuel ha stabilito con Maria Whitney.

È tuttavia innegabile che molto accade nella quieta, elegante e composta Amherst. Al di là dei giardini curati, delle passeggiate in carrozza, degli scambi raffinati di vasetti di marmellata, fiori e frutta. Al di là dei *tea-parties* eleganti che accoglievano in casa Dickinson nomi celebri del New England. Al di là dei lunghi viaggi di cultura che intellettuali e scrittori potevano concedersi per mesi lontano da casa, in Europa e poi nel mitico West. Al di là del progressivo rafforzarsi delle grandi famiglie, sia sul piano economico, sia sul piano della statura e della stabilità morale. Intrecci amorosi, scambi di lettere cifrate, gravidanze quasi simultanee di due donne, entrambe legate a un unico uomo. Innamorato forse di una terza.

Emily vede e non commenta. È a quel punto, tuttavia, che qualcosa si rompe dentro di lei e alcune delle sue poesie più intense vedono la luce in quell'anno di tormento. È al 1862 che risalgono, tra gli altri, due dei suoi componimenti più mistici e insieme sensuali. Ad essi Emily confessa la sua volontà di possesso e insieme la consapevolezza del dolore che sempre l'amore porta con sé: "Mio – per diritto della bianca scelta! / Mio – per sigillo regale! / Mio – per il segno della prigione scarlatta – / Che sbarre – non riusciranno a nascondere! // Mio – qui – nella visione – e nel divieto! / Mio – per revoca della tomba – / per titolo – e conferma – / un contratto nel delirio! / Mio – mentre furtivi i secoli si dileguano!" (n. 528, 1862). Emily sa guardare dritto nel cuore e alla vita, alla sua e a quella degli altri: "Il cuore ricerca il piacere – dapprima – / E poi – la dispensa dal dolore – / E poi – quei blandi anodini / che anestetizzano la sofferenza – // E poi – di potersi addormentare – / E poi – se tale fosse / la volontà del suo inquisitore – / il lusso di morire" (n. 536, 1862).

Maledetto, benedetto 1862. Emily non interviene, resta come sempre in disparte, tuttavia vigile. È generosa, nonostante (o a causa?) del "suo" stretto legame con quello stesso uomo, che oltretutto è uno degli amici più cari di suo fratello. Così, e per questo, in quei burrascosi mesi che precedono il viaggio di Bowles in Europa, dall'aprile al novembre del 1862, rompe il silenzio che aveva fatto scendere tra lei e Susan. Le si riavvicina, ora sì, di nuovo, con confidenza amicale. Le scrive per chiederle dei libri, non era forse di lì che aveva preso corpo la loro amicizia? Come aveva fatto con Mary Bowles nell'estate, le manderà una poesia, tra le più belle: "Al sicuro in stanze di alabastro" (n. 216, 1859-1861).

Nell'autunno di quell'anno, prima del ritorno di Samuel Bowles, anche Susan si apre a lei. Si confessa: "Emily, se tu hai sofferto durante l'estate me ne dispiace. Anche io, Emily, ho un grande dolore, di cui non parlo con nessuno. Ma se un usignolo riesce a cantare, con uno spino conficcato nel petto, perché non possiamo farlo anche noi? Quando mi sarà possibile, ti scriverò".

Come sempre Emily vede, ascolta e non giudica. Resta vicina alla cognata così come resterà vent'anni più tardi, vicina a Austin quando sarà lui a mettere a rischio il loro matrimonio. Lei che ormai sa che cos'è un giudice severo si rifiuta di giudicare. Non ci sono né vittime né carnefici. Si è sempre vittima e carnefice insieme. Così, e per questo, anche lei accoglierà Maria Whitney nel gruppo di quella grande famiglia allargata di cui i Dickinson sono al centro, e con lei scambierà negli anni a venire una fitta corrispondenza, di certo molto "privata" visto che per volere di Maria Whitney se ne è persa quasi completamente traccia. Così pure manterrà stretti contatti personali con Samuel Bowles, cui chiederà nel marzo del 1862 di non abbandonare Austin, distrutto dalla notizia della morte di Frazar Stearns, ucciso a Neubern, in

North Carolina, durante uno scontro con le truppe secessioniste. Nella stessa lettera con discrezione farà capire l'affetto che ancora Susan prova per lui: "Quanto a me devo tradire Sue – anch'io – Non lo consideri un atto disonorevole – Ho scoperto – per puro caso – che *lei* – stava cercando di scoprire se lei, Signor Bowles, fosse in possesso di una piccola *Borraccia* – da portare con sé in viaggio", così gli scrive e aggiunge, generoso messaggero di amore o di pace, indifferentemente, tra i due: "Vorrei fare un favore – a Sue – e se lei *me* lo facesse sapere con la posta di lunedì, se ne è o meno in possesso – e mi giura – per *amore* di Sue – *di non procurarsene una* – se già non la possiede – io posso fare in modo di *farlo sapere a Sue* – Mary ha spedito splendidi fiori. Ma a *lei* – lo ha detto? Austin si augura che la commissione non la stanchi".

E quando Bowles sarà in Europa sarà proprio lei, la riservata Emily, a mantenere i contatti a nome di tutti, a raccontargli di Amherst, a rendergliene viva l'immagine e a suscitare la sua nostalgia, a scongiurarne il ritorno. "Ci auguriamo che stia meglio di quando era qui, in America – e che quegli Stranieri siano gentili e sinceri. Ci auguriamo che si ricordi, una per una, le vite che si è lasciato alle spalle, anche la nostra, la meno rilevante – Vorremmo vedere Amherst attraverso i suoi occhi, così come lei la ricorda. Più piccola di com'era, forse – nondimeno le cose ingigantiscono, quando si parte – se erano già di per sé grandi – noi speriamo che lei non cambierà e sarà così com'era il giorno in cui la *Cina* salpò e noi soffrimmo per causa sua. Se le fa piacere ricevere notizie di qui, bene, non siamo morti – qui – né cambiati. Abbiamo gli Ospiti di sempre, tranne lei – e le Rose sugli stessi steli, quelli di prima che lei partisse. Vinnie lega i tralci del Caprifoglio – e i Pettirossi le rubano il filo per i nidi – proprio, proprio come un tempo." Il tono della lettera è come un sussurro. La voce quella di un'adolescente che raccontando di amici e conoscenti, del tempo che scorre e trasforma lo spazio mentre le settimane scivolano l'una nell'altra, getta un ponte tra sé e un amico lontano. Poi si riapre: la voce si fa più ferma, adulta e riprende le fila di un dialogo che la lontananza fisica ora e il comportamento di entrambi prima sembravano avere interrotto: un dialogo che certo per Emily era andato al di là delle buone letture condivise, degli interessi comuni. Un dialogo che ora Emily sente di poter riaprire protetta com'è dalla distanza che li separa e da quel "miracolo" che è per lei una lettera: lo spazio in cui il cuore può "essere messo a nudo", il corpo spogliato, senza che il destinatario possa – mentre la lettera è scritta o letta – sfiorare, fosse anche solo con lo sguardo, quel corpo, sentire le pulsazioni di quel "cuore". "Devo farle una commissione da parte del mio cuore – ho paura di dimenticarmene – vuole farmi la cortesia di tornare a casa? È esiguo il numero degli anni di una lunga vita, svaniscono, dice la Bibbia, come una storia mentre la si racconta – e risparmiarli è scelta solenne, così almeno a me pare – e con le dita vado a tastoni, alla ricerca di tutto ciò che mi appartiene e che non posso vedere – lo voglio più vicino."

Perché allora non pensare che sia proprio lui il destinatario della terza delle sue *Master's Letters*, scritta secondo alcuni nel gennaio del 1861, secondo altri nel 1862 e quasi sicuramente mai spedita? Filtro e sigillo di un amore per lei impossibile, di un rapporto insostenibile, di una storia che Emily era decisa a troncare prima ancora che prendesse un'embrionale forma. Una storia in cui ancora una volta Emily guarda a se stessa, parlando in terza persona: "Un amore così forte che la terrorizza, che la precipita nel piccolo cuore – e si fa strada nel sangue e la lascia [del tutto] priva di sensi e senza colore, nel prato della tempesta – Margherita – che in nessuna occasione, al momento della separazione, ha battuto ciglio, ma con tale riserbo ha protetto la propria vita da impedire che lui ne vedesse la ferita – lei che l'avrebbe tanto stretto al petto [al cuore] e protetto fra le sua braccia bambine – il problema era che quelle braccia non erano abbastanza grandi per accogliere un Ospite così imponente – *questa* Margherita – crucciò il suo Signore – pure spesso prese gravi abbagli – Forse addolorò [sfiorò scalfendo] il suo gusto – forse i modi di lei – curiosi – ritrosi come la sua vita ritirata in campagna irritarono [preoccuparono] la sua più raffinata natura [senso]. Margherita sa tutto questo, ma dovrebbe per questo venire giustificata? – insegnale tu, dunque maestro la grazia – la maestà – Lei è lenta [ottusa] quando si tratta di incombenze aristocratiche – Persino lo scricciolo nel suo nido impara [sa] più di quanto Margherita osi – [...] Non andrà dunque lui da lei – oppure lascerà che sia lei a cercarlo, indifferente a una ricerca così incerta se infine a lui giungerà. Dio, quanto faticano coloro che sono in punto di morte, in attesa dell'arrivo dell'angelo. Padrone – spalancami la tua vita, e accoglimi per sempre, non mi stancherò mai – non un suono quando tu vorrai la quiete. Sarò [felice] [come] la tua adorata bambina – non mi vedrà nessuno, all'infuori di te –

e quello sì mi è sufficiente – non avrò altro desiderio – e unico disappunto del Cielo – il fatto che non sia così caro".[1]

...in una parola, anni di passione

Samuel Bowles sarà in ogni caso al centro della sua vita, sempre, anche perché indirettamente responsabile di un nuovo incontro, quello con Thomas Higginson. L'incontro si rivelerà deludente sul piano personale, ma sarà essenziale sul piano della nuova immagine che Emily sceglierà di offrire di sé, quella in cui in molti hanno voluto riconoscere il suo vero volto: di eterna adolescente, impaurita dal mondo e dalle letture che faceva, riluttante a comparire in pubblico, restia a parlare o scrivere di sé.

Di Thomas W. Higginson infatti lo "Springfield Daily Republican", diretto da Samuel, segnalava regolarmente, dandone pubblicità positiva, i saggi e gli articoli che di mese in mese, nel 1861 sarebbero apparsi sull'"Atlantic Monthly": *April Days* nel numero di aprile, *My Outdoor Study* nel mese di agosto. Emily è attenta. Si appassiona a quelle letture così come si è appena appassionata alla lettura di *The Poet*, di Ralph Waldo Emerson. A quel saggio, apologia di una nuova poesia americana, possibilmente vergine e lontana dai modelli europei, scevra da contaminazioni "maledette" e da quei "sostituti quasi meccanici" del "vero nettare" che per Emerson sono "il vino, i narcotici, il caffè, il tè, l'oppio, il fumo del legno di sandalo e del tabacco", Emily aveva "risposto" nella quiete raccolta e monacale della sua stanza – perversa malizia – con una poesia, *I taste a liquor never brewed* che Samuel Bowles, fraintendendo la graffiante dissonanza del componimento rispetto ai modelli canonici di poesia trascendentalista e cogliendo nei versi l'apparente invito a un rapporto fusionale con la natura, si affretterà a pubblicare – anonimo – sul suo giornale il 14 maggio 1861. "Da boccali scavati in perla – / assaporo un liquore mai distillato / Neppure le bacche di Francoforte / un alcol simile hanno mai dato! // Ebbra d'aria – / corrotta di rugiada – / da locande di blu fuso – / vacillo, lungo interminabili giorni d'estate. // E quando gli 'osti' dalla digitale / cacceranno l'ape ubriaca – / quando la farfalla rinuncerà ai suoi 'sorsi' / Io, berrò ancora di più! // Fino a

---

[1] Le parentesi quadre indicano le possibili varianti.

quando i serafini dondoleranno i loro bianchi cappelli e accorreranno / alla finestra – i santi – per vedere / la piccola bevitrice giunta da Manzanilla!" (n. 214, 1861). "Ebbra", "corrotta", "ubriaca", la voce che parla è tuttavia voce sicura: contrappone alla solare visione emersoniana la filosofia dell'eccesso, dell'abbandono totale ai sensi e alla sensualità che scorre sottotraccia al corpo e alla natura.

Ma Emily continua a essere lettrice avida di libri, riviste e giornali, riguardino essi indifferentemente politica o attualità, scienza o letteratura. Ben poco le sfugge.

Così sull'"Atlantic Monthly" (aprile 1862), legge di Higginson *Lettera a un giovane collaboratore*: ne ignora le implicazioni emersoniane e l'apologia di un linguaggio semplice. Piuttosto la colpisce una frase: "In una parola possono concentrarsi anni di passione e quasi una vita in una frase". È quanto Emily ha sempre cercato e Higginson non sarà mai capace di realizzare nei suoi scritti, né comunicare ai più giovani scrittori e scrittrici di cui sarà solerte consigliere. Emily non ha dubbi. Con risoluzione, la stessa che il suo sguardo e quella sua bocca piccola, chiusa, sensuale, immortalata nell'unica immagine che abbiamo di lei ci restituiscono, decide di scrivergli.

È anche una vendetta che si prende nei confronti dell'altro suo partner di letture e confidente letterario da sempre, Samuel Bowles. Infatti sei giorni dopo la partenza di Bowles per l'Europa, il 15 aprile 1862, Emily Dickinson scrive la sua prima lettera a Higginson e acclude quattro poesie. Neppure la firma, ma scrive il suo nome in un biglietto che chiude in una busta più piccola, inclusa. "Signor Higginson – scrive – è troppo impegnato per potermi dire se la mia poesia è viva? La Mente è così vicina a se stessa – da non riuscire a vedere, con chiarezza – e io non ho nessuno cui chiedere – Se lei mai pensasse che essa respira – e se avesse la possibilità di dirmelo – mi farebbe provare un rispetto ancora più sincero – nei suoi confronti – Le accludo il mio nome – e le chiedo, per favore – Signore – mi dica la verità – Lei non mi tradirà – è inutile che glielo chieda – perché l'onore è pegno a sé di se stesso."

Naturalmente Higginson delle quattro poesie accluse alla lettera non ne pubblicherà nessuna. Ma il ghiaccio è rotto: continueranno a scriversi ed Emily gli manderà altre poesie. A volte, come già faceva con Bowles, la lettera è brevissima, c'è solo una poesia. Higginson non capisce. Sia le poesie che le sue lettere, così come la sua scrittura, sono troppo lontane dalla "letteratura" che lui conosce, predica e pratica. I componimenti sono irregolari dal punto di vista metrico, sono ellittici, distonici, "inconclusivi". Le lettere, misteriose. Ma Emily lo interessa. È un'irregolare. Le chiede cosa legge, come vive. In realtà non ha bisogno di fare troppe domande: i Dickinson – la dinastia al completo – sono figure molto in vista. I redattori delle riviste si conoscono, si scambiano informazioni ed è certo che a Newport, nel 1866, quando Helen Hunt Jackson vi si trasferirà e dove Higginson vive, i due si scambieranno – come si vedrà – non poche informazioni sul suo caso.

Ma al gioco, fin dagli inizi, stanno tutti e due. I ruoli sono chiari a partire dalle prime battute: Higginson è uomo di cultura, preparato, di successo, in grado di dispensare buoni consigli e "buone" letture. Emily indosserà i panni dell'allieva, così si firmerà dal luglio del 1862, e della "novizia": "Non ho mai scritto poesie – tranne una o due – prima di quest'inverno – Signore – [...] Mi chiede dei libri che amo – i miei poeti sono – Keats – e Browning. I miei prosatori – Ruskin – Sir Thomas Browne – e l'Apocalisse [...] ma io ho paura che la mia storia la stanchi – vorrei imparare – mi sa dire lei come si fa a crescere – o è qualcosa che può essere trasmesso – come la Melodia – o la Stregoneria?" (25 aprile 1862). Come una bambina, Emily mente. Mente sul numero di poesie che ha scritto, sulla sua vita privata, sui rapporti famigliari. Mente sapendo di mentire. A tavolino costruisce un'immagine di sé minuta, impaurita : "Lei pensa che il mio passo sia 'spasmodico' – sono in pericolo – Signore – Lei pensa che sia 'sfrenata' – non conosco Tribunale. Avrebbe tempo di essere l'amico di cui pensa io abbia bisogno? La mia forma è minuscola – non occuperei troppo spazio sulla mia scrivania – né tantomeno farei troppo chiasso come il topo che intacca i suoi Corridoi" (7 giugno 1862) e quando Higginson le chiede di mandargli un ritratto, risponde: "Potrebbe pensarmi senza un ritratto? Adesso non ne ho nessuno, ma sono piccola, come lo Scricciolo, i capelli li ho di colore deciso, come la lappa castana – e gli occhi, come lo Sherry avanzato nel fondo del bicchiere dagli Ospiti – Le basta così?" (luglio 1862).

L'immagine che Emily offre di sé è lontana da quella che la sua produzione epistolare precedente, o quella a venire indirizzata ad altri, ci offrono. Apre degli squarci di tanto in tanto, così come più avanti negli anni, autoreclusa, socchiuderà la porta della sua stanza per intuire ciò che a pianterreno avviene e per costringere chi è in casa a "sentire" la *sua* presenza, a cercare di decodificarne i silenzi, i fruscii, gli spostamenti al di là di quella porta semiaperta. Così Emily "confessa": "Sorrido quando lei suggerisce che aspetti a 'pubblicare' [...] – dal momento che la cosa è più aliena alla mia mente, come il firmamento a una pinna – Se la fama mi appartenesse, non riuscirei a sfuggirle – in caso contrario il giorno più lungo mi sorpasserebbe mentre ne vado a caccia – e l'approvazione del mio Cane mi abbandonerebbe – dunque – preferisco la mia Condizione scalza" (7 giugno 1862). E il mese seguente: "Quando parlo di me come Soggetto della Poesia – non ho in mente – me – ma una persona immaginaria [...]. Lei capisce che la mia posizione è priva della luce?" (luglio 1862).

Come poteva capire Higginson il senso vero delle lettere di Emily Dickinson? Quali strumenti aveva lui, che sull'"Atlantic Monthly" continuava a pubblicare – e con successo – i racconti di Harriet Prescott e Elizabeth Sheppard, autrici "popolari" e di imminente grande successo, per capire che quando Emily parlava di "persona immaginaria" aveva già in mente il concetto di "maschera" che il poeta inglese Robert Browning – di cui si parla nella lettera – avrebbe teorizzato solo più tardi nel suo *Dramatis Personae*? Si fa fatica a immaginare che Higginson fosse in grado di cogliere il senso di una frase come quella che sempre nel luglio di quel primo anno di scambi epistolari Emily Dickinson inseriva nella sua lettera quando dichiarava: "Il mio problema è la Circonferenza – Un'ignoranza non d'Abitudine, ma quando l'Alba mi raggiunge – e il Tramonto mi vede – Io, l'unico Canguro in tanta bellezza, Signore, se non le dispiace, ne soffro".

...poco per volta ci si abitua al buio

È a questo punto della sua vita che Emily è davvero completamente "sola". La zia Lavinia, la persona della famiglia da cui si è sentita più amata, è morta nella primavera del 1860, portando con sé il segreto delle confidenze che le univa e lasciando alle figlie il compito di distruggere le lettere che Emily le aveva spedito. È stato anche scritto che sia stata l'unica con cui Emily si sia aperta sul problema della sua omosessualità; quella zia coraggiosa e generosa che le aveva insegnato ad amare la bellezza della vita e del mondo, la cui morte la lascia sgomenta. Spaesata da quella perdita, Emily è tuttavia sicura della forza del rapporto che le aveva unite e della sua "lezione", tanto da tranquillizzare, lei, la sorella Lavinia che è andata ad assisterla quando la fine era vicina: "[...] E io avevo pensato che sarebbe vissuta, volevo che vivesse. Pensavo non sarebbe morta. E la penso immobile, mentre io preparo il pane per lei, preparo un mazzo di fiori per lei. Hai ricevuto in tempo la mia lettera in cui dicevo che sarei stata felice di fare quanto lei mi chiedeva? [...] Ma ora lei è al sicuro, più di quanto noi si sappia e si pensi. Piccola, stanca, zia, non ha mai riposato tanto. Piccola zia, con quella sua voce piena di melodia, che ora canta inni dolcissimi che neppure i pettirossi sanno cantare" (18 aprile 1860).

Quel legame che si era all'apparenza spezzato per sempre si rinsalderà attraverso il rapporto che Emily da quel momento stabilisce con le cugine. Rapporto che nessun evento o incidente scalfirà. Le sue lettere a loro, quelle che Louise e Frances Norcross, pur censurandone stralci, consegneranno ai curatori del suo epistolario, saranno "sincere", specchiate: il suo ultimo breve biglietto, prima di morire, sarà per loro.

Così è fatta Emily. È profondamente fedele alle persone che ama davvero. Anche quando si allontanano da lei. Non dimentica mai i doni ricevuti, se dietro quei doni non c'è ombra di calcolo. Eppure è vero, è da questo punto della sua vita, tra il 1861 e il 1862, che Emily conosce da vicino e di persona il dolore del "vero" abbandono, da cui comincia a proteggersi con la sua appartata solitudine.

E così, e per questo, a Bowles ormai in Europa, forse guardando a quell'aprile, il mese della partenza di lui e quella di Wadsworth per la California, scrive nel settembre del 1862: "È più facile guardare al dolore quando riguarda il passato che guardarlo mentre si avvicina".

A cosa guarda Emily, quando guarda al passato? Cosa vede? Cosa pre-vede? Sono stati due anni di svolta, di riflessione. Anni in cui il dolore che ha a che fare con gli affetti privati e famigliari si è intrecciato a quelli che la storia ci addossa.

Forse ha in mente due "incidenti" nel percorso della sua vita sentimentale: nel maggio del 1861 John L. Dudley (1812-1894) confuso sul da farsi, avrebbe lasciato Emily di cui era innamorato per affrettarsi a sposare Eliza Coleman (1832-1871); e nell'autunno la visita di un uomo, "quell'uomo", così l'avrebbe definito la sorella Lavinia. "Un uomo" la cui identità non è mai stata individuata che avrebbe inutilmente raggiunto Emily per portarla via con sé. Così si racconta. Così avrebbe raccontato Lavinia che, preda del terrore, si precipitò da Susan per dividere con lei la sua paura.

Forse è Otis P. Lord, felicemente sposato, la persona che le ha lasciato una cicatrice nell'anima. O ancora è il marito di Helen Hunt, la cui persona – sembra – nell'estate del 1860 l'avrebbe affascinata più di quella di Helen tanto da far dichiarare a Lavinia che la sorella, avendo incontrato Helen e suo marito, sarebbe stata "sedotta da entrambi" e a Thomas Higginson – probabilmente su suggerimento della ormai vedova Helen Hunt – che "Il maggiore Hunt sarebbe interessato a Emily più di qualsiasi altro uomo avesse mai incontrato".

Forse ancora fu il fallimento della carriera del padre, cui la "rettitudine" e ostinazione nel difendere le sue idee sul coinvolgimento del partito di cui faceva parte nella Guerra civile, costarono l'emarginazione dalla scena politica, o forse ancora era proprio la Guerra civile che Emily aveva in mente. Quella guerra "lontana", ma che strappava mese dopo mese giovani del New England che non sempre con grande entusiasmo lasciavano il Nord alla volta di terre lontane, sconosciute anche se parte dello stesso paese?

È anche stato ipotizzato che molte delle poesie datate 1862, in cui confluiscono i temi "classici" della sua produzione, ponessero in realtà la guerra al centro della riflessione. Alla fine dell'anno anche Thomas Higginson "la abbandona". Abbandona la letteratura, la rivista, le recensioni e i consigli a giovani collaboratori e potenziali nuovi scrittori. Parte alla volta del Sud. Sarà a capo di un reggimento confederato di soldati neri.

Ormai tutto, compreso il tanto atteso ritorno di Bowles, sembra lasciarla indifferente. E i mesi che concludono quell'anno li usa per la stesura, la revisione e la cura della sua produzione poetica più forte, tagliente, definitiva.

La realtà che Emily ha intravisto è dolorosa e per lei irreversibile. È più terrorizzante vivere che morire. E nel gennaio del 1863, a ridosso della morte dello zio Loring Norcross, scrive alle cugine. La lettera è tenera. Racconta di come sua madre, presente al funerale, avesse raccontato alle figlie di quanto sereno apparisse lo zio, quell'uomo dal tratto così discreto e gentile, da sembrare "lui in visita nel salotto di amici". Emily conclude la lettera con una richiesta. Parla di sé in terza persona e scrive: "Poiché Emily non può pregare, lasciate che canti per voi". Quel "canto" è una poesia. Tre quartine: la morte è come la migrazione invernale, un volo di uccelli alla volta del più tiepido Sud. La vita, per chi resta, freddo, miseria: la richiesta di briciole di pane, come fanno gli uccelli, l'inverno (n. 335).

Ma sono i primi due versi del componimento che più colpiscono. Con lucidità quasi buddista, Emily scrive: "'Tis not that Dying hurts us so – 'Tis Living – hurts us more". Lo sguardo, inquisitivo, benevolo, propositivo con cui per anni ha interrogato apprensiva e attenta il mondo, attendendo dal mondo una risposta, le ha insegnato che non esiste risposta: né dall'uomo né da Dio, né dalla natura; è una ferita più profonda quella che ti lascia la vita, cui in vita non puoi sfuggire, di quella che ti lascia la morte. È più difficile vivere che morire.

"Quando le luci si spengono – / poco per volta ci si abitua al buio / come quando il vicino, sollevando alto / il lume sigilla il suo addio – // Dapprima – i passi si muovono incerti / nel buio improvviso – / poi – lo sguardo si abitua alla notte – / e senza incertezza affrontiamo la strada – // Ed è così nelle oscurità più fonde – / in quelle notti lunghe della mente / quando non c'è luna che disveli un suo segno – / quando non c'è stella che – dentro – si accenda – // E i più coraggiosi – per un poco brancolano – e battono – a volte – dritti in fronte – contro il tronco di un albero – / ma poi imparano a vedere – // E allora è la Notte che si trasforma – oppure un qualcosa nella vita / che alla Mezzanotte si conforma – / E la vita procede quasi senza incertezza," si legge in una poesia del 1862 (n. 419).

È allora che Emily si ammala. Per la prima volta, davvero, nell'anima e nel corpo. Quando capisce che non c'è più differenza tra il buio e la luce, la notte e il giorno, la voce e il silenzio. È quello il momento in cui sceglie di isolarsi, di farsi sempre più selettiva negli incontri e nei rapporti epistolari. Accoglie le ombre silenziose che la visitano la notte: doppi inquietanti di sé che la spaventano e confondono meno dei vivi che, fuori, vivono vite cui non riconosce, o di cui non vuole più leggere, il senso.

Nella mia stanza lo sento,
un amico privo di corpo –
Non un gesto, non una parola –
che provino che è lì –

Non occorre fargli posto –
È cortesia migliore
il suo essere lì
intuire ed accogliere –

Il suo essere lì – è la sola libertà
che si prenda –
Non un suono, da lui a me o da me a lui
che ci privi della nostra integrità –

Stancarsi di lui, sarebbe strano
come se un atomo
trovasse monotona –
La compagnia vasta dello spazio –

Non so se visiti altri –
né se presso altri si trattenga –
Ma l'istinto ne conosce il nome
Immortalità [n. 679, 1863].

Di quella "malattia" – un senso di spaesamento del corpo, una "vendetta dei nervi", dirà più tardi – scruta i sintomi, i piccoli miglioramenti, le ricadute. Ne insegue e registra le fasi. Prende appunti, come un attento botanico o un diligente entomologo farebbero in una serra o in laboratorio, lo sguardo puntato però sul proprio sistema nervoso e sulla sua percezione del sé, in rapporto a se stessa e alla propria storia. Il risultato delle analisi e il referto non lasciano dubbi sulla ricerca portata a termine. Emily è sicura:

Perché gli spettri ti possiedano –
non c'è bisogno di essere una stanza –
Non c'è bisogno di essere una casa –
La mente ha corridoi – che vanno oltre
lo spazio materiale –

Assai più sicuro, un incontro a Mezzanotte,
con un fantasma – esterno –
piuttosto che con il suo riscontro interiore –
quell'ospite più freddo.

Assai più sicuro, attraversare al galoppo un'abbazia
rincorsi dalle pietre –

Piuttosto che incontrare, disarmati,
in solitudine – il proprio io.

L'io che si nasconde dietro l'io –
Una scossa ben più terrorizzante –
di un assassino in agguato
nella propria casa.

Il corpo – prende a prestito una rivoltella –
spranga la porta –
senza accorgersi di uno spettro –
più altero – o peggio [n. 670, 1863].

Come se ormai non le interessassero più le piccole trame e tresche amorose che fuori le persone che ha amato e in silenzio continua ad amare intrecciano, smette di scrivere a Mary Bowles – lo farà solo dopo la morte del marito nel 1878, con generosità, ricordandolo come una presenza preziosa. A Samuel Bowles, con cui per tutto il 1862 aveva intrattenuto una corrispondenza fitta e regolare, solo due lettere nel 1863, e poi poco più di una all'anno fino al 1877, quando a lui ormai malato ne scriverà tre. Nessuna lettera a Susan quell'anno. Riprenderà i rapporti nel 1880 – e di nuovo non a caso – come si vedrà, nel 1883.

In quei mesi invece, i rapporti tra le persone cui si era un tempo sentita vicina si rinsaldano. Samuel scrive ad Austin: Maria Whitney è ormai un punto fermo della sua famiglia, tutto procede per il meglio; quanto a Emily, che lui nella lettera indica come *Queen Recluse*, "la Regina che vive in Solitudine", cui ovviamente non scrive e da cui non riceve lettere, manda "tutta la sua simpatia" (marzo 1863).

Nella risposta di Austin a Samuel, Emily, laconica, acclude una poesia:

Al Fosforo – ci iniziarono – gli Zeri
Giocare ai ghiacciai ci insegnò – ad amare
Il Fuoco – ragazzino
Quanto alla Pietra Focaia – sospetto –
Fosse la forza dell'Opposto
A bilanciare la Differenza –
Se il Bianco esiste – deve esserci – un Rosso!
La Paralisi – il nostro Abbecedario – muto –
Alla volta della Vita [n. 689, 1863].

Samuel riprende i contatti con Susan e le scrive in febbraio: "[...] Cosa vuoi che sia Boston dopo Parigi; e nuove conoscenze, dopo donne come te, Maria, Kate Turner". Poi il 18 dicembre, per il suo compleanno, con gli auguri, un altro esplicito accenno alla presenza di Maria nella sua vita: "Volevo venire per il tuo compleanno, unirmi a Austin, siamo entrambi grati che tu sia nata e vissuta e sia una benedizione per tanti [...]. Maria [...] resterà con Mary ancora per qualche tempo, penso. Non so cosa sarebbe stato di Mary senza di lei. Una presenza preziosa, devota, sororale, che ha rinsaldato una sacra amicizia fra tutti noi". Nessun accenno a Emily, o se ci fu non ne resta traccia.

D'altra parte, Emily è ormai "lontana". Nel silenzio monacale delle sue letture e dei fogli che si accumulano insegue la sua storia. Cerca di capire. Di arrivare al nodo da cui le fila della sua vita si sono dipanate, per poi riaggrovigliarsi, sciogliersi e riannodarsi. Così annota in un componimento scritto o trascritto nel 1863: "Ogni vita converge verso un centro – / Espresso – o silenzioso – / Nella natura umana di ognuno esiste un fine –" che così prosegue: "Appena confessato a se stesso / troppo dolce / perché la fede osi / arrischiare – // Con grande cautela adorato – come un cielo / di fragile vetro / irraggiungibile come irraggiungibile / dalla mano il manto dell'arcobaleno – // E tuttavia con ostinazione inseguito / più certo – per la lontananza / e alto – come per la diligenza lenta dei Santi – / il cielo – // Mai raggiunto – è possibile – dalla scarsa / avventurosità di una vita – / Ma è proprio allora / che l'eternità concede di provare – ancora –" (n. 680). Ed è quella la ricerca che ora più la impegna. Conoscere e raggiungere quel "centro", perseguire una meta, quel "fine" che è dentro di noi.

La crescita dell'uomo – come la crescita della natura
gravita all'interno –
L'atmosfera e il sole la ratificano –
ma essa si muove – da sola –

Ognuno – il proprio ideale assoluto
deve raggiungere – da solo –
In solitudine, con il coraggio
di una vita di silenzi –

Lo sforzo – è la sola condizione –
La sopportazione di se stesso –

La sopportazione di forze contrarie –
e un credo intatto –

Fargli da spettatore – è compito
del suo pubblico –
La trattativa però – si svolge senza assistenza –
senza incoraggiamento [n. 750, 1863].

Conoscere se stessi da soli, "in una vita di silenzi" dunque. Conoscere l'interrelarsi dello spazio e del tempo in un unico punto, al cui centro si dispieghi l'io, l'identità di chi conosce, nel momento in cui conosce, è la ricerca che l'impegnerà tutta la vita, ed Emily la perseguirà con ostinazione e rinunce, consapevole che quella ricerca sarà infinita e quel centro "mai raggiunto"; e sarà a quel punto, proprio "allora", che "l'eternità concederà di provare", ancora una volta. E poi ancora. All'infinito.

Nel mese di maggio alle cugine scrive: "Dopo la partenza di Vinnie, le notti si sono fatte calde, ma non posso tenere le persiane alzate per paura dei 'predoni' randagi, devo tenere la porta della mia camera chiusa, per paura che la porta d'ingresso mi si spalanchi addosso nel 'profondo della notte', e devo tenere il 'lume' acceso così da far luce sul pericolo, così da poterlo riconoscere – tutto questo mi ha aggrovigliato il cervello e ancora adesso non riesco a districarlo, e quel vecchio chiodo in mezzo al petto che pungeva, tutto questo, mie care, costituisce la mia unica ragione. La Verità è quanto, più di qualsiasi altra cosa, volevo sapeste". Emily conclude la lettera con un laconico e significativo: "La vita è una morte lungo la quale procediamo lentamente, la morte il cardine della vita".

Allo stesso anno viene fatta risalire la poesia in cui si ribadisce il senso e il prezzo della conoscenza e l'interrelarsi di vita e morte, a quel punto: "Ancora il sole tramontava e tramontava – / Ma i colori del meriggio – / sul villaggio non riuscivo a vedere – / Di casa in casa era mezzogiorno – // Ancora, le ombre della notte scendevano e scendevano – / Ma non c'era rugiada sull'erba che – / solo sulla mia fronte si posava – / per poi scivolarmi sul volto – // Ancora, i piedi mi si intorpidivano – / ma le dita erano sveglie – / Eppure perché così lieve – il suono – che il mio io nel mio sembiante esalava? // Pure, la conoscevo così bene la luce – la luce che ora non vedo più – / È che muoio – sto morendo – ma / non ho paura di sapere" (n. 692, 1863).

Si manifestano in questi mesi, nella tarda primavera, i primi sintomi della misteriosa malattia – varie le ipotesi – che le colpisce la vista e la costringerà a lasciare la sua stanza per trasferirsi a Cambridge nell'aprile del 1864 per dolorose cure oftalmiche. Saranno mesi speciali. A Cambridgeport vivrà con le cugine. Riprenderà a scrivere a casa a Lavinia cui confesserà della fatica, della nostalgia che sente per Amherst, e della depressione di cui soffre: "Loo e Fanny sono molto, molto gentili, non mi fanno mancare nulla, ma questa non è Casa mia, e le visite del Dottore sono dolorose, e Vinnie cara, non ho ancora guardato in viso la Primavera" (maggio 1864); e ancora alla sorella: "Nostro Padre mi ha detto che stavi partendo. Ho versato lacrime per le piccole piante, ma sono stata felice per te. Le avessi amate come un tempo, ti avrei supplicato di rimanere con loro, ma esse mi sono Estranee, ora, così come tutto il resto. È troppo che sto male e non conosco ormai il sole" (novembre 1864).

Anche a Susan scriverà in quei mesi, lettere più ermetiche, sibilline, forse in codice o forse volutamente astratte: "Sue Dolce – Non c'è nel *per sempre*, né un inizio, né una fine – È sempre Centro, là –. Credere – è quanto basta, e insieme diritto alla supposizione –" e a settembre: "Coloro che meritano la vita, meritano il Miracolo perché la vita è Miracolo e la Morte, innocua come un'Ape, fatta eccezione per quelli che fuggono –" (settembre 1864). Ma è con le cugine, al ritorno da Cambridge o ancora a Cambridge, in un lungo biglietto, che finalmente Emily si apre, scoprendo il nesso stretto che lega la sua vita alla scrittura: "Il dolore sembra più generale di un tempo e, da quando è cominciata la guerra, non è più la condizione di pochi, e se l'angoscia degli altri servisse a lenire la propria, oggi ci sarebbero molti farmaci. È pericoloso dare valutazioni perché solo coloro che sono perfetti hanno il diritto di mettere in apprensione. Ho notato che Robert Browning ha prodotto un'altra poesia e ne sono rimasta sorpresa – fino al momento in cui mi sono ricordata che anch'io, nel mio piccolo, ricaccio col canto passi lugubri. Ogni giorno che passa ho la sensazione che la vita si faccia più miracolosa e più stupendo quello che noi siamo in potenza".

È a loro che racconta, al ritorno da Cambridge, della sua malattia e di come essa abbia cambiato i ritmi della sua esistenza e i rapporti con i famigliari. A Louise scrive: "Come quando stavo da te, gli occhi vanno ora bene, ora male. Non penso stiano peggio di quando ho fatto ritorno a casa e neppure meglio. Il bianco della neve li irrita e anche la casa è luminosa; nondimeno c'è qualche speranza. Le prime settimane le ho dedicate alla cura delle piante, nient'altro, e ora le loro piccole guance verdi son tutto un sorriso. Quando si mangia pollo arrosto, ne taglio il petto, e ciò avviene di frequente perché le galline litigano e Caino viene ucciso... Poi preparo l'impasto delle torte e mescolo e sbatto le spezie per i dolci e lavoro a maglia, preparo le solette e le raccordo alle calze a cui avevo lavorato la scorsa estate. Dicono che do una 'mano'. In parte, credo, perché è vero e per il resto è una forma di incoraggiamento. La mamma e Margaret sono così cortesi, papà gentile a modo suo, Vinnie molto cara, ma non si capisce perché 'non guarisca'".

Al 1863 non a caso risalivano i componimenti in cui si iscriveva, glaciale, il senso di solitudine e spaesamento cui Emily sembrava sentirsi condannata. "Meccanici piedi ho spinto / di vuoto in vuoto – / lungo una strada sconnessa – / per fermarmi: morire: avanzare – / indifferentemente. // Se ho raggiunto una meta, essa termina oltre, / vaga e appena intravista. / Ho chiuso gli occhi – e anche annaspato. / Meglio la cecità" (n. 761, 1863). Quell'io che parla non racconta della "sua" malattia, non la descrive o lamenta, ma scandisce, con parole che sono come lame affilate, le fasi di una "malattia" che riguarda tutti. Quella del dubbio, dell'incertezza di fronte a una qualsiasi radicale scelta, quando insieme vengono a mancare respiro ed energia.

E l'anno seguente, ancora, come una bestemmia, Emily denuncia, per tutti noi, la "maledizione" cui ci condanna la memoria: "Non sarebbe aspra sfortuna / ricordare quanto sono infelice / se potessi dimenticare quanto sono stata felice / ma il ricordo di alberi in fiore // ogni anno rende difficile il novembre / poi, un giorno, io che ho avuto quasi coraggio, / come un bambino perderò la strada / e morirò di freddo" (n. 898, 1864).

Un'interessante osmosi tra il linguaggio delle lettere e quello della poesia sembra da questi anni in avanti complicare le prime e sciogliere in un passo solo all'apparenza più "confessionale" la seconda. Così Emily per se stessa "canta": "Io canto per consumare l'attesa – / Allacciare la cuffia, / chiudere la porta di casa, / non mi resta nient'altro da fare, / fin quando, all'avvicinarsi del suo passo finale / viaggeremo verso il Giorno / raccontandoci di come abbiamo cantato / per tenere lontana la Notte" (n. 850, 1864).

Ma negli stessi mesi alla zia Lucretia Bullard scrive: "Cara Zia, Il Pettirosso in cambio della Briciola / non rimanda una sillaba, / Ma a lungo tramanda il nome della Dama / in Cronistoria d'Argento. / Affettuosamente, Emily". Se la prima che è una poesia può essere letta come una lettera, la seconda, una lettera, incorpora la poesia, e si fa, così, poesia. Scrivere, con un linguaggio, un andamento stilistico musicale che è solo suo, indifferentemente una lettera o una poesia, sembra l'unico legame che Emily sia in grado di intrattenere con il mondo. E sarà una poesia, in forma di lettera, a dire dell'univocità di tale rapporto di cui da anni Emily sospettava: "Questa è la mia lettera al mondo / che non ha mai scritto a me – / le semplici cose che la natura ha detto – con tenera maestà. // Il suo messaggio è affidato / a mani che non posso vedere – / Per amore di lei – amici miei dolci – / con tenerezza giudicate – me" (n. 441, 1862).

La malattia non l'abbandona. Nel marzo del 1865 scrive a Louise Norcross: "Ho più cose da raccontare a tutti voi di quante ne abbia Marzo agli aceri, ma poi non riesco a scrivere a letto. [...] Ricordami ai tuoi, ricorda loro l'ospite Beduina. Giorno dopo giorno nel deserto, Ismaele conta le sue tende. Cara, un cuore nuovo significa nuova salute. La felicità è energia. La notte scorsa, in sogno ho sentito delle api che si azzuffavano intorno agli stami di ninfee, mi sono svegliata e c'era una mosca nella stanza. Sarai forte abbastanza da sollevarmi il primo aprile? Peserò la metà di quanto pesavo prima. Mi comporterò bene e correrò dietro i miei rocchetti".

E nell'aprile del 1865, ancora perseguitata dai disturbi alla vista, tornerà a Cambridge. Altri sei mesi di cure. Sarà il suo ultimo viaggio lontano da Amherst. Il padre le vieterà di lasciare la città per trattamenti ulteriori o per qualsiasi altra ragione. "Avevo il permesso di recarmi dal Medico, in maggio, per qualche giorno, ma mio Padre non è d'accordo perché è troppo abituato a me," scrive agli inizi del 1866 a Higginson, cui nel giugno riscrive, declinandone l'invito ad andare a incontrarlo a Boston: "Devo tralasciare Boston. Mio padre preferisce che sia così. Vuole che viaggi con lui, ma non sopporta che mi dedichi a visite. Posso sperare di averla ospite nell'albergo di Amherst?". Certo Higginson era uno sconosciuto per Edward Dickinson, che d'altra parte non aveva grande fiducia nella letteratura, ma non lo era il medico alle cui cure per due anni aveva affidato sua figlia.

Perché dunque quel primo divieto? Sfiducia nella medicina o timore che la lontananza da casa strappasse per sempre Emily da Amherst e dai principi morali che lui le aveva inculcato? Da documenti cercati e ritrovati dopo la morte sia di Emily che di Otis P. Lord, risulta che il giudice sia andato a trovarla più di una volta, in quei mesi di cura. Salem dista pochissimo da Cambridgeport e Boston ancora meno. Fu in una di quelle circostanze e non nel 1880 – almeno secondo un'autorevole fonte – che Otis P. Lord le fece dono di un libro prezioso, la *Concordance to Shakespeare*, l'autore di cui, a detta di Emily, più di chiunque altro i suoi scritti e la sua vita si erano nutriti.

Emily Dickinson da un dagherrotipo del 1848 ca.

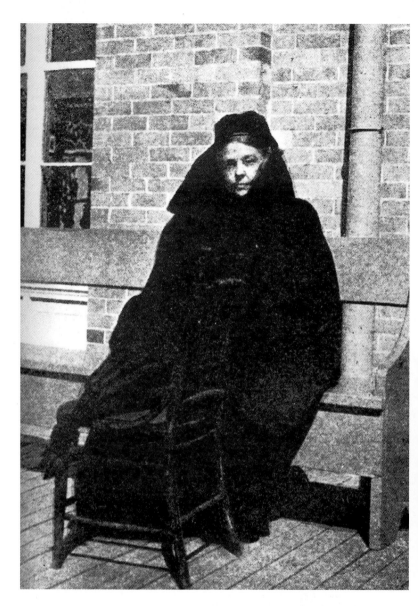

in questa pagina:
Susan Dickinson nel 1897.

Nella pagina seguente in alto:
Amherst nel 1886.
A sinistra Evergreens; al centro la Homestead; a destra "the Dell", residenza dei Todd.
in basso:
Amherst Academy nel 1847.

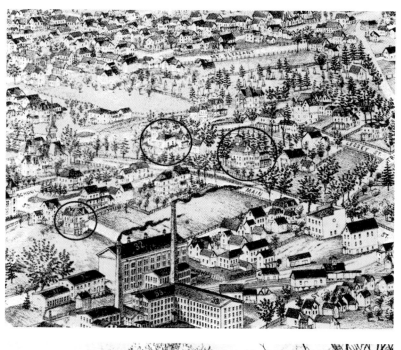

Dickinson Homestead.

In alto:
Il giardino tra la Homestead e Evergreens.

In basso:
La stanza di Emily Dickinson.

Dal diario di Vinnie.

Nella pagina seguente:
Frontespizi degli scritti di Helen Hunt che videro le stampe durante la vita di Emily.
Fu avanzata l'ipotesi che Emily Dickinson fosse coautrice del primo,
e involontaria ispiratrice del secondo.

SAXE HOLM STORIES.

SECOND SERIES.

A Four-Leaved Clover.　　My Tourmaline.
Farmer Bassett's Romance.
'oe Hale's Red Stockings.　　Susan Lawton's Escape

1 vol., 12mo..........................Price $1.50.

SAXE HOLM'S

STORIES

FIRST SERIES.

NEW YORK:
CHARLES SCRIBNER'S SONS,
743 & 745 BROADWAY.

MERCY PHILBRICK'S

CHOICE.

XXVII. 86. 58

"Is the gentleman anonymous? Is he a Great Unknown?"—DANIEL DERONDA.

London:
SAMPSON LOW, MARSTON, SEARLE, & RIVINGTON,
CROWN BUILDINGS, 188, FLEET STREET.
1876.

Vita sociale del tempo.
(La giovane donna vestita di bianco è la futura migliore amica di Vinnie Dickinson)

Una strada di Amherst. Sulla destra l'ufficio postale.

Edward Dickinson, padre di Emily.

William Austin Dickinson nel 1890 ca.

Susan Dickinson.

Mabel Todd nel 1900 ca.

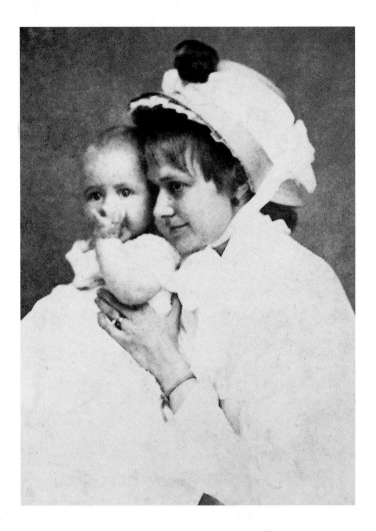

Mabel con la figlia Millicent, 1880.

Lavinia Dickinson nel 1896.

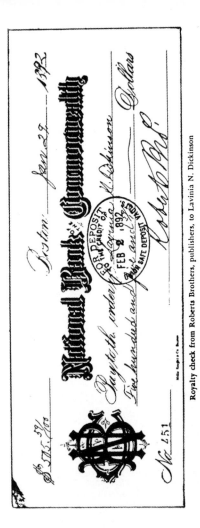

Royalty check from Roberts Brothers, publishers, to Lavinia N. Dickinson

I primi guadagni postumi.

4.

1866-1873

...casa, dolce casa

Ormai Emily respira brandelli di luce, visioni, incontri casuali. Non pianifica e non attende. Accoglie ciò che accade, come un dono della vita: "Venerdì ho assaggiato la vita. È stato un boccone immenso. Un circo è passato oltre la casa – anche se si è spento il suono dei tamburi ne sento ancora il rosso nella mente". E scrive: "La percezione di un oggetto ne costa / esattamente la perdita – / La percezione di per sé un guadagno / equivalente al suo prezzo – / L'oggetto assoluto – una sciocchezza – / La percezione ne definisce il valore / e poi se la prende con una perfezione / che situa così lontano" (n. 1071, 1866).

La casa che abita è o diventa lo spazio privilegiato in cui tutto accade. Da quella casa non esce né con il corpo né con la mente. Lì tutto avviene, nasce, cresce e muore. È il suo spazio di conoscenza. Matrice di parola: "Il trambusto di una casa / è l'attività più solenne / che si svolga sulla terra / il mattino che segue la morte – // Si spazzano i cocci del cuore / con cura si ripone l'amore / che non vorremmo più usare / fino all'eternità" (n. 1078, 1866).

È punto d'osservazione unico e privilegiato. La finestra della sua stanza incornicia il mondo che è fuori. Il suo sguardo lo accoglie, la sua parola lo corteggia, insegue e disegna: "Alle tre e mezzo / un uccello solitario / verso un cielo silente / alzò un'unica nota / di cauta melodia. // Alle quattro e mezzo, l'Esperimento / aveva vinto la prova – / Ed ecco, la sua Teoria d'argento / ha prevalso su tutto. // Alle sette e mezzo non più visibili / Elemento o strumento – / E Spazio era dove prima era Presenza / tra i due, la Circonferenza" (n. 1084, 1866).

E quando allo spazio e al tempo che in quella casa sembrano ormai fluire l'uno nell'altro Emily si abbandona e concede, prigioniera volontaria, è finalmente libera. Ritrova, o trova per la prima volta la libertà cercata per anni: quella di essere la donna e la poetessa che noi oggi conosciamo e insieme essere donna e poetessa che – padrona della sua vita – continuerà a eludere qualsiasi *cliché* le si voglia conferire. Libera di scrivere a proposito delle pulizie di casa: "Preferisco la peste. È più classica e meno mortale" (lettera del maggio 1866 a Elizabeth Holland), e a proposito della giornata trascorsa: "Una giornata maldestra, come lo sono le persone senza pretese, prive di bellezza intellettuale" (novembre 1866).

È anche a partire da quest'anno, dal 1866, dal momento in cui si sottrae all'esterno, che Emily Dickinson acquisisce un volto mutevole a seconda delle testimonianze che su di lei i curatori del primo volume di lettere cominciavano a raccogliere, per riferirne in conferenze, articoli o introduzioni a ristampe delle sue poesie dopo il successo del primo volumetto. A volte del tutto contraddittorie, si alternano le dichiarazioni:

– "Era considerata da coloro che la conoscevano come un essere strano, beh! più che strano inquietante, misterioso".

– "Aveva talmente tante persone intorno che non mi fu possibile parlarle; mi suggerì di andare a trovarla la mattina seguente... Mi chiese se preferivo un bicchiere di vino o una rosa. Le risposi che avrei accettato la rosa. A quel punto uscì in giardino e ritornò con una rosa e me la diede."

– "Henrietta [Seelye] aveva un fascino magnetico [...] persino Emily Dickinson, la poetessa reclusa, ne venne a conoscenza. Così la giovane moglie del professore cominciò allora a far parte della cerchia dei suoi amici di Amherst cui di solito Emily Dickinson inviava piccoli succulenti doni accompagnati da bigliettini incomparabili. A Henrietta piaceva appuntarsi sull'abito fiori freschi. Non le piacevano quelli artificiali, da indossare secondo le indicazioni dell'ultima moda. A Henrietta, non c'è ombra di dubbio, quei fiori donavano moltissimo, era una donna dalla bellezza squisita. Quando Emily Dickinson lo venne a sapere, i suoi tentativi di vederla si fecero sempre più frequenti. Uno dei biglietti in cui le chiedeva un incontro 'sola, alla luce della luna, ai piedi della scala del retro' fu una di quelle frasi che entrarono nel nostro lessico famigliare. Putroppo il biglietto è andato distrutto insieme agli altri."

– "Quando mio padre, Samuel Hack, morì nel 1866, mia madre si trasferì. Emily allora non vedeva e non parlava con nessuno, ma era talmente legata ai miei genitori che volle a tutti i costi vedere mia madre. Mia madre, così come le era stato chiesto, andò a casa sua. La fecero accomodare nella stanza accanto a quella di Emily. La porta era semiaperta. Nell'altra stanza c'era Emily e la loro conversazione si svolse senza che nessuna delle due vedesse l'altra."[1]

L'essersi appartata dal mondo non impedisce tuttavia a Emily di tenere i contatti con le persone che, per lei, ne fanno parte. Scrive a Mrs Holland, in risposta a una sua lettera spedita a lei e Lavinia insieme: "Sorella, una susina in due, non è una susina. Ho provato troppo rispetto per prendermi la polpa e il nocciolo non mi piace. Non spedire lettere in società. L'anima deve passare vicino alla Morte da sola, e così pure la vita, se è un'anima" (fine novembre 1866). Ferma, precisa, diretta, Emily esige rapporti esclusivi assoluti. Non è pronta a dividere l'affetto dell'amica-sorella neppure con Lavinia. D'altra parte, coerentemente, scriveva a Higginson: "Caro amico, una lettera mi è sempre parsa come l'immortalità, perché non è forse la mente da sola senza compagno corporeo?" (giugno 1869). Per questo a Kate Turner, qualche mese prima del suo secondo matrimonio, alla fine dell'anno, scrive una lettera cortese, affettuosamente formale, distaccata – sarà l'ultima.

La nascita di Martha (1866-1943), figlia di Susan e Austin, cui a suo modo Emily si affezionerà, non la distrae dall'amore per il loro primogenito Ned (1861-1898); ma sarà Gilbert (1875-1883), il loro terzogenito, prematuramente morto all'età di otto anni, il suo vero grande amore. L'unico per cui lascerà nel 1883 la sua stanza per un ultimo straziante saluto prima del funerale. Ned è un bimbo e poi giovane uomo molto particolare, dalla salute fisica cagionevole e dall'equilibrio psichico incerto. Soffrirà di crisi di epilessia tutta la vita. Nel 1866 ha cinque anni e di lui, cui aveva scritto un biglietto firmandosi "tua nipote", Emily a Mrs Holland scrive: "Ned dice che l'orologio fa le fusa e i gattini

[1] Testimonianze raccolte dopo la morte di Emily Dickinson e rinvenute nei diari, nelle lettere di vicini di casa e conoscenti datate 1866. La terza citazione è tratta da H.S. Rhees, *Laurenus Clark Seelye*, Boston 1929. L'ultima risale al 1899. Quale preziosa fonte desidero rimandare il lettore a J. Leyda, *The Years and Hours of Emily Dickinson*, cit.

tic-tac. Ha ereditato da 'sua' zia Emily la passione per la menzogna" (marzo 1866).

Clara Newman Turner (che lo zio Edward alla morte dei genitori, nel 1852, aveva preso a vivere con sé e "imposto" come ospite alla pari a Austin e Susan nel 1856) ricorderà la famiglia Dickinson, così come le appariva in quegli anni, come una famiglia di persone molto unite ma incapaci di dimostrazioni di affetto. Di Susan non dimenticherà la supponenza e di Emily l'incredibile senso dello humour e del gioco, accompagnato da una propensione alla riservatezza che andò acuendosi col tempo. Anno dopo anno Emily attraverserà quel giardino – così ricorda Clara – per andare a fare lunghe chiacchiere in casa della cognata sempre meno frequentemente. Sarebbe stato il piccolo Gib ad attraversarlo per andare a trovare la nonna invalida.

Allegro, intelligente e scatenato, Gib sarebbe stato in realtà il preferito sia di Austin – il quale a detta di Mabel Loomis Todd sospettava che Susan avesse rovinato i primi due figli – sia di Emily, la cui scelta negli ultimi anni di vivere del tutto e davvero una vita monacale non impediva gesti e parole di grande tenerezza nei confronti delle persone che amava. Clara Newman ricorda infatti, al proposito, un episodio del suo rapporto con il nipote. Bambino, Gilbert tendeva a commettere "peccati di omissione" tutte le volte in cui si recava in visita alla Homestead, dimenticandovi regolarmente qualcosa. Ad esempio, gli stivaletti di gomma, che su suggerimento di Emily gli furono fatti portare perfettamente puliti e su un vassoio d'argento. Oppure, in un'altra occasione, una giacchetta, che Emily gli rimandò, con le taschine di velluto fermate con uno spillo e un biglietto. Su di uno era scritto: "Prego, entra", sull'altro "Bussare": la prima tasca era piena di uvetta, l'altra di noci. Gesti di irresistibile tenerezza quelli di Emily, che secondo Clara Newman giustificano la recidività del piccolo Gib a "dimenticare" regolarmente qualcosa a casa della zia. Gesti talmente teneri che in realtà (come non capirlo?) sollecitavano quelle dimenticanze.

Testimonianze variegate dunque, quelle raccolte dopo la morte di Emily, che in realtà non ci restituiscono né l'immagine di una vergine nevrotica infragilita da una misteriosa delusione sentimentale, né di una donna inasprita dalla vita e arroccata in un'esistenza glaciale, fatta di ottime letture e di quasi nessun incontro. Piuttosto, quella di una donna dal passo fermo e dalla personalità ben delineata. Che fino all'età di trentasei anni, abito bianco o meno, ha letteralmente lasciato spalancata la propria esistenza a qualsiasi incontro e sollecitazione le venisse dall'esterno. Una donna spiritosa, intelligente, entusiasta, poco disposta a piegarsi alle regole di un mondo – quello che la circondava – di Amherst e del New England in genere – teso alla costruzione attenta di un'immagine di sé rispettabile, composta, agiata. Emily era incline piuttosto ad analizzare le contraddizioni che sottendevano gli sforzi e i tentativi fatti dai suoi "eminenti contemporanei" per dar corpo a quell'immagine. Di quelle contraddizioni teneva conto.

Così le testimonianze che riguardano la sua persona risalenti a quell'anno, 1866, ci aiutano a capire quanto Emily Dickinson probabilmente capì a quel punto della sua vita. Spiegano il suo riserbo, il suo silenzio a venire. Di quell'anno ci restano solo nove lettere e trentasei poesie (scritte o trascritte?), e del 1867 nessuna lettera, tranne un biglietto di due righe a Thomas Higginson, e solo dieci poesie; del 1868 cinque messaggi di due righe e una lettera alle cugine Norcross – non databili con certezza – insieme a ventidue poesie.

Come non ricordare e tenere conto che a quei mesi e anni risale il matrimonio dell'amata Kate che a Coopertown sposa (il 30 agosto 1866) John Hone Anthon, uomo politico e di potere il cui sogno, non realizzato l'anno seguente per uno scarto minimo di voti, era quello di diventare "sindaco" di New York? Se Emily parla con pochi è pur vero che la casa in cui vive, insieme a quella del fratello, pochi metri distante dalla sua, costituisce, data la posizione del padre e delle persone che la frequentano, un nodo nevralgico, un punto di riferimento per chi voglia discutere di politica e di cultura. E se le menti migliori della sua generazione, quando andavano ad Amherst, frequentavano la sua casa o quella del fratello è altrettanto vero che, corollari pettegoli allo stato delle cose, nel salotto Dickinson venivano scambiate anche le informazioni più personali e private.

Sono molte, troppe, le "notizie" che le giungono dall'esterno: che siano Lavinia o Austin a passargliele con l'autorità di chi le ha raccolte in prima persona, oppure la domestica Maggie, indaffarata tra la cucina e il salotto, o che giungano sussurrate, gentili o crudeli attraverso la porta semiaperta fino a lei, su nella quiete della sua stanza: brandelli di conversazioni, tasselli di storie, frammenti di frasi.

Emily non parla ma intorno a lei tutti lo fanno, dimentichi della sua presenza silenziosa e vigile al piano di sopra, come ci si dimentica di un bambino che in un angolo del soggiorno sembra intento a giocare e invece ascolta. Forse chi parla, al pianterreno, non ricorda che le persone e gli avvenimenti di cui si racconta quasi sempre la toccano da vicino. La riguardano.

Ad esempio il fatto che lo "Springfield Daily Republican" fosse ormai diventato uno tra i più celebri e celebrati quotidiani di informazione e cultura del New England, un punto di riferimento per quasi tutte le case editrici, affamate di recensioni per libri non sempre di qualità. E se nelle intenzioni del suo fondatore sarebbe dovuto essere, come per anni fu, un giornale anticonservatore, limpido, illuminato, pronto a portare alla ribalta scandali politici, ora si è fatto più moderato e "aperto": ha allargato il suo pubblico. Non disdegna infatti piccoli scandali e pettegolezzi, annunci di matrimonio, tentati omicidi, risse, inspiegati suicidi che accompagnano, solo apparentemente in sordina, articoli su *convention* politiche, "saggi" sull'economia del paese e sulla sua "salute" religiosa e morale.

Negli anni in cui, nell'America del dopoguerra, la tradizione romanzesca langue, i lettori si educano a un diverso tipo di lettura, con tempi più brevi di quelli che conosce il romanzo. Si "abituano" a una prosa "realistica", tersa all'apparenza, allusiva e a volte ammiccante, a un tipo di narrazione frammentata, veloce, ritmata anche sui tempi affannati della "ricostruzione" economica e industriale del paese, e spesso resa in termini ancora più romanzeschi di quelli che il romanzo aveva conosciuto fino agli anni sessanta.

Il "giornale" è il nuovo romanzo americano di questi anni. E Samuel Bowles lo sa. Sa che il giornale, il "suo" giornale, ha la libertà di parlare – come puntualmente fa – di politica e dei vicini di casa, rivolgendosi al contempo ai politici e ai lettori un po' più distratti nei confronti sia della cultura in senso lato che delle questioni intorno ai massimi sistemi. Il suo giornale, che sa ormai "raccontare" con sicurezza formale (i *reportage* della Guerra civile avevano costretto i giornalisti ad affinare e affilare lo stile dei loro articoli, gli uni in concorrenza con gli altri, testata contro testata), può permettersi qualsiasi tipo di "cedimento" o piccolo compromesso. Quello ad esempio di dare spazio anche alla "poesia": purtroppo non a quella di Emily Dickinson ma, con una certa frequenza, anche a poesie di scarso valore, purché segnalate da nomi illustri.

Quanto a lui, alla sua persona, di Samuel Bowles si racconta che è uomo ambizioso, di potere, disposto a qualsiasi compromesso pur di continuare a essere in primo piano nella scena politica e letteraria, "autorevole", l'uomo – a detta del a sua volta eminente editore James T. Fields (1817-1881) – più temuto, nel suo campo, di qualsiasi altro direttore di giornale del New England. Ma Samuel ottiene quel che vuole anche nella vita privata e, come sappiamo, Maria Whitney, nell'agosto del 1867, andrà ad abitare per quasi un anno a casa sua. Sarà, tra un crollo nervoso e l'altro di Mary Bowles, la "governante" ufficiale, si occuperà con amore dei loro figli e del ménage famigliare, sebbene in quell'anno tollerata – sono parole di Maria Whitney in una lettera al fratello del marzo 1868 – solo per evitare un ulteriore allontanamento del marito dalla famiglia. Resterà vicina a Samuel Bowles fino alla fine e anche ai suoi figli: negli anni a venire li accompagnerà, per decisione del padre, in viaggi di studio in Europa.

Quanto alla famiglia, mentre Austin si impegna alla costruzione della prima Chiesa congregazionalista che quasi di fronte alla Homestead sarà terminata nel settembre del 1868, Susan – sempre più sicura di sé e aggressiva – diventerà quello che aveva sognato, la donna più famosa di Amherst per raffinatezza e gusto, la padrona del salotto più ambito e meglio frequentato del luogo.

...grandi strade di silenzio

E di Thomas Higginson che dire? Il "maestro" che nel 1862 le aveva suggerito di leggere e chiesto cosa pensasse di Whitman, nel numero del dicembre 1867 della rivista "Atlantic Monthly", regolarmente letta da Emily, di cui Higginson è più che autorevole collaboratore, scrive: "Non va a discredito di Whitman il fatto di aver scritto *Foglie d'erba*, piuttosto il fatto che, dopo averlo scritto, non l'abbia bruciato". Sicuro di sé, il "maestro" è sempre più attivo: passa da una conferenza all'altra, da un articolo all'altro, e trova anche il tempo per scrivere un romanzo che vedrà le stampe nel dicembre del 1868. Con Ralph Waldo Emerson sarà il cofondatore della "Free Religious Association" (giugno 1867) all'interno della quale si dovrebbero in teoria fondere Unitariani, Quaccheri e Spiritualisti, cioè indirizzi religiosi diversissimi. L'iniziativa gli guadagnerà il plauso e la "benedizione" ufficiale anche di quel giornale così liberale e potente che è lo "Springfield Daily Republican". Tra un impegno e l'altro, nonostante il suo elegante "paterno" distacco dalla produzione poetica di Emily, Higginson troverà il tempo per scrivere, nell'agosto del 1868, un biglietto all'amico di Amherst, Edward Tuckerman, chiedendogli di vedere Amherst e "la sua invisibile corrispondente Emily Dickinson". L'incontro, tanto sollecitato in più lettere, in maniera esplicita e non da Emily, si materializzerà infine nell'agosto del 1870.

Ma le battaglie per la cultura e l'informazione non vengono vinte con facilità e felicità da tutti. Mentre le quotazioni dello "Springfield Daily Republican" salgono, quelle di "The Round Table", rivista letteraria fondata nel dicembre 1863 con entusiasmo e sacrificio economico dal cugino di Emily, Charles Sweetser (1843-1871), su cui il 12 marzo 1864 aveva visto le stampe, come sopra ricordavo, una delle poesie di Emily, *Some Keep the Sabbath Going to Church* (n. 324), precipitano. La rivista chiude nel novembre del 1866, Charles ci riproverà con il "New York Evening Gazette", altro fallimento e poi ancora con l'"Evening Mail". Nel dicembre del 1868, Sweetser lavorerà a "The City", per poi passare alla fondazione, a Minneapolis, di "The Mirror". Altro fallimento, e nel giro di un mese al "Chicago Times". Sweetser morirà distrutto dalla sua stessa energia e dedizione al giornalismo, in solitudine, nel gennaio del 1871, dimenticato da tutti.

Thomas Higginson, di ben altra tempra e costituzione è, a differenza di Sweetser, un ottimo imprenditore di sé, tanto da aggiungere, guarda caso, nell'ottobre di quello stesso anno 1871, la sua firma allo "Springfield Daily Republican", che ora vanta, unione simbolica, la firma dei due uomini, gli unici, cui Emily Dickinson si sia rivolta, fin dai primi anni sessanta, come ai suoi privilegiati confidenti letterari. Uomini che continueranno, soprattutto Higginson, a scriverle con affettuosa attenzione, ma non daranno mai spazio al suo lavoro, né sull'"Atlantic Monthly", dove Higginson ha per anni voce in capitolo, né appoggiandola presso altre riviste.

Come dimenticare, infatti, e come può dimenticarlo Emily, che fu proprio lui, dopo aver ricevuto – tra le tante risposte al suo articolo *Lettera a un giovane collaboratore*, apparso nell'aprile del 1862 – la prima lettera di Emily Dickinson con ben quattro poesie accluse (nn. 216, 320, 319, 318), ad affrettarsi a risponderle, chiedendo di lei, della sua vita, delle sue letture, senza "rischiare" di pubblicare il suo lavoro? Come dimenticare che fu lui in persona ad affrettarsi a scrivere all'editore James T. Fields, lo stesso mese, il 17 aprile, che nulla di quanto aveva ricevuto da potenziali "giovani collaboratori" era degno della pur minima attenzione editoriale?

È l'11 maggio quando Higginson le scrive: "A volte, cara amica, tiro fuori le sue poesie e le sue lettere; ne sento lo strano potere, e allora non è strano che mi sia difficile scriverle e passano lunghi mesi. Ho un desiderio fortissimo di vederla. Mi sembra sempre che potrei prenderla per mano, anche una volta sola, potrei essere qualcuno, davvero per lei; ma lei è là, lontána, avvolta in un drappo sottile, trasparenza di fuoco. E io non riesco a raggiungerla. Mi sono concessi solo preziosi lampi di luce. Ogni anno mi dico, riuscirò ad andare ad Amherst e vederla; ma è complicato, sono spesso in viaggio per conferenze, per quanto ben di rado per il mio piacere [...]. Mi è difficile capire come lei riesca a vivere così sola, in compagnia di pensieri di tale intensa qualità, e senza neppure la vicinanza del suo cane. Ma mi rendo conto che una persona che spinga il proprio pensiero oltre un certo punto, che si illumini come lei, è sola comunque e il luogo in cui si trova, non fa nessuna differenza". Higginson, ormai diventato simbolico paladino della "Società" delle religioni, continua a sollevare interesse e curiosità, attira l'attenzione di uno dei redattori dello "Springfield Daily Republican" non solo sulla sua filosofia ma anche sulla sua persona. "Il suo aspetto fisico – si legge nell'articolo che lo riguarda – ricorda il modo in cui scrive: molto maschile, intenso, affidabile sotto tutti i punti di vista. È un uomo alto, capelli e basette nere, movimenti controllati, coinvolgente nel modo di parlare. Mai una caduta: ogni sua frase, per quanto complicata, si scioglie con grazia perfetta" (31 maggio 1869).

Al fascino della sua persona, così come il redattore la pubblicizza, e all'intimità della lettera speditale da Higginson, Emily sembra cedere e gli scrive in giugno, in risposta, quasi a volergli dare un'ulteriore occasione, metterlo alla prova un'ultima volta: "Se lei venisse ad Amherst forse ci riuscirei, per quanto la gratitudine sia l'unica timida ricchezza che possiedono coloro che non hanno nulla. Sono certa che lei dica la verità, perché è così che fanno i gentiluomini, eppure le sue lettere continuano a sorprendermi. La mia vita è stata troppo semplice e severa per mettere in imbarazzo chiunque. [...] È difficile evitare di vivere nella finzione in un posto così bello anche se poi sono concessi, senza esclusione, i faticosi processi di ricomposizione della disciplina. Ricordo di aver sentito, Bambina, quel notevole brano e di aver preferito il 'Potere', senza sapere, allora, che ne facevano parte il 'Regno' e la 'Gloria'. Lei nota il fatto che vivo isolata – Per chi Emigra, il Paese è luogo sterile, a meno che si tratti del suo. Lei è gentile quando dice di volere incontrarmi. Se le fosse comodo e le facesse piacere venir ad Amherst ne sarei felicissima, ma io non mi spingo oltre il giardino di mio padre, non vado a Casa di nessuno, non vado in nessun'altra città. Non ci si rende conto delle proprie azioni migliori" (giugno 1869).

Dunque una vita semplice e severa, di chi "non rendendosi conto delle proprie azioni migliori" è in grado di scrivere una poesia come: "Un ragno cuciva la notte / senza luce / su un arco di bianco. // Se fosse gorgiera di dama / o sudario di gnomo / solo a se stesso diceva. // La sua strategia / era la fisionomia / dell'Immortalità" (n. 1138, 1869). Passerà ancora un anno prima che Emily incontri Higginson – un anno di raccoglimento, si direbbe, di riflessione. Di silenziosa attesa.

I disturbi della vista, che a Cambridge il dottor Henry W. Williams ha inutilmente cercato di curare, la costringono a diventare sempre più selettiva nelle letture. Gli anni infuocati, quelli in cui di nascosto sottraeva alla biblioteca del padre quanto la sua "distrazione" le permetteva, sono lontani e forse anche in parte responsabili della misteriosa malattia agli occhi dalla quale non guarirà più.

Tra l'estate del 1869 e quella del 1870, pochi versi, poche lettere. Essenziali come la sua giornata dai rituali scanditi dalle occupazioni domestiche e dal "pensiero". La morte e l'immortalità sono ciò su cui si interroga più spesso. Al cugino Perez Cowan (1843-1923), cui è morta la sorella, scrive nell'autunno del 1869: "Parli con tale fede di ciò che solo la fede può dimostrare vero, che mi fai sentire lontana, come se all'improvviso amici inglesi si fossero messi a parlare italiano. Mi fa male sentirti parlare della morte con un tale senso di attesa. Lo so che non esiste tormento simile a quello che si prova per coloro che amiamo, lo so che non esiste gioia pari a quella che lasciano dietro di sé, sigillata, ma *Morire è come una Notte Selvaggia e una nuova Strada.* Credo che noi tutti si pensi all'immortalità, a volte in modo così eccitato da non riuscire a dormire. I segreti sono interessanti, ma sono anche solenni – vi possiamo meditare con tutte le nostre forze, senza riuscire a pervenire alla certezza. Sono sicura che con il passare dei Giorni, tua sorella darà più Pace che Tormento – anche se imparare a farne a meno è un'acquisizione tagliente. L'argomento mi fa soffrire, quindi lo abbandono, perché fa soffrire te".

E nel febbraio 1870, per la morte del figlio Henry (1837-1870) alla zia Kate Sweetser (1814-1895): "Quando il dolore è molto forte, preferisco che nessuno mi parli, per questo sono rimasta lontano da te, ma oggi ho pensato che forse ti avrebbe dato piacere vedermi, purché fossi venuta a te con passo leggero, recando parole non rumorose. Ma quando sono molto triste, non mi vengono le parole e allora mi limiterò a baciarti e ad andarmene. Chi potrebbe soffrire per te più della tua piccola Nipote – che sa quanto è profondo il cuore e quanto sa contenere? Sono certa che rivedremo quelli che più abbiamo amato. È dolce pensare che sono al sicuro al di là della morte, e che non ci resta che oltrepassarla per riavere i loro volti. Non esistono i Morti, cara Katie, e la Tomba non è altro che il nostro lamento, per loro".

Al di là della morte non esiste dunque per Emily altro che il vuoto, uno "spazio" immenso, deserto al di là dello spazio e del tempo, una sorta di quieta, accogliente voragine. È così – in questa fase della sua vita – che Emily si prefigura la "fine" della vita stessa. E in primavera, sia alle cugine Norcross che a Susan manda un suo breve componimento. Agghiacciante e lucido, profondamente surreale: "Grandi Strade di silenzio portavano / lontano, alla volta di zone di Pausa – vicine – / Qui non vi era segnale – né dissenso / né universo – né legge – // Gli orologi dicevano che era mattino / a distanza le campane sollecitavano la notte – / Qui tuttavia il tempo non aveva fondamento / perché l'epoca si estingueva" (n. 1159, 1870).

...il passo, come quello di un bimbo

Infine, nell'estate del 1870, come se avesse deciso di scendere ancora una volta a patti con il mondo (o il mondo con lei?) Emily cede a quell'incontro un tempo tanto sollecitato e ormai inutile: la sua "persona" poetica è delineata con precisione. I tasselli di quel mosaico che era o sarebbe stato il "fondale" della sua vita stanno scivolando, certo non spinti né dalla sua mano, né dalla sua volontà, poco per volta, in punti precisi: il disegno della sua esistenza sta prendendo forma.

Gli Holland lontani in Europa per quei due anni, tornano in maggio e il dottor Holland fonderà nell'autunno la sua rivista, lo "Scribner's", che – come sappiamo – nonostante l'amicizia che lega lui e sua moglie a Emily non darà mai spazio alla sua poesia. Samuel viaggia dall'Est all'Ovest degli Stati Uniti e poi dall'Est alla volta dell'Europa.

Il cuore di Emily e le sue ambizioni sono altrove. Così pure il suo impegno nei confronti della letteratura. Il mondo dell'editoria che l'aveva affascinata e attratta un tempo, quando aveva "osato" rivolgersi a Thomas Higginson, perché le facesse da "maestro" e guida, è ormai per lei un universo banale, pettegolo, dispettoso: l'"Atlantic Monthly" assomiglia allo "Springfield Daily Republican", che ricorda molto da vicino l'"Independent", che a sua volta assomiglia allo "Scribner's", se non altro per quanto concerne lo spazio riservato alla poesia e la qualità della produzione che vi vede le stampe. Meglio il "deserto", che a differenza della "civiltà" non uccide "il leopardo" che è in noi (n. 492), meglio morire di sete, come "una Tigre, in agonia" (n. 566) piuttosto dell'attenzione tardiva di chi avrebbe potuto "salvarla" con una goccia d'acqua.

Perché mai, allora – se così è – non incontrare Higginson la cui visita, nell'agosto del 1870, sarà seguita alla fine dell'anno da quella di Helen Hunt? Non sospetta forse già Emily, che tutto ascolta, delle loro piccole trame, dei loro rapporti segreti che hanno lei come centro del loro interesse e che di lì a poco avranno un interessante seguito?

Perché non incontrarlo, indossando ora sì, quella che è davvero una maschera? La maschera dell'"allieva", della bimba impaurita, dell'essere fragile, minuto e riservato, così come si era descritta a lui nelle sue prime, lontane lettere. Emily ha quarant'anni. Millecentosessanta sono i componimenti esistenti che restano – ordinati sempre su basi grafologiche – databili fino a questa data. Molto di quanto aveva da dire e chiedere, è stato detto e chiesto. I sogni da sognare, sognati. Gli uomini non le fanno paura. Ne ha incontrati ormai molti. Sono stati incontri decisivi della sua vita intellettuale – come con Ben Newton, Leonard Humphrey, Joseph B. Lyman; della sua vita spirituale – come con il reverendo Charles Wadsworth; e infine della sua vita sentimentale, ricambiati o immaginari, poco importa – come con

Samuel Bowles, Otis P. Lord e forse, si racconta, anche il dottor Holland. Perché sottrarsi?

Così Higginson racconta alla moglie del suo incontro con Emily, quel fatidico 16 agosto 1870: "Poi, il passo come quello di un bimbo ed eccola, una donna minuta, bruttina, con due bande di capelli lisci e rossicci ai lati della faccia, come Belle Dove [...] una camicetta bianca di picchè, impeccabile, uno scialle di lana blu, traforato. Mi venne incontro con due gigli, come fanno i bambini, me li mise in mano e disse: 'Mi perdoni, sono terrorizzata; non vedo mai estranei e a malapena so cosa dico' – poi immediatamente cominciò a parlare, senza smettere – in maniera rispettosa – fermandosi di tanto in tanto per chiedermi di parlare al posto suo – ma poi ricominciando, immediatamente. A metà strada tra Angie Tilton e il signor Alcott – ma del tutto schietta, semplice, a differenza di loro – diceva cose che tu avresti considerato sciocche e io sagge – e alcune cose che ti sarebbero piaciute. Te ne scrivo qui di seguito qualcuna: [...] 'Mio padre legge solo la domenica – legge libri solitari e severi'. [...] 'Come fa la gente a vivere senza pensare. Sono tanti nel mondo (li avrà visti per strada). Come fanno a vivere? Dove trovano la forza di vestirsi, al mattino?'". Il giorno seguente, in una seconda lettera alla moglie, annota: "Non ho mai conosciuto nessuno che mi prosciugasse tanta energia nervosa. Senza che la toccassi, me la sottraeva. Sono felice di non viverle vicino".

In autunno, da parte di Emily, due lettere a Higginson in risposta a quell'incontro, sibilline, in codice. Lontane, astratte, colte e piene di riferimenti letterari. La prima, datata 26 settembre 1870 porta la firma Dickinson. Solo il cognome: la sua identità di allieva o di donna, cancellata. Della seconda, scritta intorno all'ottobre di quell'anno, esiste solo la minuta e tra le carte di Higginson non ne è stata trovata copia. Si apre con una quartina: "L'indovinello indovinato / È subito disprezzato – / Nulla vi è di più stantio / Della sorpresa di ieri –". E così prosegue: "I Rischi dell'Immortalità costituiscono forse il suo fascino – Una Gioia garantita non conosce l'incanto – Quella Casa incantata, grande e lontana, quella della fanciullezza avanzata – ci spaventa – ma una volta che vi sia entrati, è familiare, come il Cottage di un vicino –
Lo Spirito disse alla Polvere
Vecchio Amico, tu mi conosci

E il Tempo uscì per darne notizia
All'Eternità

Coloro cui è conosciuta tale fama, personalmente preziosi, ci straziano come un Tramonto, dimostrato, ma non posseduto –

Tennyson lo sapeva, '*Oh Cristo – se solo fosse possibile*' e persino nelle parole del Nostro Signore '*che essi siano con me là dove sono*', io sento una domanda" (circa ottobre 1870).

È come se l'incontro, tanto atteso, avesse cancellato qualsiasi traccia di intimità, di fiducia, di abbandono che invece traspariva dalle prime lontane lettere.

D'altra parte, cosa aspettarsi? Anche il biglietto che precedeva il loro incontro era un avvertimento elegante della freddezza a venire, appena schermata dalle maniere "dolci": "L'incredibile – scriveva in un biglietto a Higginson il 16 agosto 1870, il giorno precedente il loro incontro – non ci sorprende mai perché è incredibile".

Rinserrata in se stessa, nella fortezza inavvicinabile della sua stanza e del suo corpo, Emily si apre ora alla famiglia. Tutto il resto è lontano, non le appartiene perché l'ha ceduto lei, lasciato anno dopo anno alle spalle nei labirinti della memoria. Bui come la cantina in cui si nascondeva da adolescente e ragazza per evitare lo spettacolo domenicale della famiglia in chiesa. Per evitare di essere parte di uno scenario che sentiva lontano ed estraneo. L'incontro con Higginson è stato la prova, la dimostrazione che la strada su cui si è incamminata è quella giusta. Porta dritto alle domande vere. Chi sono le persone che ho accanto? Cosa mi lega a loro? Cos'è un matrimonio? Cosa significa essere figli? Cosa ci aspetta, dopo? Chi, cosa incontriamo quando proviamo a incontrare noi stessi? "Di piante e di fiori / facciamo conoscenza, / ma quando si tratta di noi / c'è l'etichetta / l'imbarazzo / e il terrore," annota in questi mesi. La poesia vedrà una forma compiuta nel 1872. Le poesie si fanno sempre più scarne, ellittiche, apparentemente povere, minimali: "Alcuni dicono che / quando è detta, / la parola muore, / Io dico invece che / proprio quel giorno / comincia a vivere" (n. 1212). Le lettere, quasi assenti nell'inverno del 1870 e per tutto il 1871. La malattia del padre, quell'uomo lontano e adorato di nascosto (come non ricordare quel foglio bianco abbandonato dietro di sé da Emily, che si apriva letteralmente sul vuoto della pagina bianca, con "Dear Father" in alto a sinistra e poi in basso "Emily"?) la prostra. Nel marzo del 1871 scrive alla cugina, quasi avesse indovinato la resa a venire di suo padre: "La volontà è sempre vicina, cara, ma i piedi rimangono indietro. Il terrore dell'inverno ha fatto di me – che mi sono sempre pensata coraggiosa – un essere spaurito. Mio padre è stato molto malato. Pensavo dovesse morire e la vista del suo viso melanconico tutto il giorno, una sofferenza al di là del mio stesso dolore. Ora sta un po' meglio, anche se il fisico fatica. Mi auguro di sbagliare, ma ho la sensazione che il suo corpo sia stanco di vivere. Lo sai come è fatto. Non si è mai fermato, ma anche per la macchina più robusta, arriva il momento della resa".

Louise è in Wisconsin, a Milwaukee, ad assistere la cugina Eliza Coleman, che si spegne lentamente. Nel 1861 (come non ricordarlo?) John L. Dudley, laureato ad Amherst e pastore della Chiesa congregazionalista, l'aveva sposata frettolosamente, si era detto per zittire le chiacchiere di un suo innamoramento per Emily o di Emily per lui. Erano andati a vivere dapprima a Middletown in Connecticut e poi a Milwaukee, lontano da Amherst, dove il successo delle sue *performances* da predicatore si era esteso al punto che i suoi sermoni, dall'intensità forte e dalle immagini inquietanti, venivano di volta in volta registrati per poterne diffondere il messaggio su riviste e giornali. Emily ed Eliza erano cresciute insieme. Erano molto amiche, ma della loro corrispondenza e di quella con Dudley non è rimasta traccia. Un'altra di quelle lacune interessanti per chi voglia interrogarsi, oltre che sul peso che nella vita di Emily abbiano avuto – al di fuori della famiglia – altre figure e amicizie, sul peso che la *sua* abbia avuto sulla loro. Lacuna interessante se si pensa che – forse correttamente – è stato ipotizzato che non fossero i sermoni di Dudley – come da alcuni studiosi è stato suggerito – a influenzare la poesia di Emily, ma gli scritti di lei a modellare quelle sue tanto ascoltate e lette prediche sulla vita, sulla morte e, nell'aprile del 1871, sulla "solitudine" come spazio "solare". Quella solitudine ben nota a Emily che alla solitudine "senza la quale si sarebbe sentita più sola" avrebbe dedicato uno dei suoi componimenti più belli: "C'è una solitudine dello spazio, / una del mare, / una della morte, ma queste / compagnia saranno / In confronto a quel più profondo punto / quell'isolamento polare di un'anima / ammessa alla presenza di se stessa – / Infinito finito" (n. 1695, non datata). John L. Dudley non rimase a lungo "solo": nel giro di un anno dopo la morte di Eliza nel giugno del 1871, si risposa: sarà Marion V. Churchill, "poetessa".

E le prediche di Dudley, a differenza delle poesie di Emily, continueranno a mietere successi. Meglio, per Emily, "dimenticare": "Non ricevo lettere dai morti, pure li amo ogni giorno di più. Nessuna parte della mente è immortale. Questo spaventa chi è felice, ma consola chi non lo è", annota nel luglio del 1871. E, nel settembre dello stesso anno a Susan in vacanza con i bambini: "Sentire la tua mancanza, Sue, mi dà forza. Lo stimolo della Perdita rende il Possesso misera cosa. Vivère è un processo continuo, ma amare è più solido che vivere. Non esiste Cuore che si sia spezzato e che sia andato oltre l'Immortalità" (settembre 1871).

Come Dudley "dimenticato" nel falò finale delle sue lettere e "dimentico" di lei, Susan è finalmente perdonata dunque "dimenticata" per sempre. Per questo può ricominciare a scriverle quando è lontana, e inserire nella lettera anche una quartina: "Di una Perdita così divina / Non penetriamo che il Guadagno, / Compenso per la Solitudine / Dopo tanta Felicità" chiudendo con un laconico, anche se esplicito: "Ti penso al calduccio. Ti tengo il posto. Anche di fronte a moltitudini, resta salda la serratura della Porta di Diamante" (settembre 1871).

Apparentemente dolce, per lettera, coerente come sempre, tuttavia Emily più tardi non le concede un incontro. Le manda piuttosto un biglietto: "Cara Sue – avrei voluto essere bella e in ordine quando sei arrivata – Ma tu mi perdonerai, vero, stavo talmente male. Dio quale piacere mi darebbe un'altra visita, quando io fossi appunto piacevole". Poche parole gentili che raccontano dell'abisso che per Emily si è aperto tra sé e la cognata. Per via di Austin? Per via di Samuel? Perché Susan si è rivelata una donna che ama "apparire" e vive di apparenze? Che sotto sotto è una piccola *parvenue*, innamorata più del prestigio della famiglia Dickinson che di Austin, tanto da rifiutare nei primi anni l'impegno di una maternità, impegnata com'era nel ruolo di first lady della dinastia del marito?

Come può dimenticare Emily, che tutto sa e ricorda, che sei mesi dopo la nascita del primo figlio, nel dicembre del 1861, quasi a rinsaldare il suo silenzioso e implicito "patto" con il suocero, Susan gli scrive un biglietto "a nome" del neonato, fino a quel punto chiamato in famiglia Jacky, per sollecitarne il permesso di essere battezzato con il nome del nonno, Edward appunto? La first lady di Amherst, che continuerà a essere "sorella", più "nella legge" – come cognata si dice in inglese appunto "sister in law" – che nella vita, non ha più nulla a che vedere con la giovane Susan, soprannominata Dollie negli anni della loro grande, tenera amicizia, cui aveva scritto:

Mi ami – sei sicura –
Non dovrò – vero? – aver paura che ti sbagli
Non dovrò – vero? – svegliarmi *ingannata* –
Nel sorriso maligno di un qualche mattino
Per scoprire che l'Alba se ne è andata –
E gli orti – intatti –
E Dollie – sparita!
Non devo temere – sei sicura –
Che verrà mai la notte
In cui, nel terrore, correrò a casa, da te –
Per trovare le finestre buie
E di Dollie – stai bene attenta –
Nessuna traccia?
Cerca di essere sicura – davvero sicura –
Meglio subito, adesso –
Basta che tu me lo dica –
Piuttosto che tu mi ferisca
Là dove il Balsamo ha appena assopito
Il dolore – di nuovo! [n. 156]

La datazione 1860 suggerita da Mabel Loomis Todd, su basi come sempre grafologiche, riguarda di certo la trascrizione del componimento, di sicuro non la sua prima stesura, dato il gelo che ormai, in quella data, era sceso sul rapporto tra Emily e Susan. Così era Emily: amava, scriveva, conservava. Riscriveva per allontanare il dolore e la notte. E anche nel 1871, ancora, scrive per riconoscere e lenire le ferite.

Alla preoccupazione per la salute del padre si somma il dolore per Austin. Anche il suo matrimonio, nonostante gli sforzi – nascerà ancora un figlio, Gib, nel 1875 – è finito. Come quello di Bowles che nel dicembre 1870 scriveva a suo figlio, Samuel Jr: "Ho fatto una scappata ad Amherst sabato. Tre o quattro ore. Una visita gradevole, cena con i Dickinson. Sento il bisogno di un diversivo ogni settimana e cercherò di lasciare la città tutti i sabati". Lo stesso mese Samuel scrive a Susan, per lui "Regina di Pelham", che ha preso il posto di Emily, per lui un tempo "Regina che Vive in Solitudine": "Sarò da voi intorno all'ora di cena. Forse prima. Non so ancora con chi verrò. Proverò con Maria Whitney, se sarò in quella direzione".

Cena dopo cena, la tensione si allenta e il rapporto tra Samuel e Susan si ammorbidisce. Così, nel febbraio del 1871 le scrive: "Sono felice che mi ami ancora, ma è dura per me continuare ad avere fiducia in Austin". Irresistibile e irrequieto, Samuel parte per Berlino in aprile: con la figlia Sally e Maria Whitney – ritornerà in America per poi raggiungerle in Italia nei mesi di luglio e agosto. Mary Bowles resta a casa. Al figlio, a ridosso della prima partenza del marito, Mary scrive a proposito di Maria Whitney: "A volte mi sembra di volerle bene, quando penso a quanto conta lei per le persone che amo" (25 marzo 1871). Come Eliza Coleman, come Emily Norcross e come più tardi Susan, Mary Bowles ha piegato il capo di fronte alle scelte del marito.

Così andava il mondo: meglio la Solitudine.

...piccoli, grandi tradimenti

Sradicata dal pettegolezzo quotidiano, lontana da giochi amorosi di basso profilo, da compromessi temporanei o indefiniti, Emily guarda dentro di sé e lontano. Nel 1872 scrive: "Se non avessi mai visto il sole / avrei sopportato l'ombra – / Ma la luce ha reso il mio Deserto / ancora più selvaggio" (n. 1233); e lo stesso anno, allucinata dal colore e dal profumo del lillà, così chiude la poesia: "Lo scienziato della fede / ha appena iniziato il suo studio: / al di sopra della sintesi, / è la flora intaccabile / dell'analisi del tempo – / 'Occhio non ha veduto' / è normale per un cieco, / ma mai le tesi ostacolino / l'Apocalisse".

Per questo a Thomas Higginson, a collaborazione iniziata insieme a M.S. Phelps (1844-1911) e Joaquin Miller (1841?-1913) presso lo "Scribner's", potrà dall'alto della sua ormai radicale amata solitudine parlare da pari a pari, nonostante in chiusura scriva: "La prego, sia la guida di Dickinson" e rifiutandosi di leggere, come lui suggerisce, *Songs of the Sierras*, appena uscito: "Non ho letto il Signor Joaquin Miller perché non mi riusciva di interessarmi a lui. Non si può sollecitare l'entusiasmo" (novembre 1871).

Può anche compiacerlo scrivendo che le poesie di Helen Hunt uscite l'anno prima "sono le più forti che siano mai state scritte da una donna". Helen Hunt è ormai tra le protette ufficiali di Higginson e nei salotti di Amherst non si fa mistero di quanto gli sia legata, di quanto lui le abbia fatto da accorta guida nei meandri dell'editoria bostoniana. Anzi ci si compiace anche del fatto che Helen sia originaria proprio di Amherst cui la sua notorietà crescente dà ulteriore lustro. Emily sa tutto. E poiché è anche al di sopra e fuori dai giochi editoriali, può permettersi di annotare – con ironia sottile che sa bene quanto Higginson non sarà in grado di cogliere: "Finché Shakespeare esiste la letteratura poggerà su solide basi". La chiusa della lettera glaciale: "Caro amico, ho in lei la fiducia che lei mi chiede di avere. Se vado al di là di quanto mi è concesso, la prego di scusare la semplicità spoglia e desolata che non ha avuto altro tutore all'infuori del Nord" (novembre 1871).

Thomas Higginson le chiederà altre poesie – per interposta persona. Userà l'amica Phelps che solleciterà i suoi "cinguettii". A quella richiesta Emily opporrà un secco rifiuto e alla cugina scriverà di non aver dimenticato quella lettera, ma di ricordare di averla bruciata come di solito usava fare con "lettere del genere". Dunque al mondo Emily "concede la fiducia" che il mondo le chiede di avere, cioè giustamente: nessuna.

Come non sentire infatti che la richiesta della Phelps, che lavora gomito a gomito con Higginson, viene in realtà da lui? Che Higginson, salutato nell'aprile del 1872 dallo "Springfield Daily Republican" come un vero opinion leader, continuerà a "mentire" fino al punto di scriverle, il capodanno del 1873: "Cercherò di parlarle sempre con sincerità e amore".

Quanto a Helen Hunt, che nell'estate del 1873, prima di partire alla volta del Colorado, trascorrerà parecchi mesi ad Amherst ospite della sorella, come non indovinare nell'interesse che prova per il lavoro di Emily un'attenzione sospetta? Helen Hunt, ormai preda del fascino e del potere editoriale di Higginson, "il suo mentore – maestro – l'uomo alla cui persona e al cui stile deve quel poco che ha fatto in letteratura" scriverà a un'amica nel 1873, lavora con lui nell'ombra. Higginson le ha letto e legge le poesie di Emily, di certo anche le lettere. E la richiesta di incontri, di materiali, l'ammirazione che Helen prova per Emily, il suo desiderio che pubblichi, non è solo il gesto generoso di una donna, sicura dell'appoggio e del successo della sua produzione letteraria, nei confronti di un'altra, che vive appartata e scrive versi indecifrabili al confronto dei suoi scritti o di quelli di Higginson e dei suoi contemporanei, versi – i loro – malinconici, "romantici", oppure inneggianti a un rapporto fusionale, sintonico con la natura.

Quella richiesta è qualcosa di più, qualcosa di diverso, che da una parte non le fa molto onore, anche se dall'altra, di lì a poco, come si vedrà, contribuirà a sollecitare l'attenzione dei suoi contemporanei nei confronti di quella che, con una punta di invidioso disprezzo e malcelata ironia Higginson, in una lettera del dicembre 1873 alla sorella, ricorderà come la "persona vestita di bianco", "quell'agnellino" di cui sua moglie aveva detto: "Dio, perché tutti i pazzi ti si appiccicano?" e, alla battuta della moglie, aggiungerà che quella frase "era ancora appropriata, eccome!".

In realtà Helen Hunt, in quei mesi, in quegli incontri, nelle serate trascorse, fin dal lontano 1866, dopo la morte del marito, a chiacchierare con Higginson a Newport, stava raccogliendo materiale su Emily Dickinson – l'aveva incontrata ad Amherst nell'agosto del 1850 a una grande festa in casa Dickinson. Emily l'affascina. Ne invidia il verginale riserbo, la forza tagliente dei versi, la durezza della personalità ferma, al di là della mitezza di parola e comportamento, nella sua decisione di non scendere a nessun compromesso con nessuno e in nessun campo. E i piccoli tradimenti da parte di Higginson nei confronti di Emily, quelle letture che lui e Helen avevano condiviso, delle sue lettere e delle poesie ad esse accluse fin dal 1866, avevano senza dubbio incuriosito e forse invidiosamente preoccupato Helen Hunt. Ne avevano eccitato la curiosità, e sollecitato anche – come non sospettarlo? – un forte senso di inferiorità.

Tra le diverse poesie accluse alle lettere di Higginson, un componimento breve che amo citare nuovamente a questo punto, perché gli anni che intercorrono tra il 1866 e il 1870 sono gli anni in cui Helen Hunt lo lesse: "Brucia luminoso nell'oro e in porpora si spegne, / balza nel cielo come orde di leopardi / poi, per morire posa il suo volto chiazzato / ai piedi del vecchio orizzonte / e così basso si china fino a toccare la finestra / in cucina e il tetto, e a colorare il granaio / e mandare un bacio, col cenno del berretto, al prato – / Infine il giocoliere del giorno svanisce" (n. 228). E ancora: "Per certi che non sono vissuti se non in punto di morte / una sferzata di morte è sferzata di vita – / ché, sarebbero morti se fossero vissuti, / ma cominciarono a esistere quando morirono" (n. 816).

Come non invidiare tanta lucidità, fermezza, sicurezza di sé? Emily ha compiuto un lungo percorso. Ha visto, amato, letto, capito. E Helen Hunt lo sa. Legata intellettualmente a un uomo di grande potere come Thomas Higginson, non può dire o scrivere, come può Emily in una lettera al "grande" Higginson: "Vivere è così sconvolgente da non lasciar spazio per nessun'altra occupazione, per quanto gli Amici – forse – possono essere un accadimento più piacevole [...]. Ho spesso visto il suo nome in ambienti altisonanti e invidiati, una ricorrenza a me tanto estranea" (fine 1872). Helen Hunt non può permettersi né di pensarlo, né di dirlo perché appartenere a quel mondo di "ambienti altisonanti" è ciò che più desidera. Ciò per cui si batte. Scrive poesie, studia e risparmia. Il suo primo volume lo pubblicherà a sue spese. Dal 1869 Higginson comincia a pubblicarne i lavori sulla sua rivista, l'"Atlantic Monthly".

Scrive racconti sotto la guida attenta di Higginson e li pubblica con uno pseudonimo, Saxe Holm. Il primo della serie esce nel novembre 1871. Si intitola *Esther Wynn's Love Letters*. Anche gli altri appariranno come il primo sullo "Scribner's". Il dottor Holland ne è l'editore, ma se su suggerimento di Higginson dà spazio a Helen Hunt, quando gli si chiede cosa pensi dei componimenti di Emily Dickinson che gli arrivano a casa in lettere alla moglie e che in piccola parte ha letto sullo "Springfield Daily Republican", il dottor Holland dichiara: "Per quanto concerne la pubblicazione, sono stati presi in esame – ma non sono assolutamente adatti – sono *eterei*". E al suo intervistatore che replica: "Sono belli, molto concisi, ma mi ricordano le orchidee, aerofiti privi di radice" risponde: "È vero. Una descrizione perfetta. Non ho il coraggio di darli alla stampa".

Tuttavia, l'intrecciarsi degli incontri e degli scambi epistolari tra Emily e Helen restò incerto e scarsamente documentato fino al 1870. Poche lettere, due buste vuote indirizzate da Emily a Helen Hunt.

Si hanno piuttosto dati sui loro rapporti di lì a qualche anno, su cui vale la pena soffermarsi ora. Anticiperò alcuni fatti, perché le radici di quegli eventi affondano negli anni immediatamente precedenti e seguenti l'incontro tra Emily e Thomas Higginson. Aprirò quindi una breve parentesi che riguarda entrambe e tenta di far luce su quel misterioso rapporto: questo, però, mi costringe ad abbandonare brevemente il filo cronologico del racconto della vita di Emily, e dal 1873 a fare simultaneamente, prima di tornarci, un passo indietro e uno avanti. Mi tocca squarciare l'ordito della storia di Emily per permettere al disegno, uno dei tanti che corre sottotraccia, di affiorare alla luce della storia stessa.

Dunque sappiamo delle letture, dal 1866 in avanti a Newport. Sappiamo dell'incontro ad Amherst nel 1873 tra le due donne. Ma anche di un soggiorno di Helen ad Amherst nel 1870, un mese dopo la visita di Higginson a Emily. In settembre sarà ospite della sorella Ann Banfield. Sappiamo di quel primo racconto firmato Saxe Holm, apparso nel settembre del 1871 su cui tornerò tra breve. Con certezza assoluta, documentata e ufficiale sappiamo che fu nell'estate del 1876 il momento in cui Helen Hunt chiese esplicitamente a Emily di poter includere il suo lavoro nella collana *No Name Series* da lei curata per l'editore Roberts. La sua poesia sarebbe uscita anonima. Emily cedette e Helen Hunt ottenne di includere – massacrato dai redattori – il componimento *Success is counted sweetest* nel volume *A Masque of Poets*, che vedrà le stampe nel 1878.

L'interesse e l'attenzione dimostrati da Helen Hunt sono "autentici", ma in qualche modo "riparatori". I racconti che pubblica sotto lo pseudonimo "Saxe Holm", e che poi ammetterà essere suoi, si sussurra infatti che siano scritti anche da Emily Dickinson.

Lavinia ricorderà, dopo la morte di entrambe, di come in quei primissimi anni settanta Helen Hunt e sua sorella avessero deciso di scrivere un libro insieme. Capitolo dopo capitolo, a turno. E come ogniqualvolta fosse il turno di Emily, lei non rispettasse il patto e la scadenza. E non consegnasse nulla. Helen, per punirla, ne avrebbe fatto uno dei personaggi, "la donna vestita di bianco", un essere strano, misterioso.

Certo quel ricordo di Lavinia, suffragato solo da una sua conversazione con Mary Lee Hall che la intervistò dopo la pubblicazione del primo volume di poesie della sorella, potrebbe essere frutto della sua fantasia, del suo livore nei confronti di Helen Hunt, raggiunta dal successo in vita, a differenza di Emily. Studiosi e biografi non vi hanno dato eccessivo peso, né hanno cercato di verificare quanto di vero ci fosse in quella versione dei fatti: versione che, tuttavia, getta ulteriore mistero su un rapporto già di per sé misterioso e inquietante, se si pensa alla gratitudine e dipendenza che Helen nutriva nei confronti di Higginson e insieme all'imbarazzato disinteresse che Higginson ufficialmente provava nei confronti della produzione poetica di Emily Dickinson, accanto alla curiosità quasi morbosa che trapela dalle lettere che lui le spediva. Ma il mistero con il tempo si infittisce.

Nel 1876, anno di pubblicazione di un ulteriore lavoro "anonimo" di Helen Hunt, *Mercy Philbrick's Choice*, Emily scrive a

Thomas Higginson chiedendogli consiglio se cedere alle pressioni di Helen Hunt e spedirle alcuni suoi lavori per la pubblicazione. Thomas Higginson le risponde sconsigliandole di "scrivere racconti". A giro di posta Emily gli spiegherà che erano "poesie" che, consultandosi con lui, aveva in mente; il lapsus di Higginson ha a che vedere con la conoscenza che lui di certo aveva di una possibile collaborazione tra le due donne, collaborazione forse segreta, oppure progettata, suggerita, auspicata se non altro da parte di Helen Hunt, di cui appunto in quell'autunno veniva dato alle stampe il romanzo.

Nel giro di un mese lo "Springfield Daily Republican" lo recensì attribuendolo a Helen Hunt e a "una sua amica" e ammiratrice: "è chiaro che è scritto a due mani, così come lo erano le *Saxe Holm's Stories*. Vengono dalla stessa fucina" (29 settembre 1876). Il romanzo va a ruba. Ad Amherst tutti ne parlano perché è lì che è ambientato. E tutti, secondo l'indicazione del recensore, sospettano che l'abbia scritto Helen Hunt e che Emily l'abbia aiutata. Qualcuno arriva al punto di chiederle anche "perché l'abbia fatto". Così almeno raccontano.

Emily, che certamente lo lesse, sa – perché è sufficiente "leggere" per capire chi, se non lei stessa, ha aiutato Helen Hunt. Infatti, oltre alle evidenti analogie tra la sua figura così come fin dai primi anni settanta era "apparsa" ai concittadini di Amherst (inclusa la sorella di Helen Hunt) e quella di Mercy, tracce vistose delle lettere che Emily Dickinson ha spedito a Thomas Higginson affiorano in più punti alla superficie del racconto.

Helen Hunt, che non sapeva come si sarebbe conclusa la vita di Emily né poteva prevedere di morire prima di lei, fa terminare la complicata ma nel complesso serena esistenza della protagonista, per un improvviso grave malore. Mercy muore all'età di cinquant'anni, poetessa ormai famosa, in un albergo di montagna dove ha accompagnato le figlie della sua più cara amica Lizzie Hunter (Helen Hunt), la stessa che le ha presentato Parson Dorrance (Thomas Higginson oppure Wadsworth, a scelta, visto che al primo Emily scriveva – come sappiamo – lettere molto "private" e della presenza del secondo, nella sua vita, aveva fatto riferimento), uomo di fascino e cultura di cui Mercy si innamora. Un amore impossibile e intenso che Mercy vive, amando allo stesso tempo un altro uomo, più giovane.

Chi se non Higginson, mostrandole le lettere di Emily, poteva aver suggerito a Helen l'idea che la sua eroina fosse una donna "schiva, a volte terrorizzata dall'idea stessa di parlare della sua poesia" come lo è Mercy? Una donna desiderosa di consigli e insieme intimidita di fronte all'autorità dell'uomo cui chiede: "Pensa che i miei versi valgano davvero?" come aveva chiesto a lui Emily? Una donna decisa a nascondere alla madre – perché poco dignitoso – il fatto che pubblica poesie? Non era forse stata Emily a scrivergli nel giugno del 1862, che all'essere "pubblica" preferiva la sua "Condizione scalza"? Quanto, troppo vicina a Mercy è Emily che della voce che parla nelle sue poesie da cui Parson Dorrance è colpito – come Higginson peraltro – per la loro coincisività e forza del pensiero "più maschile che femminile", dichiara che non è la sua, ma di volta in volta la voce di una "maschera", una *dramatis persona*, esattamente come aveva scritto Emily a lui nel 1862: "Quando parlo di me come soggetto della poesia – non ho in mente – me – ma una persona immaginaria".

Al di là della sua discontinuità formale, di certe "cadute" stilistiche e della "drammaticità" di alcuni dialoghi che ne appesantiscono lo svolgimento, il romanzo tratteggia tuttavia una figura di donna forte, capace di conoscere e controllare i propri sentimenti, coerente nelle scelte, generosa. Una donna con la cui personalità appassionata e insieme incapace di compromessi i personaggi maschili non riescono a misurarsi. Potrebbe essere davvero Emily Dickinson o forse la sua ombra, una proiezione di quello che Emily fu.

Il romanzo ci resta tuttavia a testimonianza di un tradimento (da parte di Higginson e Helen Hunt) e insieme di un risarcimento da parte di Helen Hunt per aver frugato nella vita privata di Emily, nei suoi sogni e nei suoi progetti. Per averne invidiato la cultura e l'intelligenza, la forza di non cedere a lusinghe editoriali, di non piegarsi al gusto e al linguaggio dei suoi tempi. Per essersi appropriata di quella sua peculiare esistenza per farne un racconto.

Un dettaglio colpisce del finale – un particolare, quasi una premonizione. Mercy ama due uomini, ma decide di non unirsi a nessuno dei due e così la conoscono i suoi lettori e la coprotagonista Lizzie Hunter, come una donna che il giorno del suo funerale è ancora bella. I capelli folti e castani, "solo qualche filo d'argento". Nel 1876, anno di pubblicazione del romanzo, Emily ha quarantasei anni. Non sappiamo quanti "fili d'argento" ci fossero tra i suoi capelli, di certo sappiamo come Thomas Higginson la descriverà il giorno del suo funerale dieci anni più tardi: "[...] quanto al viso di Emily Dickinson, un miracoloso ritorno alla giovinezza [...] non un capello bianco, non una ruga e la pace assoluta sulla bella fronte liscia".

Che la figura di Emily abbia fornito spunto al romanzo di Helen Hunt o che quel romanzo abbia colpito Higginson al punto di sovrapporre all'immagine della vera Emily quella dell'eroina di Helen Hunt, è un problema che in ultima istanza riguarda non noi ma Higginson. C'è piuttosto dell'altro, che ci riguarda e riguarda la vita di Emily: Mercy è una donna serenamente "sola", padrona della sua vita, solare e insieme discreta. Una vita vissuta alla luce del mondo e della collettività. Priva di misteri e di ombre. Tranne una, legata a un "segreto" di cui nessuno conosce la natura. Un amore? Una promessa?

Le donne che la vestiranno per la cerimonia funebre scopriranno infatti al suo anulare sinistro un anello. Perché Mercy lo portava? Chi gliene aveva fatto dono? "Che sia stata sposata?" si chiede una delle due. E la risposta dell'altra, molto divertente se si pensa all'immagine che abbiamo ancora oggi del mondo vittoriano, e che il mondo vittoriano proponeva di sé, è: "Coi tempi che corrono non si sa mai. C'è gente che non è sposata eppure l'anello lo porta! Questo è un gran pezzo di anello, uno dei più pesanti che abbia mai visto!". Mercy sposata in segreto o legata segretamente a un uomo, al di là della legge del matrimonio? Il romanzo si chiude lasciando aperta la domanda.

Pura finzione, un dono simbolico di Helen Hunt alla vergine di Amherst? O piuttosto una premonizione, perché alla Houghton Library di Harvard, insieme al quadro a olio che la raffigura con Lavinia e Austin adolescenti e al cassettone in cui furono trovati i quadernetti di poesie e i suoi scritti, è conservato un anello che a Emily è appartenuto, forse l'unico gioiello che abbia posseduto – una fascetta d'oro con inciso all'interno un nome maschile: Philip. Se sia davvero Otis Philips Lord l'uomo della vita di Emily, l'unica persona che sarebbe stata disposta a sposare, la persona che le avrebbe fatto dono di quell'anello è un'ipotesi affascinante, forse molto vicina al vero, ma anche in parte confutabile.

È infatti un decennio di luce abbagliante e di ombra profonda quello che si apre per Emily nel 1873, il decennio in cui sarebbe esplosa anche la storia del suo amore e in cui sarebbero state scritte le lettere piene di passione a lui indirizzate. L'ombra prende di anno in anno la forma della malattia e della morte. Una sorta di conto alla rovescia per le persone cui è stata legata. Ed è forse quel conto alla rovescia che la spinge a sognare non più una vita tutta per sé, ma una vita divisa con un'altra persona che non siano Austin o Lavinia, l'amata sorella di cui dice in una lettera di ringraziamento agli Holland, che l'hanno avuta ospite nel maggio del 1873, quando sia Emily Norcross che Edward sono ancora in vita, "non ha Padre o Madre all'infuori di me che a mia volta non ho genitori all'infuori di lei". A volte due donne, due sorelle, possono amarsi fino a questo punto, fino a confessare tanto.

5.
1873-1878

...il finito invece lo vediamo

Sarà la morte del padre a lasciare sgomenti Austin, Lavinia ed Emily. Eppure, quella morte segna una nuova fase nella vita di Emily e ne indica una svolta. A partire dal 1873 Emily combatte, anno dopo anno, l'angoscia che l'ombra della morte e della malattia getta sulla sua vita, ricominciando a scrivere. Sono soprattutto lettere, solo all'apparenza dettate dall'occasione, dal vuoto che nella vita delle persone cui scrive lascia la morte di coloro che hanno amato. Solo all'apparenza, perché Emily distilla in quegli scritti la saggezza e il sapere di cui gli anni, le letture, il dolore e la solitudine le hanno fatto dono. E quelle lettere aiutano anche lei a scoprirsi, a conoscersi a sua volta, a ripercorrere i sentieri che hanno tracciato il disegno della sua esistenza. L'aiutano ad amarsi, ad accettare lo stato delle cose e a uscire – per paradosso nel momento in cui agli altri appare un'originale reclusa – allo scoperto. A rivelare – a se stessa e a molti dei destinatari delle sue lettere – i fondamenti della sua poetica e della sua filosofia.

Ormai sa quanto è "lontano" Samuel Bowles dal Samuel Bowles conosciuto un tempo, quanto è ambiguo e arrivista Thomas Higginson, cui peraltro continuerà a scrivere lettere sempre più ambigue, attraversate da un'ironia sottile, criptiche e insieme volutamente melense. Sa quanto è fragile e contraddittoria l'attenzione che i più hanno nei suoi confronti.

Così agli inizi del 1873, uno degli anni più interessanti della sua vita, può finalmente parlare di "tradimento". Nella lettera che scrive alla cugina Frances Norcross, almeno in ciò che ne resta, non è fatto il nome di nessuno. L'atteggiamento di Emily è tuttavia esplicito e fermo: "[...] Sono stata molto malata, sorella mia piccola, e ti scrivo ora non appena mi è stato possibile farlo. Il sermone più bello che abbia sentito è stato quello della delusione di Gesù nei confronti di Giuda. È stato raccontato come una storia terribile tra due giovani uomini molto vicini l'uno all'altro. Sospetto che non esista sorpresa che ci possa essere fatta peggiore di quella. Forse potrebbe somigliarle l'ultimo 'non vi conosco'. Preferirei che ai vostri cuori, prima di quest'altra ferita, fosse stata concessa una tregua dopo la prima, ma 'non come voglio io'. Sospetto che i fiori di selva si faccian coraggio l'un l'altro nel profondo dei boschi e l'uccello ferito torni in silenzio, zoppicando, al suo nido, ma la nostra maturità è umana ed è differente" (inizi 1873).

Le due citazioni dal Vangelo secondo Matteo: ("All'ultimo vennero le altre vergini dicendo: Signore, Signore, aprici. Ma egli rispose: In verità vi dico, non vi conosco"; "E avanzatosi alcun poco, si prostrò per terra pregando e dicendo: 'Padre mio, se possibile passi da me questo calice; per altro non come voglio io, ma come vuoi tu'" XXV, 11-12; XXVI, 39), laconicamente prelusive alla frase di chiusura, ci restituiscono l'immagine di una Emily attenta al dolore e insieme alla ricerca di un lessico preciso con cui dirne: "Una vita dai confini precisi, piccola mia sorella, è quell'abito speciale che se ce ne fosse data la possibilità potremmo forse rifiutare di indossare" (inizi 1873).

Poco più tardi, ma scrivendo questa volta a entrambe le cugine, riprende quell'immagine, la estremizza e insieme la scioglie in cadenze più "colloquiali": "Sorelle, sento i pettirossi molto lontani, i carri molto lontani, i fiumi molto lontani, e sembra che tutti si stiano affrettando alla volta di un qualche posto a me sconosciuto. La lontananza è matrice di dolcezza; se potessimo vedere tutto quello che speriamo di vedere, se potessimo stare ad ascoltare senza paura tutto quello di cui abbiamo paura, come se fosse una fiaba qualunque, la pazzia ci sarebbe vicina. Ognuno di noi offre e riceve il paradiso sotto forma corporea, perché ognuno di noi conosce il mestiere di vivere. Mi dà piacere e dolcezza sapere di voi. Non si sa di nessuna rosa che sia venuta meno alla sua ape anche se il fatto ha luogo in situazioni specifiche, in esperienza scarlatta. La storia dei fiori differisce dalla nostra soltanto per la sua inaudibilità. Man mano che invecchio provo maggiore rispetto per queste creature mute la cui apprensione o passione può superare la mia" (aprile 1873).

I primi mesi dell'anno le donano una serenità che sembrava perduta. L'inizio della primavera, con i suoi colori e il nuovo tepore, la contagia: "La primavera è una gioia tanto bella, rara, inattesa. [...] I misteri della natura umana vanno oltre 'i misteri della redenzione', perché sull'infinito possiamo solo avanzare supposizioni, il finito invece lo vediamo" (aprile 1873). Ora che sa davvero di amare la vita, quell'"abito speciale" di cui non è possibile spogliarsi, sa di essere pronta ad accettarne i contraccolpi, gli sbandamenti, perché così è per tutti e perché qualsiasi ricerca, che dalla vita di tutti i giorni presumesse di prescindere, porterebbe alla pazzia. Emily, profondamente "laica", si sente pronta alla "chiamata", quella che tutti si erano augurati venisse anche per lei: la "chiamata" a Dio e alla "normalità", alla Chiesa congregazionalista, cioè alla conformità ai valori della comunità che tutti i suoi familiari, uno dopo l'altro, avevano "ufficialmente" accettato di condividere.

Ora che sa che la sua chiesa è dentro di lei, Emily può accettare di compiacere il padre e tutti coloro che temevano non sarebbe mai entrata a far parte della schiera degli "eletti". Ma lo fa a modo suo, in privato, dopo un incontro speciale, raccolto, discreto, con Jonathan Leavitt Jenkins, il confessore del padre, a maggio, in casa. Così ricostruirà quell'incontro, il figlio di Jenkins: "A un certo punto suo padre decise che Emily aveva bisogno di una guida spirituale. Al mio toccò quel privilegio rischioso. Nessuno sa cosa accadde in quel colloquio, ma non è difficile immaginarlo. Nella semioscurità di un 'salotto' del New England sedevano due persone. Uno, un gentiluomo pio e devoto, poco più che quarantenne, con nello sguardo profondo appena un'ombra, un sorriso, divertito del suo stesso disagio [...]. Di fronte a lui, seduta su un rigido sofà foderato di tessuto di crine, una donna di qualche anno più giovane, vestita di bianco, le mani sottili, nervose, lo sguardo sconcertante. Ascoltava educata. Poi, poche parole, subito al punto. Il volto senza espressione, ma di certo anche nel suo sguardo un'ombra di divertimento, tanto surreale era la situazione, ma Emily era troppo bene educata per lasciarlo trapelare [...]. Quello che si sa con certezza e che mio padre riferì all'imbarazzato Edward Dickinson è che Miss Emily era 'a posto' e lì si chiuse tutto". La "chiamata" di Emily avviene lo stesso mese in cui Edward Dickinson, quasi fosse una premonizione della morte a venire di lì a poco più di un anno, su un foglio scrive – testamento dell'anima – "1 Maggio 1873. Da questo momento mi consegno a Dio".

Qualche mese più tardi Edward, la cui carriera politica – iniziata piuttosto brillantemente nel 1838 – aveva subìto dal 1855 un pesante arresto, riprende. Per poco. L'impegno, i viaggi e le probabili frustrazioni lo stroncheranno nel giugno del 1874.

Ma il 1873 riserva per Emily ancora sorprese ed energia: oltre all'incontro con Helen Hunt, la visita di Abby Wood Bliss, la compagna di scuola di un tempo, l'amica del cuore che riesce tuttavia a spuntare da Emily, ormai per tutti "il mistero del villaggio", un incontro. Al nipote, Abby racconterà di quella visita: di come Emily a quell'epoca, ammettesse al suo "santuario", previi cerimoniali di protocollo, solo pochi eletti e di come lei si fosse rifiutata di incontrarla quasi si trattasse di una "Sibilla", e di come Emily – probabilmente sorpresa e divertita dal rifiuto di Abby – avesse deposto per lei la maschera di "Regina che vive in solitudine", fosse scesa e tra loro due tutto si fosse svolto come un tempo.

Così sarebbe stato qualche anno più tardi con Samuel Bowles. Appare evidente che la scelta di un volontario, protettivo autoesilio era diventata per "la vergine di Amherst" anche un gioco. Una sfida. Un modo per verificare l'autenticità del desiderio che alcuni avevano di incontrarla. E il coraggio. D'altra parte la curiosità morbosa, le "buone maniere", quando erano l'unica carta di presentazione, non le erano mai interessate. "Che creature dolci e serafiche – / Sono queste gentildonne – / Ti verrebbe voglia di aggredire piuttosto / della stoffa felpata o di violare una stella – // Le loro certezze, cotonina – / Un orrore così raffinato / per la lentigginosa natura umana – / E per la divinità – vergogna – // È una gloria così – banale – / Come quella di un pescatore – / La redenzione – mia fragile signora – / possa provare – altrettanta vergogna per te" (n. 401, 1862) scriveva nei lontani primi anni sessanta.

E Abby, la piccola coraggiosa Abby, che era andata a vivere a Beirut, dove aveva fondato con il marito una missione che si sarebbe trasformata nell'Università americana della città, e negli anni le aveva mandato lettere (andate perdute) ed esemplari di flora d'Oriente, conservati con cura da Emily nel suo "erbario", non faceva certo parte di un mondo abitato da "creature dolci e serafiche", non era una "gentildonna". Alle sue maniere sbrigative e un po' brusche, Emily rispose con la tenerezza e il sorriso di un tempo. O di sempre.

Al 1873 risale anche un nuovo riavvicinamento a Susan cui – scrivendole a Geneva, New York, nell'estate – comunica: "È il silenzio che tutti temiamo. C'è riscatto in una voce. Ma il Silenzio è l'Infinito. Non ha volto", curiosa e raffinata reminiscenza della conversazione con Thomas Higginson cui aveva detto: "Le donne parlano, gli uomini tacciono: ecco perché ho paura delle donne".

Le poesie scritte e riviste quest'anno sono cinquanta in tutto. Si tratta di componimenti di grande tensione, scarnificati, precisi. Molti spediti a Susan. Ora Emily è pronta. Sa scrivere, in poesia, ciò che poesia è per lei: "Concentrarsi come il tuono al proprio limite / e poi sgretolare con sfarzo e fragore / mentre ogni cosa creata cerca rifugio / questo – sarebbe poesia – // O amore – che i due vengono insieme – / nessuno o entrambi conosciamo – / proviamo o consumiamo – / perché nessuno vede Dio e poi vive" (n. 1247, 1873).

Sa guardare da vicino la sua debolezza e dirne: "Tra i miei giochi più patetici, / quello di credere che tu mi scriva – / la finzione dura, finché, quasi, / ci crede anche il mio cuore. / Ma quando lo spezzo, dicendogli / – sapevi che vero non era – / vorrei non averlo mai fatto – / Golia – sarebbe spiaciuto anche a te" (n. 1290, 1973).

Ma sa anche analizzare e fare, della sua rabbia silenziosa, poesia: "Sei tu dunque ciò che volevo? / Vattene – il mio dente è cresciuto – / Offriti in pasto a un più piccolo palato / che non così lungo la fame ha stremato – / Sappi che mentre aspettavo, / il mistero del cibo / tanto è cresciuto che l'ho infine ripudiato / e ho cenato senza di lui, come Dio" (n. 1282, 1873).

Alla fine dell'anno Thomas Higginson è di nuovo ad Amherst. Tiene una conferenza all'interno di un ciclo di seminari per adulti, il Galaxy Course. Il titolo: "Dopo la scuola media che fare?". Più che della scuola Higginson parla dell'estensione del diritto di voto alle donne e qualche giorno più tardi al Radical Club di Boston incontrerà Frederick Douglass, Samuel Bowles e Bronson A. Alcott per organizzare la pubblicizzazione e la realizzazione di quel progetto che andrà in porto nel 1919. In quell'occasione, ancora una volta, Emily e Higginson si vedono e il 31 dicembre lui le scrive: "Mi fa piacere ricordare la mia visita ad Amherst e soprattutto i momenti trascorsi con lei. Mi è sembrato fosse felice e spero che così sia stato – di certo io ne ho ricevuto piacere. Quando ci incontriamo ho l'impressione che sia un incontro tra due persone amiche da lunga data; e non c'è dubbio per quanto mi riguarda che a me sembra di conoscerla da tempo e bene, grazie a quelle belle parole, quelle riflessioni che lei mi spedisce. Mi auguro che non smetta di avere fiducia in me e che continui a rivolgersi a me. Io cercherò di dirle sempre la verità e con amore".

La risposta di Emily ancora una volta è cortese e glaciale, educata e criptica. L'"Allieva" non pratica le strade della persuasività "prosastica" che Higginson conosce. Né tantomeno la loro doppiezza. Inserisce due quartine nella sua lettera che parlano di "Disprezzo", "Sconfitta" e "Separazione – / Ricomposta in Artica fiducia / all'Invisibile". Quanto al piacere che può averle procurato la visita, annota laconica: "È bello pensare al tocco veloce della sua Visita. Come al Cocchio dell'Ape – scompare nella Musica [...] Era proprio lei, la persona che è venuta?".

Di quell'incontro Emily non scrive a nessuno. Perché per lei cade nel vuoto. Thomas Higginson sì, con un tono tra il compiaciuto e l'ironico, alle sorelle: "Ad Amherst sono stato a trovare la mia eccentrica poetessa Miss Emily Dickinson che non esce *mai* dal giardino di suo padre e vede solo me e pochissimi altri. Dice 'C'è una cosa di cui si deve essere sempre grati – di essere chi si è e non qualcun altro', ma mia moglie Mary dice che nel suo caso è una frase che forse non le si addice affatto".

È vero, come scrive Higginson: Emily "non esce mai dal giardino di suo padre". Non esce più. Non le interessa viaggiare. È stata per anni la lettura, in fondo, il suo vizio segreto. Ora lo può confessare. Lo può dire. La lettura di libri, poesie, riviste e giornali, e le lettere che le arrivano. Dense di quelle parole che sulla pagina, si rincorrono luminescenti, rimandano l'una all'altra, evocano incontri, volti, storie e altre letture: "Non esiste Vascello che come un Libro / ci sa portare in terre lontane / Né Corsiero come una pagina / di scalpitante Poesia – / È un Viaggio che anche il più povero può fare / senza il Tormento del pedaggio – / Quanto è frugale la Carrozza / Che trasporta l'anima dell'Uomo" (n. 1263) scrive nel 1873. E poco importa che Higginson preferisca ricordare – del loro primo incontro – Emily che gli confessava: "Quando ho perso l'uso degli occhi mi è stato di grande consolazione pensare che sono così pochi i libri *veri* che non mi sarebbe stato difficile trovare qualcuno che me li leggesse". Di certo Emily mentiva, e dal momento che per lei "la verità è talmente *rara* che è delizioso poterla dire", perché mai essere sincera con chi non lo è con lei?

Ancora una sorpresa in quel magico e illuminante 1873. Due visite di Otis P. Lord, una in luglio, per una grande festa in casa Dickinson, e una alla fine di ottobre. Tra le carte di Emily sopravvissute all'autocensura e ai saccheggi censoriali fatti in famiglia dopo la sua morte, a ricordo di quell'incontro una busta indirizzata da Otis P. Lord a Miss Emily Dickinson presso Edward Dickinson. Vuota.

...il problema è che non stiamo sognando

Rinserrata nella fortezza della sua solitudine, prima ancora di innamorarsi di Otis (o forse già innamorata), nel marzo del 1874 Emily spedisce alla cugina una delle più belle poesie d'amore che siano mai state scritte. La lettera, di cui è andato perduto l'originale, è – come sempre – affettuosa. Parla dell'arrivo della primavera, per poi aprirsi sul breve componimento:

Fai piano anima mia, nutriti poco per volta
Del suo raro avvicinarsi –
Fa' in fretta affinché invidiosa la Morte
Non ne superi la Carrozza –
Fai attenzione, che il suo sguardo finale
Non ti giudichi inopportuna –
Fatti avanti – Perché il prezzo richiesto, tu l'hai pagato
La Redenzione – per un Bacio [n. 1297, 1874].

È un ultimo grido di vitalità, prima del colpo di frusta a venire: la morte del padre, il 16 giugno del 1874, che le lascerà una ferita lancinante e mai cicatrizzata. Quella poesia è un dono alle cugine e ai lettori a venire, una pietra preziosa, uno smeraldo della poesia dell'Ottocento, un controcanto raffinato ai componimenti "pietosi" di Higginson di cui nel giugno di quell'anno il dottor Holland pubblica sullo "Scribner's" *Manibus date lilia plenis* o della sua futura moglie, perché anche Higginson, come Dudley, si affretterà a risposarsi dopo la morte di Mary e, come

Dudley, sceglierà una poetessa. Tutti e due hanno un atteggiamento più pragmatico e costruttivo dei fratelli Dickinson, che dalla morte del padre non sembrano riaversi.

Edward era a Boston il 13 giugno del 1874 quando, nel pieno delle sue funzioni politiche – stava tenendo un discorso alla Camera dei deputati – si era sentito male. Riportato immediatamente alla Tremont House, dove risiedeva, fu visitato da un medico. La diagnosi fu ictus e le cure mediche fatali: Edward non sopravvisse alla somministrazione di oppio o morfina. Così almeno Mabel Loomis Todd, nel 1891, avrebbe raccontato a Higginson, ricordando – forse – le parole di Austin.

Quel giorno Edward era dunque lontano da Amherst, ma molto vicino a Otis P. Lord e a Salem, dove sarebbe dovuto andare a passare una serata e una notte ospite dell'amico. Invito che dovette declinare, ma di cui scrisse ai figli. L'ultimo invito e contatto con il mondo degli affetti e dell'amicizia poco prima dell'improvviso collasso.

Il giorno del suo funerale Austin si china prima che chiudano la bara per baciarlo sulla fronte: "Ecco Padre" dice "faccio quello che non ho mai avuto il coraggio di fare quando eri in vita". Lavinia, che come Emily non si sarebbe mai sposata, dichiarò più tardi: "A quel punto [con la sua morte] sentii che avevo il diritto alla libertà, ma non fui forte abbastanza per prendermela" e, in un'intervista avanti negli anni, confesserà che sia lei che Emily ebbero letteralmente paura del padre, finché visse, e poi cominciarono ad amarlo quando morì. Ma sarà Emily, come sempre, la silenziosa Emily, a trovare le parole per dire del dolore di tutti e tre, per raccontare del vuoto che Edward lascia nella loro vita. Edward, quella "Pausa nello Spazio" che lei chiama "Padre".

Alle cugine scrive nell'estate del 1874: "Probabilmente non vi ricordate di me, care. Non mi ricordo neanch'io. Pensavo di avere una costituzione robusta, poi questo essere più forte mi ha minato la salute. Stavamo cenando, era il 15 di giugno ed è entrato Austin. Aveva in mano un messaggio e io capii dal suo volto che eravamo tutti perduti, anche se non sapevo come. Disse che nostro padre stava molto male e che lui e Vinnie dovevano partire. Il treno era già partito. Mentre si preparavano i cavalli arrivò la notizia che era morto. Adesso anche nostro padre non vive più con noi – sta in una nuova casa. Anche se l'hanno costruita in un'ora è meglio di questa. Non ha un giardino perché vi si è trasferito dopo che i giardini erano già stati fatti, così gli portiamo i fiori più belli, e se solo fossimo sicuri che lo sa, forse riusciremmo a smettere di piangere [...]. L'erba ricresce dopo che Pat l'ha fermata. Non riesco più a scrivere mie care. Anche se ormai sono passate parecchie notti, la mente non mi ritorna a casa. Vi ringrazio entrambe per l'affetto, anche se non sono stata in grado di rendermene conto. Praticamente l'ultima melodia che udì fu 'Riposa dal tuo amato lavoro'".

A Higginson negli stessi mesi: "L'ultimo Pomeriggio in cui mio Padre visse, anche se non c'erano premonizioni – preferii stare con lui, così, mentre Vinnie dormiva, mi inventai una scusa per mia Madre. Parve particolarmente felice dal momento che molto spesso me ne stavo sola con me stessa, e mentre il pomeriggio si ritirava notò 'che avrebbe voluto che non finisse'. La sua gioia mi mise quasi in imbarazzo e quando arrivò mio fratello – suggerii che andassero a fare una passeggiata. La mattina dopo andai a svegliarlo perché doveva andare a prendere il treno – e fu l'ultima volta che lo vidi. Aveva un Cuore puro e terribile e io penso che non ne esista uno simile".

Emily si aggira per le stanze della Homestead disperata. La nipote ricorda quelle giornate in cui con un sussurro roco non smette di chiedere: "Dov'è? Io lo troverò". Questa è Emily che il corpo trascina fuori di sé, separa come dicono le sue poesie, dalla mente. Travolta dal dolore e dalla passione, come le mistiche, la cui mente – quando, nonostante tutto, quel corpo infragilito si ferma, s'accascia davanti a un foglio (o nel caso di Emily, di un qualsiasi brandello di carta, il retro di una busta, una pagina parzialmente scritta) – riconduce alla realtà. Costringe a "scrivere", a dire, a raccontare della dilacerazione di cui è preda, a sciogliere in parole quel nodo in cui mente e corpo sono aggrovigliati.

Alle lettere fanno eco, lucide, le poesie. Tra le tante questa: "Un briciolo di pazzia fa bene / a primavera persino al re, / ma Dio sia vicino al clown – / che su questa scena tremenda riflette – / su questo intero esperimento in Verde – / come se proprio a lui appartenesse!" (n. 1333), la cui versione finale risale al 1875. E ancora: "Come è soffice questa Prigione / Tenere le sue cupe sbarre / Non un despota ma il Re delle Piume / Inventò questa quiete / Se questo il mio Destino / E nessun altro Regno / Una Prigione non è che un Amico / Il Carcere – Casa" (n. 1334, 1875).

Espropriata dell'energia e del suo stesso corpo, Emily non ha più un centro, non ha più "casa", ma trova le parole per capire quello che sente e per comunicarlo: "Da quando mio padre è morto persino la Casa è lontana da Casa". E lo scrive nel marzo del 1875 a Sarah Tuckerman e poi di nuovo alla fine dell'estate, la stessa frase, a Higginson.

Parziale ricompensa a tanto dolore, nasce alla fine di luglio il terzo nipote, il più amato da Austin e anche da Emily, Thomas Gilbert. Eppure il pensiero del padre non l'abbandona e ancora nel luglio dello stesso anno, Emily scrive alle cugine: "Sogno mio padre tutte le notti, un sogno diverso ogni volta, di giorno non so mai cosa sto facendo, perché non smetto di chiedermi dov'è, così, senza un corpo. Continuo a pensarci".

E quando si ammala la moglie di Thomas Higginson – morirà nel dicembre del 1877 – Emily comincia a scriverle senza averla mai incontrata. Sa che morirà, e scriverle mandandole rami di felce e muschio le serve per sentire meno forte la solitudine spietata in cui l'ha lasciata la morte di Edward. È come se finalmente scrivesse a lui. Le invia dei libri, le parla degli autori che ama, come se fossero lì, a colloquio con tutte e due, nella stessa stanza. Acclude brevi poesie. Nell'estate del 1877 manda insieme a una lettera un gelsomino: "Cara amica, le mando un fiore dal mio giardino – anche se morrà nel momento in cui arriverà a lei, lei saprà che viveva quando lasciò la mia mano – Amleto ha esitato per tutti noi –".

Ancora in agosto scrive a Higginson che le chiede del suo lavoro e di come proceda e quanto abbia scritto: "Mi chiede se ho scritto ultimamente? Non ho altro compagno di giochi – Le mando una Brezza, un Epitaffio – una Parola a un Amico e un Uccello Azzurro, per la signora Higginson. Le perdoni se non sono sincere – Dal momento che lei ha smesso di essere il mio insegnante, come potrei fare dei miglioramenti?".

E poi ancora in settembre dopo la morte di Mary Higginson: "Certo dobbiamo valere meno della Morte, per poter essere dalla Morte diminuiti – visto che nulla è irrevocabile all'infuori di noi. Sono contenta che lei stia meglio. Ho temuto di seguirla per paura che lei preferisse stare solo, che è la volontà del dolore – ma poi i Giornali hanno parlato di lei in termini rispettosi e pieni di affetto, così il fatto di sapere che lei sia stato ricordato davvero, mi fa sperare di apparire non troppo invadente. Essere umani è più che essere divini, infatti quando Cristo era divino, non fu felice fino al momento in cui fu umano".

Nello stesso anno, qualche mese più tardi, muore Elizabeth Lord. Sembra che la morte non perdoni e visiti in continuazione l'immaginazione di Emily. Che l'attenda al varco. Che la prepari. Con la morte, visioni apocalittiche. A quell'anno vengono fatte risalire una cinquantina di poesie. Tra queste:

Era come se le strade precipitassero
poi – fu l'immobilità –
Eclisse: tutto ciò che era dato di vedere alla finestra.
Terrore: tutto ciò che provavamo.

A poco a poco – i più coraggiosi uscirono piano
allo scoperto, per vedere se il tempo c'era ancora –
La natura indossava un grembiule d'opale,
e impastava aria più pura [n. 1397, 1877].

Sembrava un giorno di quiete –
senza minacce, né in cielo, né in terra –
Finché al tramonto
un rosso casuale,
un colore diffuso, che sembrava
disperdersi, oltre la città, verso occidente –

Ma quando la terra iniziò a vibrare
e le case svanirono in grande fragore

e le creature umane, tutte, si rintanarono
allora fu il terrore che ci fece capire
come capirono coloro che videro
la Dissoluzione, il Papavero nella nuvola [n. 1419, 1877].

La "natura" è ora una compagna, un punto di riferimento e insieme una minaccia, correlativo seducente della morte, ormai "padrona di casa". "La natura è una casa abitata da spettri – ma l'Arte – una casa che cerca di essere abitata da spettri" aveva scritto a Higginson nel 1876. In pochi anni troppo è accaduto, così nel 1877 ad Abigail Cooper (1817-1895) scriverà: "La Natu-

ra non bussa mai prima di entrare, eppure non è mai un'intrusa".
Il cerchio si è chiuso.

Il dolore la educa all'isolamento e l'isolamento l'irrobustisce nei confronti del dolore. Non parla, ma non abbandona l'ascolto. Anche se le tocca "leggere" più che ascoltare le parole che gli altri le rivolgono, quasi le lettere fossero pura materializzazione del suono della parola. Così alla nuova amica Sarah Jenkins, moglie del pastore che nel 1874 l'aveva ufficialmente dichiarata "pronta" a far parte della Chiesa, scrive: "Cara amica, è stato doloroso vedere la sua voce invece di udirla: è diventata dolcemente familiare, qui in casa, come quella di un Uccello. Mio Padre ci ha lasciati in giugno – lei se ne va a maggio. Per fortuna non ci sarà un altro aprile fino al prossimo anno. Austin mi ha portato il biglietto e se ne è stato ad aspettare come un Ragazzino affamato che attende briciole di parole. La prossima volta si ricordi di fare il suo nome nella lettera, ha l'aria così desolata. Mi ha detto che non ha dormito né venerdì notte né sabato notte, allora si è alzato e si è messo a leggere libri soporiferi così da instupidirsi. Quando è reale, il dolore è pericoloso. Sono contenta che in molti casi sia finzione – finzione sincera perché chi finge ci crede davvero".

È il maggio del 1877. Anche tra realtà e finzione – così come tra arte e natura – il cerchio si è chiuso. Emily è sola: Vinnie si ammala, Austin è vittima di un ennesimo attacco di malaria. Kate, in visita ad Amherst, l'amata Condor Kate, non sarà ricevuta. Emily aveva visto giusto, quando nel 1876, su un foglio strappato di carta da lettere, aveva scritto: "Fragile dote sono i sogni, / ci fanno ricchi un'ora – / Poi, poveri, ci scaraventano / fuori dalla purpurea porta / sul duro recinto / dimora di prima" (n. 1376, 1876). Meglio sognare.

Anche il figlio di Austin, Ned, sta male. Sono i primi allarmanti sintomi delle crisi epilettiche che lo accompagneranno tutta la vita. Dapprima si sospetta siano febbri reumatiche, poi si parla di problemi cardiaci. Si teme per la sua vita e per la sua salute mentale. Emily soffre. Sta peggio di quanto lasci intravedere, tanto che in una lettera Otis P. Lord confessa a Lavinia: "Ho pensato a te e Emily: il suo ultimo biglietto mi ha preoccupato perché so quanto è generosa, quanto poco disposta a lasciar trapelare ciò che l'affligge. Temo sia stata ben peggio di quanto mi abbia detto".

E ha ragione a temere. Emily vacilla. La lettera che scrive a Mrs Holland lascia intravedere, al di là del dettato conciso che ormai da anni contrassegna la sua corrispondenza, un malessere, una sorta di vacillamento dello sguardo, un'incertezza esistenziale, che non era prima d'ora mai trapelata. "Sorella, la vitalità delle tue sillabe mi ripaga della loro rarità. Più che vivere la Vita, in genere, *si parla* della Vita. Se solo ne sospettassimo la Definizione, persino i più equilibrati tra noi ne uscirebbero completamente Pazzi [...]. Nella Strada c'è una Colomba e io possiedo un bel Pantano – è per questo che so che l'estate sta per arrivare. Il Fango mi è sempre stato caro, per quanto rappresenta – anche, chissà, perché è un legame all'Infanzia, a quelle Torte primordiali [...]. Se solo i nostri immortali fossero 'Mortali', con noi come lo è la Natura, chiederemmo poche elemosine" (marzo 1877).

L'estate arriverà con un dono per Emily. Un incontro con Samuel Bowles. Il primo dopo anni di lontananza fisica e spirituale, nonostante le visite frequenti di Samuel nella casa del fratello, a pochi metri. È il 28 giugno. Samuel, ospite eterno di Austin e Susan, ha attraversato il giardino, forse per far visita a Emily Norcross, per un saluto a Lavinia, certo anche per Emily. Emily è nella sua stanza e non dà segni di vita. C'è ma "si concede" a pochi. Samuel la manda a chiamare, ma Emily non risponde. Ed è a quel punto che lui le urla dai piedi della scala: "Emily, canaglia! Basta con queste sceneggiate. Sono venuto apposta da Springfield – ne ho fatta di strada – per vederti – Scendi immediatamente". Una mossa astuta, l'urlata di Samuel che certo dovette divertire e compiacere Emily, che, naturalmente, scese. Lavinia ricorderà di non averla mai vista in tutta la sua vita "tanto brillante, affascinante nei modi e nella conversazione come quel giorno".

Meno di ventiquattro ore dopo Emily gli scrive: "[...] appena te ne sei andato sono salita in Stanza, per essere sicura della tua presenza" e acclude alcuni versi: "Non ho vita, se non questa / da vivere qui – / Né altra morte, se non / quando sarò cacciata da lei – né Legami a Terre a venire – / né nuove Azioni / Se non entro questa distesa / l'amore per te". Conclude la lettera, firmata "la tua Canaglia", con uno dei suoi frequenti aforismi: "È strano come in ciò che è più intangibile è anche ciò che è più tenacemente vicino". In agosto acclude la poesia, insieme ad altre tre, a una lettera a Thomas Higginson. Un verso tuttavia è alterato, l'ultimo: alla parola "amore" sostituisce "regno". Forse perché pensa che Higginson non la meriti, o perché è meglio che non fraintenda, non si faccia illusioni. Oppure perché la prima versione era troppo "personale", le risonanze troppo "intime". Riferendosi al componimento nella lettera a Higginson sottolinea che si tratta di "una parola a un amico".

Quella di Bowles, a ridosso dell'estate, è l'ultima visita a Emily. Passano i mesi e Bowles si ammala. Poi si riprende, poi ricade preda della febbre. Ormai in agonia, il 3 dicembre, manderà a chiamare Maria Whitney. La moglie le darà il permesso di vederlo. A Mrs Holland Emily scrive: "Mrs Lord è volata. Il caro Mr Bowles esita. Questa è la notte – adesso, il problema è che non stiamo sognando". Samuel muore il 16 gennaio. Una settimana più tardi, il 23, nell'orazione funebre celebrata in suo onore il dottor Holland della sua vita ricorderà anche : "le donne che ha amato e che lo hanno amato, donne oneste e di altissime qualità intellettuali". In un'America vittoriana che non conosceva il divorzio e metteva alla gogna l'infedeltà coniugale, c'era in realtà spazio – se il mondo cui si apparteneva era quello dell'illuminato New England – anche per amori complicati e dolorosamente pubblici.

Samuel Bowles in fondo lasciava oltre alla moglie Mary, tre vedove: Susan, Maria Whitney ed Emily. In nome di quell'amore, che un tempo l'aveva legata a lui – ne è prova la lettera scritta dopo il loro ultimo incontro – Emily prese a scrivere a tutte e tre. Per prima a Maria Whitney di cui, nonostante le sue frequenti visite ad Amherst in compagnia di Samuel, Emily dovette fare conoscenza "ufficiale" le ultime settimane in cui Samuel visse, quando Maria Whitney si recava due o tre volte la settimana a Springfield da Northampton, dove insegnava, per incontrarlo. È probabile che in uno dei suoi viaggi si sia anche recata ad Amherst, a vedere Austin e Susan e abbia lasciato un regalo per le sorelle Dickinson. Nel biglietto di ringraziamento Emily scrive: "Vinnie e sua sorella ringraziano Miss Whitney del pensiero gentile e la ricordano con particolare affetto in questi giorni così duri... Sospetto che l'opinione che si ha dell'essere mortali sia troppo superficiale, infatti essendo quella una condizione talmente straordinaria perché possa essere compresa, di certo non può essere valutata".

Lo stesso mese a Susan manda due quartine che verranno poi incorporate in un componimento più lungo alterate nel primo verso, in cui al nome di Susan sostituirà la parola "Natura". A Susan scrive "/ Ma Susan è ancora una straniera – coloro che più la nominano non ne hanno mai penetrato la Casa / né minacciato i Fantasmi che la abitano – / Per coloro che non la conoscono / Sarà di sollievo il rimpianto / Che chi la conosce, sempre meno la conosce / Man mano che più le si avvicina" (n. 1400, 1878). Se questo componimento offre un'interessante testimonianza del fatto che Emily, di cui non sappiamo quanto abbia sofferto per la morte di Samuel, si stia riavvicinando a Susan, come a una compagna nel dolore, è altrettanto vero che Susan è ormai diventata per Emily una sorta di misterioso doppio della Natura stessa. Seducente e spietata. Irraggiungibile, incomprensibile, inafferrabile come la condizione dell'"essere mortali".

Più di dieci anni separano il messaggio a Susan da una lettera a Mrs Holland del maggio del 1866 in cui a proposito della morte improvvisa di una giovane vicina di casa, Emily scriveva: "Da allora ho pensato al potere della morte, non sugli affetti, ma come insegna mortale. È il Nilo per noi. Mi parli della gioia, vietata, di essere con quelli che si amano. Credo che quello sia un permesso che non ci viene accordato da Dio". La vita ha in fondo confermato quanto Emily si augurava smentisse. Non esiste altrove, se non come pura attesa. Qui sulla Terra. Alla lettera a Mrs Holland, che si concludeva con una dichiarazione di fede estremamente pericolosa se professata ad alta voce e in pubblico, Emily pone a sigillo quattro versi, la confessione, che qui amo ripetere, della sua disperata impotenza e insieme ricerca infinita che i dieci anni trascorsi non avrebbero – come i versi a Susan testimoniano – risolto: "Non considerare lontano quanto può essere raggiunto / Anche se in mezzo si pone il tramonto – / Non considerare vicino quanto ti sta accanto / è più lontano del sole". Lo scuro Straniero (la morte) separa per sempre. A lui non resta che arrendersi e consegnare, quando passa, le persone che amiamo sapendo con certezza che non torneranno più. "Cercare di essere più nobili per il loro bene, è quanto ci resta – anche l'unico nostro stratagemma per ritrovarli" (gennaio 1878).

Mistica e al contempo blasfema, a Mary Bowles che avrebbe finalmente *voluto* incontrarla dopo la morte di Samuel, scrive: "Mary, mi affretto a te, perché quando un cuore si sta spezzando non va perso neppure un minuto; infatti anche se è tanto che un cuore è spezzato, se si è infranto davvero, ogni volta è più intensa dell'ultima. Desiderare che ti parlassi è stato un atto di generosità, cara. Il dolore quasi schiva l'amore, quando è così acuto. Sono felice che le mie frasi spezzate ti abbiano aiutata. Non avevo sperato in tanto, mi sentivo così debole nel pronunziarle, al pensiero del tuo grande dolore. L'amore ci rende 'celesti' senza che minimamente noi ci si provi. È meno difficile che avere un Redentore – non se ne sta là in alto o ci chiama di lontano; il suo sordo 'Venite a me' parte da ogni punto. Commette un solo errore, ci dice che è 'riposo' – forse la sua fatica è riposo, ma ciò che non abbiamo conosciuto, lo conosceremo di nuovo, quel divino 'di nuovo' che tutti aspettiamo con fiato sospeso".

Anche a Susan il messaggio, il suggerimento è quello dell'attesa "col fiato sospeso", dunque della resa totale. Quando scrive, il giorno del funerale di Samuel, Emily ha in mente la Bibbia: "Davide rispose: 'Ho digiunato e pianto in favore del bambino, mentre era vivo, perché pensavo: Forse il Signore avrà pietà di me e il bambino potrà vivere. Ma ora che il fanciullo è morto, perché dovrei digiunare? Potrei forse farlo ritornare? È più facile che vada io dov'è lui; ma egli non tornerà più da me'" (Samuele, XII, 22-23). Per questo le scrive: "Mia sorella ha parlato di Springfield – L'inizio di 'sempre' è più terrorizzante della fine – perché un'identità vacillante lo regge – La sua natura era il futuro – / Non aveva ancora vissuto – / La strada di David era semplice – 'Andrò da lui'".

...l'amore ci rende celesti

Le parole che scrive alle donne lasciate da Samuel morendo, vogliono comunicare rassicurazione, tenerezza, sollievo, ma nascondono la "sua" disperazione.

Sarà a Wadsworth che Emily chiederà aiuto. Gli scriverà attraverso Mrs Holland, accludendo lettere per lui chiuse in buste che Mrs Holland dovrà non solo spedire, ma anche intestare. Forse, con l'aiuto di Wadsworth, poco per volta Emily esce dai labirinti di angoscia in cui le morti a raffica nel giro di pochi anni, la salute cagionevole del nipote, la malattia di Lavinia, le ricadute nella malaria di Austin l'hanno ricacciata.

Riemergerà anche alla luce dei successi del fratello che, dapprima nominato tesoriere dello Amherst College, aveva seguito la

strada del padre anche nell'ambito di impegni economico-politi-
ci: fonderà una società legale con James I. Cooper e sarà eletto
nel comitato direttivo della Massachusetts Central Railway. Anche Susan ritrova la pace. Si reca in visita con Austin da Maria
Whitney e la ospita a sua volta. La "lontananza matrice di dolcezza" (di Samuel) li unisce gli uni agli altri.

Quando Helen Hunt si reca in ottobre da Emily Dickinson
per parlarle e convincerla a cedere una sua poesia per *A Masque
of Poets*, le racconta del suo incontro con Mary Bowles. Non
avendo mai potuto conoscere Samuel di persona, Helen Hunt
aveva infatti desiderato un colloquio con la moglie: a Emily dice
di come Mary le si sia rivelata come una donna prostrata, ma non
certo cinica come temeva, e di come nella loro conversazione
Mary Bowles le abbia parlato di Maria Whitney. Dopo la partenza
di Helen Hunt da Amherst, Emily si affretta a scrivere a Maria
Whitney. Vuole che sappia che Mary la considera uno dei legami
veri che le sono rimasti dal passato, che a Helen Hunt ha parlato
di lei con particolare affetto, lei, "Miss Whitney di Northampton,
che sarebbe andata a trovare presto" e che anzi avrebbe desiderato che Helen Hunt incontrasse, accompagnandola lei di persona.

Vestita di bianco, silenziosa, laconica, Emily trama nell'ombra,
nella vita di tutte le persone che incontra, per portare la luce.

Nell'ombra resta anche quando, paradosso dei paradossi e
beffa del destino, escono nel mese di luglio diversi articoli sullo
"Springfield Daily Republican" che attribuiscono le storie di
Saxe Holm a una scrittrice di Amherst, poi a Emily Dickinson
stessa e infine, in agosto, ritrattano ufficialmente la notizia. L'a-
nonimo redattore ha tuttavia dato ulteriore pubblicità alla sua
persona, se non ai suoi scritti. Il "successo", anche se solo della
sua "persona", come dice la poesia che consegna a Helen Hunt,
non le interessa. La vita vera non ha nulla a che fare, per Emily,
con un "Mondo che si apre e che si chiude, come gli occhi della
Bambola di Cera": così scrive nel giugno del 1878 a Susan e qualche giorno prima, la stessa immagine è presente in una lettera a
Higginson, in cui Emily scrive, a proposito di un suo possibile
viaggio in novembre ad Amherst: "Oppure è una Speranza che si
apre e si chiude, come gli occhi della Bambola di Cera".

La vita ormai è altrove; e la sua abita la casa della magia e del-
l'immaginazione. "Forse vedere non è mai proprio la magia che è

congetturare, anche se l'impegno all'incanto è pur sempre un vincolo – Mi è dolce ricordare che non si ha bisogno di fare economia, tanto la Magia è il nostro Pasto più frugale – scrive nell'aprile di quell'anno – Temo che lei sia in possesso di tanta felicità perché ne spende così tanta. Aggiungerne – vorrebbe dire perderla o la mia è una domanda gretta? Volerle bene è intuitivo – Lasci che la desideriamo ardentemente – come possediamo la natura, senza chiederle permesso" (a Sarah Tuckerman, agosto 1878). E a Susan: "Susan – gli atti più dolci esigono e allo stesso tempo rifuggono dalla gratitudine, così il silenzio è l'unico onore che resti – ma per coloro che sono in grado di apprezzare il silenzio, è una ricompensa dolce abbastanza – In una Vita che ha smesso di immaginare, tu ed io non dovremmo sentirci a casa nostra –" (circa 1878). Emily è "abitata" dall'amore che prova per Otis Lord. O dall'amore che immagina di provare per lui.

6.
1878

...la notte è il mio giorno preferito

Sono molteplici i fili che legano la figura di Otis P. Lord, di pochi anni più giovane di Edward Dickinson, alla storia della dinastia Dickinson. Otis che si è diplomato presso lo Amherst College, ha fatto studi di legge per poi cominciare a praticare l'avvocatura nel 1835, dapprima a Ipswich dove era nato nel 1812, e poi a Salem, sua residenza fino all'anno della sua morte nel 1884. Di Edward condivide il rigore morale, la coerenza delle opinioni, la determinazione a mai scendere a compromessi. Vive a Salem, dove nel 1843 sposa – e risulta sia stato un matrimonio felice – la bellissima Elizabeth Farley. L'aver studiato ad Amherst lo riconduce là, anno dopo anno, per il ritrovo degli ex allievi.

L'amicizia con Edward si consolida fin dal 1847. Entrambi saranno attivi in politica e più tardi nel 1859 Lord sarà eletto giudice "a latere" e poi Presidente della Corte suprema del Massachusetts nel 1875, posizione che abbandonò per motivi di salute solo nel 1882. Si legherà molto anche a Austin e gli impegni giudiziari lo porteranno almeno due volte l'anno nell'Hampshire County, anche dopo la morte di Edward. Sarà infatti l'esecutore testamentario della famiglia: di Edward prima, poi di Emily Norcross e infine di Emily stessa che – in quanto maggiore di Lavinia – lascerà a lei la Homestead e i beni a essa legati.

È al 1878 – la datazione non è precisa, anche se per certo successiva alla morte nel dicembre del 1877 di Elizabeth Lord – che vengono fatte risalire le lettere che Emily gli avrebbe scritto. Non si sa se siano anche state spedite – per quanto è certo, se non altro per il ritrovamento di buste vuote e a lei indirizzate da Otis P. Lord, che ci fu uno scambio epistolare tra i due.

Prima del 1878, si sa tuttavia con sicurezza che Lord, oltre ad aver incontrato Emily a Cambridge – ma questa è un'ipotesi avanzata da Millicent Todd Bingham, figlia di Mabel, persona del tutto affidabile ma come vedremo, non del tutto obiettiva – fu ad Amherst, in veste ufficiale nel 1869, nel 1871, nel 1873. E ancora nel 1875 in ottobre, per le pratiche dell'eredità di Edward, e poi nel 1876 e nel 1877.

Nonostante Emily avesse ormai deciso di essere molto selettiva nei suoi incontri e nelle apparizioni "pubbliche" – e per pubblico intendeva quel recinto simbolico della sua casa e del giardino – nel 1876 il suo incontro e la sua conversazione con Otis dovettero averla toccata molto da vicino se a Higginson scrisse – come la lettera testimonia: "Il giudice Lord è stato con noi qualche giorno e mi ha detto che le gioie cui più aspiriamo sono proprio quelle che profaniamo nel momento in cui ce le concediamo. Vorrei tanto non avesse ragione".

Lord era da tempo un punto di riferimento fermo nella vita di Austin, Emily e Lavinia, soprattutto dal giorno della morte del padre, durante un soggiorno di lavoro lontano da Amherst e poco distante da Salem.

Ai figli di Edward, dal momento della sua morte, Otis sarà vicino. Si preoccuperà di loro, scriverà a Lavinia, nel febbraio del 1877, per sapere di Emily. Un sostituto della figura paterna? Un uomo innamorato di Emily, in silenzio, anno dopo anno, come peraltro lei? E quella gioia che è meglio non profanare di cui Lord avrebbe parlato a Emily nel 1876 è un'allusione all'attrazione che provava per lei e che per lealtà nei confronti della moglie controllava? O forse era un'allusione ai loro incontri nei primi anni sessanta a Cambridge? Oppure la frase di un uomo tanto passionale da temere la forza della sua stessa passione?

Se così fosse, quella passione – controllata o vissuta – era ricambiata. Le lettere del 1878 sono travolgenti, allusive, forti. "Il mio dolce Salem mi sorride. Cerco il suo volto così spesso – ma ho chiuso con la finzione. Confesso che lo amo – godo all'idea di amarlo – ringrazio il creatore del Cielo e della Terra – per avermelo dato così che potessi amarlo – la gioia mi sommerge. Non mi riesce di trovare il mio canale – il Torrente si trasforma in Mare – al pensiero di te. Mi punirai? 'Bancarotta involontaria', come potrebbe essere considerata reato? Chiudimi in prigione, dentro di te – rosea sanzione – fammi percorrere con te questo dolce labirinto che non è né Vita né Morte – anche se possiede l'intangibilità dell'uno e il fluire dell'altra – fammi svegliare, per amor tuo, al Giorno reso magico dalla tua presenza prima ancora che io mi sia addormentata," leggiamo in una lettera scritta appunto nel 1878.

Otis è tutto quello che Emily ha cercato: una sorta di figura di congiunzione tra il giudice severo, proiezione del padre, una divinità lontana e inflessibile, e un amante capace di farle perdere i sensi, nell'estasi dell'abbandono. È sguardo e insieme carne. È fondamento e insieme fine dell'estasi: "Mio dolce, troppo dolce amore, salvami dall'idolatria che distruggerebbe entrambi – 'E tu Mare – Strappa la mia ultima Vela'" (1878).

È gioco masochistico e insieme sublimazione perfetta: "Non lo sai che sei l'essere più felice proprio quando io mi nego e non comunico – non lo sai che la parola 'No' è la parola più selvaggia che affidiamo al Linguaggio? Lo sai, perché tu sai tutto – [margine della pagina strappato]... giacere così vicino al tuo desiderio – toccarlo mentre gli passavo vicino, perché dormo poco e controvoglia e spesso dovrei viaggiare dalle tue braccia dentro la notte felice, ma tu poi mi riprenderai tra le tue braccia, vero? o perché è unicamente lì che chiedo di stare – e ti dico che, se mai sentissi il tuo desiderio ancora più vicino – di quanto lo sia stato nel nostro dolce passato, forse non resisterei dal benedirlo, ma devo, perché sarebbe giusto" (1878).

Le sue lettere, che arrivano puntuali tutti i lunedì, segnano i tempi della sua settimana. Del suo sistema nervoso (e ormonale): "Il martedì è un Giorno di grande depressione – non è sufficientemente lontano dal tuo caro biglietto perché prenda forma l'embrione di un altro, eppure quanta Lontananza – così io mi distruggo lentamente e con rabbia mi rifiuto agli Uccelli [primavera], al Sole – con cattiveria patetica – ma quando il sole comincia ad avvicinarsi quatto quatto al Giovedì sera – un senso di freschezza ovunque – un sollevarsi morbido fino al momento in cui è Domenica sera, la mia Vita tutta allora [la guancia] diventa febbre perché le tue parole che mi danno gioia – [le parole che mi segnano] sono vicine" (1878).

Ma Otis è anche la persona che l'aiuta a cogliere fino in fondo il senso ultimo della poesia metafisica tanto amata, letta, dissolta nei suoi versi da Emily Dickinson: la poesia che le aveva insegnato a "comprendere" con il corpo e a "sentire" con la mente, che le aveva fatto sospettare – come solo le mistiche fino ad allora avevano sospettato e "osato" scrivere – che l'amore nasce da quella stessa alchemica magia: il cortocircuito tra la mente e il corpo. "Il 'Cancello' appartiene a Dio – Mio Dolce – ed è per amor tuo – non per me – che non te lo lascerò attraversare – ma ti appartiene in modo totale e quando sarà il momento solleverò le Sbarre e ti farò sdraiare sul Muschio – sei tu che mi hai mostrato la parola. Quando le mie dita lo faranno, spero non avrà diversa sembianza. È l'Angoscia che da tempo ti nascondo, per far sì che tu mi lasci, affamato, ma tu mi chiedi la Crosta divina e questo manderebbe in rovina il Pane" (1878).

Nel 1878 Lord ha sessantasei anni, Emily quarantotto. A quell'anno risalgono cinque delle lettere rimaste. Poi una all'anno durante i tre anni che seguono, cinque nel 1882 e due nel 1883. Non sappiamo quante siano sparite, né quante siano state scritte da Lord a lei. Sappiamo che le visite di Lord ad Amherst si fanno sempre più frequenti. Nel 1880 si trattiene per una settimana, in agosto. Torna a settembre con la nipote e la cognata: si erano trasferite nella sua grande casa a Salem, all'angolo tra Lynde e North Street, dopo la morte di Elizabeth. Nipote e cognata nel frattempo hanno stretto amicizia con Susan. Di solito albergano alla Amherst House, spesso sono di casa dai Dickinson. Nel 1881, di nuovo, dopo una breve malattia, Otis passerà un periodo di convalescenza a casa di Austin.

Sulla natura degli incontri tra Otis ed Emily speculerà pesantemente Susan, che si affretterà a informare Mabel Loomis Todd (è arrivata da Washington ad Amherst nell'autunno del 1881 e il suo complesso rapporto con tutta la famiglia Dickinson ha inizio proprio quell'anno) che sarà meglio per lei evitare la casa delle cognate: "Perché nessuna delle due ha la benché vaga idea di cosa sia la 'moralità'". Un giorno, le spiega infatti, era andata a casa loro dove in studio "aveva trovato Emily abbandonata tra le braccia di un uomo".

Cercare di capire se le parole di Susan fossero dettate dal risentimento verso Emily, spesso fredda con lei, o dal senso di inferiorità che provava nei confronti della cognata, o ancora dal senso di colpa per averne indirettamente sminuito la dedizione assoluta alla poesia, intrattenendo i suoi ospiti, come faceva regolarmente nel salotto di casa, con letture delle sue poesie, è una questione che riguarda più Susan che Emily, anche se ritroveremo Susan e Mabel, nel giro di meno di due anni, coinvolte in ben altre questioni.

L'acrimonia del suo tono supporta tuttavia l'ipotesi, da lei più avanti negata, che davvero tra Otis e Emily, consumato o meno, esistesse un profondo legame d'amore. Susan si impegnerà a ostacolare quell'amore anche per via dell'amicizia stretta con la nipote di Lord, a sua volta spaventata da un possibile matrimonio dello zio. L'arrivo di Emily le avrebbe sottratto, oltre all'affetto di Otis, spazio e tranquillità economica. Di Lord, infatti, Abbey Farley era – e sarebbe stata – l'erede universale.

Anche lei, come Susan, successivamente negherà che tra Otis e Emily mai fosse esistito un legame che andasse oltre una platonica amicizia nonostante in una sua lettera scritta in data 8 aprile 1883 a Ned cui si rivolge come al "cugino" Ned – tanta era ormai la solidarietà tra lei e Susan – annotasse: "lo Zio Lord è nella stanza accanto. Sta scrivendo una lettera destinata alla Homestead, immagino una lettera molto dolce".

È probabile che Otis abbia anche sollecitato un matrimonio da Emily rimandato. La salute della madre, completamente paralizzata, dal 1875, le impedisce di lasciare Amherst. Dalla morte del padre Emily si è ripromessa di amare e di avere cura di quella donna cui in realtà non ha mai voluto bene. Nel 1884 Emily confesserà: "Quando morì Papà, scoprii che l'unico modo in cui potevo continuare a vivere, era quello di cercare di rendere mia madre felice".

Paralizzata dal suo stesso amore, dalla consapevolezza di sapere ormai anche lei "desiderare" gli scrive: "È strano che tu mi manchi tanto di notte dal momento che non sono mai stata con te – ma l'amore puntualmente ti domanda, appena ho chiuso gli occhi – così mi sveglio calda dal desiderio che il sonno ha quasi appagato – La settimana scorsa ho sognato che eri morto – avevano scolpito una statua a tua somiglianza e mi era stato chiesto di scoprirla – io dissi che non avrei fatto in morte, quando i tuoi occhi che ho amato non avrebbero avuto la possibilità di perdonarmi, quello che non avevo fatto in vita – (la durata dell'ora fu bella. Con quanta dolcezza misurasti la lunghezza dell'ora divina. I numeri dell'Eden non opprimono a lungo lo studente) perché l'Eden si scioglie in Eden più divini. (È per questo che l'amore è così privo di parole – sembra che trattenga la parola Caro) Non ho mai finto nei tuoi confronti. Spesso ho avuto paura di essere stata troppo franca – Come potrei desiderare di dare io che non ho mai visto il Volto della tua natura –".

E quando la morte della madre – nel novembre del 1882 – la libera dalla promessa fatta a se stessa, per Emily è troppo tardi. Altri dolori, altre ombre sinistre stanno scendendo, come si vedrà, sulla sua vita e su quella del fratello. Emily continua a nutrirsi di quell'amore di cui finalmente le è stato fatto dono. Un mese dopo la morte della madre scrive a Otis: "E se tu scrivessi! Oh, il potere dello sguardo, eppure se fossi lì, non lo farei, a meno che tu me lo chiedessi – il rispetto reciproco, il nostro dolce fine. Caro, ti ho scritto un tal numero di Biglietti da quando ne ho ricevuto uno tuo, che mi sembra di scrivere al Cielo – piena di desiderio e senza risposta – ma non esiste risposta alla Preghiera eppure quanti sono quelli che pregano! mentre altri vanno in Chiesa, io vado alla mia Chiesa, perché non è forse vero che sei tu la mia Chiesa e che siamo in possesso di un Inno che nessuno all'infuori di noi conosce? Spero che il tuo 'Giorno del Ringraziamento' non sia stato triste, anche se, nel caso lo sia stato *un poco*, l'Affetto non deve essere dispiaciuto. Sue (?) mi ha spedito un grazioso Banchetto di Frutta: io l'ho mandato a una Ragazza Irlandese del vicinato che è in punto di morte – Quello è stato il mio 'Giorno del Ringraziamento'. Quelli che muoiono mi sembrano vicini perché io perdo il mio io. Non tutto il mio io, grazie al Cielo, mi rimane un caro 'io' – più caro di quanto io riesca a chiamarlo".

Ogni visita di Otis ad Amherst, un dono prezioso. Nel settembre del 1883 è di nuovo da lei. Emily poi gli scrive: "Sottrarre ciò di cui è fatta l'Estasi, non implica sottrarre l'Estasi. Come polvere da sparo in un cassetto – le passiamo accanto con una preghiera – Tuono appena assopito" (1883). Quattro righe fatte di lucida implosività. E ancora lo stesso anno, una lettera in cui si sciolgono e allentano le immagini che avevano abitato per anni la sua poesia: "Questa sera mi sento di perdere la mia Guancia nella tua Mano – Accetterai [approverai] lo spreco? – Ammassa subito Tesori – è l'Anodino migliore contro la tarma, la Ruggine e il Ladro che la Bibbia – che la sapeva lunga sulla tecnica bancaria – sospettava sarebbe penetrato a rubare. La Notte è il mio Giorno favorito – mi piace così tanto il silenzio – il silenzio, non l'interruzione del suono – ma quelli che tutto il giorno non fan altro che parlare di niente, scambiandolo per [brio]? – Ti perdono".

Emily è esplicita, calda. Appassionata, ma immobile. Sfibrata dalla passione e terrorizzata dal suo stesso amore. Qualcosa, come per il padre, si spezza in quell'essere forte che è, agli occhi di Emily, Otis. C'era già stato un segnale nel maggio del 1882. Forse un infarto, un collasso. Muore improvvisamente il 13 marzo del 1884, lasciandosi alle spalle, senza saperlo e senza di certo esserselo augurato, strascichi dolorosi di pettegolezzi e meschinità sul suo rapporto con Emily Dickinson.

Illazioni, allusioni, pettegolezzi che hanno buttato ombra sulla sua vita – la nipote di Lord arriverà al punto di parlarne, dopo la morte, come di una "sgualdrina", come di una piccola strega ninfomane – ma che hanno tuttavia aggiunto luce alla luminosità della sua persona: generosa, attenta, altruista, appassionata e passionale. Discreta fino alla fine, educata nel dolore e nello strazio – sopravviverà di poco a quella morte – al punto da rivolgersi con cortesia e affetto alla sua isterica nipote, Abbie Farley, sia dopo la morte di Otis, sia nell'agosto del 1885, quando in occasione della morte per annegamento di una cugina, le scrive: "Cara amica, quale accoglienza ti è toccata! Aspettava la tua approvazione? Il fatto che abbia aspettato a morire fino a quando tu fossi là mi parve un tale segno di fiducia – come se non fosse possibile arrogarsi nessun diritto. Con tutta probabilità a te non parrà mai reale. Il Velo che aiuta noi, le è calato sopra pietosamente. 'Si spezzò l'invidioso ramo' era una delle immagini del momento in cui Ofelia annega, che tuo Zio prediligeva. Che fosse premonizione? Per lui che pensava che Eventi e Presagi fossero in ultima istanza la stessa cosa? Non mancherò di pensare a voi in questa seconda dipartita, così commovente, così crudele. Isacco supplica ancora 'ma dov'è l'Agnello Sacrificale?'. Il suono dolce della Pendola non offre risposta. Non esiste tormento di fede che possa essere messo a tacere, ma l'Angoscia a volte esprime cause in un primo tempo celate".

Quell'anello di cui Otis le dovette aver fatto dono nel 1882, resta insieme alla busta vuota indirizzatale: quanto – per ora – abbiamo a testimonianza di una storia d'amore durata anni, vissuta con estrema passione e grande discrezione, anche quando nessun ostacolo ormai esisteva perché diventasse "pubblica".

Per renderla tale ci sarebbero volute l'invidia e il risentimento della cognata che non aveva mai sospettato cosa significasse amare, né che Austin amasse a tal punto la sorella da tener nascoste, a lei, sua moglie, le carte di Emily – tra queste le lettere indirizzate a Otis – di cui era in possesso. Né tanto meno che decidesse di affidarle a Mabel Loomis Todd perché ne curasse una scelta e un'edizione.

Oltre al risentimento di Susan, ci sarebbe voluta la determinazione della figlia di Mabel che, alla morte di tutte le persone che erano state coinvolte nello "scandalo" della storia di Otis ed Emily (e di quella di Austin e Mabel), avrebbe cercato di far luce sulla esclusività di quel rapporto, rendendo appunto – solo allora – "pubbliche" quelle lettere. Rendendo così ancora, di conseguenza, più complessa e affascinante la "persona" di Emily Dickinson.

7

1879-1886

...quell'avverbio pieno di sole

Molto tuttavia ancora accade nella vita di Emily negli anni che seguono quel magico 1878, dall'inizio documentato della sua relazione con Otis P. Lord. Molto accade nella sua e nella vita delle persone cui è legata. Ed è dal 1878 che, protetta dall'amore che vive – o immagina di vivere – con Otis P. Lord, Emily, ormai quasi cinquantenne, rinasce. È un sorriso più tenero quello che le si disegna nello sguardo. Saggio. Attento. Amare sapendo di essere amata a sua volta le dà una forza, una lucidità, una capacità di accettare le cose così come sono: impreviste e imprevedibili.

A Elizabeth Holland scrive nel gennaio del 1879: "Vinnie e io curiamo la Mamma, per quanto le nostre giornate sono troppo brevi – al punto che indossiamo lo stesso Cuore – Giorno e Notte, e ci laviamo la Mano con la Lingua come fa la Micia – non ti scriverò per un po', la qual cosa ti ripagherà delle tue preoccupazioni – Vinnie vorrebbe scriverti, ma era per caso colpa di Atlante se il mondo gli stava sulle spalle?". E a Maria Whitney, lo stesso mese: "Non possiamo credere l'una per l'altra – il pensiero è un despota troppo sacro, ma io mi auguro che Dio, qualsiasi sia la sua forma, sia leale con il nostro amico... La coscienza è l'unica casa di cui *adesso* si sappia. Quell'avverbio pieno di sole sarebbe bastato, se non ci fosse stato precluso. Quando sarà comodo al tuo cuore, ti prego, ricordati di noi, e lascia che ti aiutiamo a portare il peso, quando tu te ne sentirai stanca. Anche se siamo degli sconosciuti a noi stessi e gli uni per gli altri, il soldato che sta per morire è solo dell'acqua che chiede, non da quale pozzo gli sia stata elargita".

Sono stati anni pesanti, che l'hanno educata al dolore e alla sua sopportazione. E anche al distacco "affettuoso" nei confronti di chi la tradisce e l'ha tradita.

A Higginson, che nel febbraio si risposa, scrive con la solita, rilassata generosità: "Congratularsi con i Redenti è forse superfluo perché la Redenzione non lascia null'altro da aggiungere alla Terra – Dà un senso di dolcezza e sacralità pensarla a Casa, e la riverenza che non sono capace di esprimere è quanto mi resta – è nell'*Apocalisse* che ho letto della Casa 'né più soffriranno la sete'". La donna che ha sposato, Mary Porter Thacher, è un'esordiente "scrittrice". Pochi la conoscono allora, fuori dal circolo del marito. Nessuno la conosce oggi. Emily si congratula lo stesso, e con semplicità gli comunica che la sua attenzione è ormai "lontana" dal mondo della letteratura: "Mi dispiace di non aver visto il Suo *Hawthorne*, ma da quando mio Padre è morto ho avuto ben poco a che fare con la Letteratura – questo e poi il decesso del Signor Bowles e la malattia incurabile di mia madre, hanno travolto il mio Tempo, per quanto le sue Pagine e Shakespeare, come Ophir – restano salde". Forse non desidera che Higginson si senta in colpa per aver rivolto, dopo la morte della prima moglie, le sue attenzioni a una donna che non era lei. Il messaggio è tuttavia chiaro. Continuerà a essere per lui quella strana ragazza di provincia che era fin dagli inizi. Colta, misteriosa e un po' nevrotica. Tuttavia, Emily non resiste e nella lettera lascia cadere, come per caso, due citazioni dall'Apocalisse: "E Dio che è assiso sul trono, stenderà la sua tenda sopra di loro. Ed essi non avranno mai più né fame né sete, né li colpirà più il sole, né ardore alcuno" (Apocalisse, VII, 16) in apertura della lettera e in chiusura dall'Antico Testamento: " ...stimando come polvere d'oro / e come ghiaia dei torrenti l'oro di Ophir" (Giobbe, XXII, 24).

Scrive anche a Helen Hunt, sulla ambiguità dei cui sentimenti provati per Emily non è ancora stata fatta sufficiente luce. Per quanto lontana, Helen Hunt continua a sollecitarla a un rapporto più intimo, amicale. Le lettere di Emily a lei sono andate perse, ma di certo si sa che devono essere state affettuose, anche se venate di bonaria ironia. In una sua, Helen Hunt, la rintuzza un po' offesa. Emily, a proposito di William S. Jackson, il suo secondo marito, gliene ha parlato come dell'"uomo con cui vive".

Nei confronti invece di chi, come lei, ha sofferto e mai barato nella vita, Emily assume un atteggiamento più caldo. A Mary

Hill, il cui bimbo è morto, scrive: "Il potere di consolare non è a portata di corpo – anche se i suoi tentativi sono preziosi. Morire prima ancora di aver temuto la morte può essere stato un vantaggio". E ancora: "L'unica ferita che non conosce Balsamo è la separazione da quella Vita Umana di cui avevamo imparato a sentirne il bisogno. Per questo, persino l'Immortalità è una ricompensa lenta. Qualsiasi altra pace ha molte Radici e rispunterà di nuovo. Con letizia, *da una che sa*".

Ma alla poesia, nel segreto della sua stanza, affida la sua rabbia e il rancore nei confronti di un Dio Padre con cui lei è scesa a patti e che invece continua a deluderla. Al 1879 risale un componimento come: "'Padre del Cielo' – prendila su di te / la malvagità suprema / che la tua candida mano ha foggiato / di contrabbando, in un attimo – / Anche se l'aver fiducia in noi – ci sembrerebbe più dignitoso – 'Siamo polvere' – / Ti chiediamo scusa / per la tua stessa doppiezza" (n. 1461). E ancora: "Il diavolo – se fosse fedele / sarebbe l'amico migliore – / perché, certo, ha ottime doti – ma non quella di cambiare – / Perfidia è la sua virtù / ma se l'abbandonasse / il diavolo – non c'è dubbio / sarebbe del tutto divino" (n. 1479).

Certo, come scriveva a Mary Hill, Emily è "una che sa". Ma sa anche quanto nella carne le sia inscritta l'immagine che gli altri hanno di lei, di una donna sprovveduta, fragile, una bambina. E ne sorride. Così va il mondo. Alle cugine, raccontando dell'incendio che, in una Amherst quasi del tutto costruita in legno, ha rischiato di cancellarla dalla carta geografica, scrive: "Lo sapevate che c'è stato un incendio da queste parti e che ci è mancato poco che Austin, Vinnie e Emily restassero tutti senza casa? Forse però avete visto 'The Springfield Daily Republican'. Ci ha svegliati il ticchettio delle campane, – ad Amherst quando c'è un incendio, le campane fanno tic-tac per avvertire i pompieri. Mi sono precipitata alla finestra, e sia a destra sia a sinistra si scorgeva quel sole terribile. In quel momento la luna brillava alta e gli uccelli cantavano come trombe. Vinnie mi è venuta vicino senza fare rumore, come un indiano: 'Emily, non avere paura, è solo il quattro luglio'. Non le dissi che avevo visto l'incendio, perché mi sembrò che se lei aveva pensato bene di ingannarmi, sicuramente aveva le sue buone ragioni. Mi prese per mano e mi guidò nella stanza della mamma. Lei non si era svegliata e Maggie le stava seduta vicino. Vinnie se ne uscì per un attimo, allora io piano piano chiesi a Maggie di che si trattasse. 'Emily, è solo il fienile degli Stebbins'; ma io lo sapevo che il villaggio si allargava da destra a da sinistra a partire dal fienile degli Stebbins. Sentivo case crollare, contenitori di petrolio che esplodevano, gente che si svegliava e parlava eccitata e colpi di cannone attutiti come velluto che partivano da distretti che non sapevano che stavamo andando in fuoco. Era tutto così luminoso, più luminoso del giorno così che io riuscii a vedere, lontano in fondo all'orto, un millepiedi che percorreva la lunghezza di una foglia; e intanto Vinnie che continuava a dire con aria coraggiosa, 'È solo il quattro luglio'. Era come se fosse un teatro, o una serata a Londra, o forse il caos. Con la rugiada innocente che continuava a scendere 'come se pensasse che non ci fosse nulla di male'... e le rane dolci che continuavano a chiacchierare nelle pozze come se la terra non esistesse" (inizio luglio 1879).

Figlia esemplare, non abbandona la madre. È una promessa fatta a se stessa e al padre. Emily infatti mantiene sempre le promesse: "La coraggiosa Vinnie sta bene – la Mamma non riesce ancora a stare in piedi da sola e ha paura che non ce la farà mai più a camminare, ma io le dico che prestissimo voleremo tutti quanti, per non farla soffrire per questo; d'altra parte che altro è la Terra se non un Nilo, dal cui orlo prima o dopo tutti cadiamo?" (ottobre 1879). La irreversibile paralisi che ha colpito Emily Norcross sarà per le figlie una spada di Damocle, da cui solo la sua morte, il 14 novembre del 1882, le libererà.

Alle cugine nel settembre del 1880 scrive infatti: "Mie esuli, ho un momento solo, ma a voi darò la metà più grande. Le preziose piccole esigenze di mia Madre riempiono a tal punto il tempo – leggere per lei, farle aria con il ventaglio, dirle che domani le tornerà la salute, spiegarle *perché* la locusta è greve, perché non è più come un tempo nuova – è una tale sequela che ho appena finito di dirle 'Buongiorno madre', che sento la mia voce che dice 'Madre, buonanotte'". Emily le è vicina e, per spiegare alla madre cosa sia la vecchiaia e rassicurarla implicitamente sulla fine che si avvicina, quando non trova parole, chiede aiuto – così scrive alle cugine – all'Ecclesiaste (XII, 5), "e fiorirà il mandorlo / e diventerà grande la locusta / e il cappero non avrà più effetto /". Non la lascia sola nel vuoto di pensieri che sembrano abitarla da anni. Per la madre e alla madre Emily legge e, quando il tempo glielo permette, scrive.

Scrive e spedisce piccoli doni, come faceva un tempo. A volte acclude poesie. Ad Abigail Cooper, che ha cambiato casa nel giugno del 1879 e le ha forse fatto avere un disegno della sua nuova abitazione, Emily risponde con una poesia che acclude a un interessante biglietto: "E io mi auguro che in cambio lei voglia gradire una Veduta della *mia* Casa, che la Natura ha dipinto di Bianco, senza consultarmi – ma la Natura è 'all'antica', forse una Puritana –".

Nella primavera del 1880 e fino a giugno, durante tutto il periodo della fioritura del suo ricco giardino, di cui si occupa di persona, Emily coltiva fiori: campanule, nasturzi e primule, valeriana e gerani, peonie e gigli tigrati, iris e narcisi, secondo le scansioni delle stagioni. Ne compone mazzi colorati e li fa avere alle vicine: a Mrs Hills, a Mrs Boltwood, a Mrs Sara Cooper, alla maestra del piccolo Gib, con una poesia.

Otis non occupa totalmente le sue energie e la sua attenzione. È un punto di riferimento "felice", costruttivo. Alle cugine, dopo un suo soggiorno ad Amherst di una settimana, scriverà: "La visita di Essex è stata un incanto. Mr Lord è rimasto con noi una settimana". Per Essex, quasi sulle prime non si fosse sentita di usare il nome di Lord, Emily intende la Biblioteca Essex che a Salem raccoglie testi di legge e avvocatura. Oppure è una parola in codice. Ci sono infatti al mondo, per lei, due Mr Lord: quello ufficiale in visita ad Amherst, e quello che conosce e incontra lei, "un incanto".

Emily si sente più serena, decisa. Così, alla richiesta di Susan che vorrebbe vederla risponde con un fermo rifiuto. Poi le scrive: "Sarei venuta fuori dall'Eden per aprire la Porta a te se solo avessi saputo che eri lì – Devi annunciare il tuo arrivo come Gabriele con una Tromba, le sue mani sono piccole come le tue – sapevo che lui aveva bussato e poi se ne era andato – ma non mi era mai passato per la mente che l'avessi fatto tu –". Una tregua? Un biglietto, davvero, di scuse? Troppi condizionali, congiuntivi. Meglio essere chiari. Usare l'indicativo e ricorrere a immagini più dirette, se è Susan il suo destinatario. Per questo lo stesso anno, per ringraziarla di una scatoletta che Susan le ha fatto avere in dono, le scrive: "Susan è una Sorella dolce, non ha confini e Emily si augura di meritarla, ma non ora –" e ancora: "Non è possibile fare a brandelli una Magia e poi aggiustarla come si fa con un Cappotto –".

Ma la "Morte", nonostante l'equilibrio e la serenità raggiunta, è continua fonte di ansia per Emily. La morte che strappa vite preziose. La legge sul volto di Charles Wadsworth, in visita ad Amherst in agosto. Due anni più tardi, nel 1882, a ridosso della morte di Wadsworth in aprile, in una lettera a James D. Clark (1823-1883) descriverà quel loro ultimo incontro. Di Wadsworth ricorderà le parole: "Potrei morire da un momento all'altro". Di lui, della sua lezione, dell'appoggio spirituale, del legame che li univa, scriverà a lungo. Ai fratelli Clark: a James e Charles (1828-1883). In agosto a James, che a quell'epoca vive a Northampton, in risposta a una lettera in cui lui le mandava forse una raccolta di sermoni scritti da Wadsworth, Emily scrive: "Caro amico, mi scusi se vado oltre la gratitudine [...]. Per anni – gli anni in cui è durata la mia profonda personale amicizia con l'amato Pastore, non ho parlato con nessuno che lo conoscesse di persona, e la sua Vita era così riservata, i suoi gusti così privati, che ho la sensazione di non poter quasi condividere il mio dolore con nessuno. Lui è stato il mio Pastore, colui che mi guidò fuori dalla 'fanciullezza' e non mi riesce di prefigurarmi un mondo senza di lui – così sempre magnanimo – profondamente gentile".

La loro corrispondenza l'aiuterà a tenere in vita il ricordo di Wadsworth e insieme quello di sua madre. James D. Clark era un avvocato. In quanto amico di Wadsworth e di Edward Dickinson è persona con cui Emily può aprirsi sugli ultimi momenti della vita di Emily Norcross e sugli strascichi che nella sua vita affettiva quella morte ha lasciato: "Grazie per essersi espresso con tale serietà e calore quando nostra madre è morta – tutti i giorni si è parlato di scriverle, ma non ci siamo riusciti. Se lo sforzo immenso di salvarle la Vita avesse dato risultati, non ne avremmo sentito la fatica, ma dal momento che tale sforzo non è servito, la forza ci ha abbandonati. Non esiste Verso nella Bibbia che mi abbia terrorizzato, Bambina, quanto 'a colui che non ha, sarà tolto anche quello che ha'. Fu a causa di quello scuro presagio che proprio la nostra Porta risuonò di oscuri rintocchi? Lei parla come se sua Madre le mancasse ancora. Vorrei potessimo parlare con lei. Mentre trasportavamo la sua cara forma attraverso Lande Deserte, sembrò che la Luce si fosse fermata. Sento la sua morte come tante forme di Freddo – a volte elettrico, a volte paralizzante – e poi una landa priva di sentieri su cui l'Amore non è mai

passato. La Lettera dai cieli che accompagnava la sua fu davvero
una manna – Una lettera mi è sempre parsa come l'Immortalità,
perché non è forse la Mente da sola, senza compagno corporeo?"
(fine 1882).

Lo stesso anno, 1880, in gennaio nasce la figlia di Thomas
Higginson. Vivrà solo tre mesi. Emily che è persona attenta e legge regolarmente i giornali, scopre sullo "Springfield Daily Republican" l'annuncio della morte, il 21 marzo. La stessa settimana
manda a Higginson una poesia, preceduta da un'unica frase: "Mi
ha dato dolore quello che il Giornale ha detto. Ho sperato non
fosse vero": "Un Viso composto in evanescenza / è più delineato
del nostro / e per amor suo il nostro si arrende / Come il Baccel-
lo al Fiore –" scrive Emily nei primi quattro versi del breve componimento.

Sono mesi, questi, in cui la parola e la condizione dell'"evanescenza" sembrano affascinarla: come se quello stato di "incertezza", di passaggio dalla luce al buio o dal buio alla luce fosse la
sua "condizione" o, ai suoi occhi, quella del mondo. Ne aveva
parlato a Samuel Bowles nel lontano 1858, quando gli spiegava
che la sua era "un'esistenza di porcellana", e il cibo di cui si nutriva allora era "evanescenza". Ora, quella condizione, quella parola, riaffiorano alla superficie del suo discorso.

Già in gennaio a Sarah Tuckerman, forse un augurio per l'anno a venire, insieme a un piccolo mazzo di gelsomini da lei coltivati nella serra, aveva infatti spedito un breve componimento, –
lo stesso che in agosto manderà a Helen Hunt, e che, come quello a Higginson, "si aprirà" sul tema dell'evanescenza: "Un Cammino di Evanescenza / Una Ruota che gira / Una risonanza di
Smeraldo – / Volo frettoloso di una Cocciniglia / E ogni singolo
Fiore nel Cespuglio/ [...]". Il "dischiudersi" dell'anno o dei fiori,
sintomo di benessere a venire, promessa di colore e profumo, ap-
paiono ora identico rovesciato della "fine": la morte. Ad esempio, appunto, quella della piccola Louisa Higginson.

E la condizione di "evanescenza" è anche forse, per Emily,
quella dell'amore per Otis: tra desiderio e paura, attesa e presenza. Non a caso, più tardi, nel novembre del 1882 a Emily Fowler
Ford (1826-1893) cresciuta ad Amherst con lei, a quel punto della sua vita sposata a New York e poetessa a sua volta (nel 1872
aveva dato alle stampe una raccolta intitolata *I miei svaghi*), rin-
graziandola di un libro, in un breve biglietto, Emily annota:

"Tutto ciò che riusciamo a trattenere della Bellezza è la sua Evanescenza".

Magico, pieno di fascino e insieme inquietante, lo stato di "Evanescenza" diventa attributo, corollario della vita emotiva, sua e del mondo. Delle figure e delle immagini che si disegnano sul suo sguardo e prendono forma nei suoi scritti. Ancora a Higginson nell'agosto, parlerà della piccola Louisa. La lettera si aprirà con immagini dai colori forti, brillanti per chiudersi poi "in evanescenza" con una citazione dal poeta inglese Henry Vaughan (1621-1695), un'ombra dal passato che si contrappone al "presente" realisticamente raccontato: "Questa mattina la vista di una Donna Indiana con tra le braccia una bambina splendida e delle Ceste dai colori allegri, sulla porta della Cucina, mi ha commossa e mi ha ricordato la tua piccola Louisa – il Ragazzino della Donna Indiana 'era morto una volta', così disse lei, secondo lei la morte lo aveva scacciato – io le chiesi che cosa piacesse alla Bambina, lei mi rispose 'entrare'. Davanti alla Porta la Prateria era illuminata di Fiori di Fieno, io l'ho fatta entrare – lei si mise a discutere con gli Uccelli – si appoggiò a Pareti di Trifoglio che crollarono, e la fecero cadere – con un ciangottìo più dolce di una Campana, si afferrò ai Ranuncoli – che modo dolcissimo di impiegare le giornate! Dev'essere stata la vista di una Scena del genere a far dire con umiltà a Vaughan 'I miei giorni sono al meglio, ma la loro luce incerta e bianchi di brina'" (agosto 1880).

Nella penombra del presente affonda il ricordo delle persone perse. Nella penombra del presente, l'attesa e il dubbio. In autunno, una lettera alle cugine. Emily ora racconta di un nuovo dolore che come quello di Higginson non la tocca da vicino, ma di nuovo la riguarda. Se la "morte democratica" non fa distinzioni, e colpisce dove e come vuole, Emily lo è altrettanto, democratica. Non fa distinzioni di classe e di ruolo, nel dolore. Il fratello della governante di casa, Maggie, è morto in miniera. Alle cugine – in quel poco che è rimasto della lettera, pesantemente tagliata – in autunno scrive: "[...] Dio è piuttosto severo con i suoi 'piccoli'". "Una coppa d'acqua fredda in mio nome" – aggiunge citando il Vangelo, (Matteo X, 42) – "è un lascito che mette addosso i brividi, queste mattine di febbraio [...]. Il fratello di Maggie è morto in miniera e Maggie vuole morire, ma il Signore Della Morte se ne sta ben lontano da quelli che vogliono vederlo. Se le mie cuginette le mandassero un biglietto – non sa che ve lo sto chiedendo – penso che l'aiutereste a cominciare – a cominciare a vivere quell'esperienza di sangue che bene conoscono coloro che sono in lutto".

Alla poesia Emily affida la sua silenziosa rabbia: "Una volta – chi moriva / sapeva dove andava – / Si andava alla destra di Dio – / Ora però questa mano è amputata / e Dio, introvabile – // La rinuncia alla fede / fa assumere atteggiamenti meschini – / Meglio un fuoco fatuo / che l'assenza – completa – di luce" (n. 1551, 1882).

Ed è forse a Dio, quel Dio egoista e severo, che Emily si rivolge, quando scrive: "Sta invecchiando il mio nemico – / La mia vendetta è infine giunta – / E il gusto dell'odio si allontana – / Faccia dunque in fretta // chi si voglia vendicare – l'alimento scompare – / È carne ormai appassita – / E la rabbia appena nutrita muore – / È il digiuno piuttosto – che la ingrassa" (n. 1509, 1881). È quello stesso Dio "invidioso" che, nel maggio del 1881, ancora una volta, in Colorado, colpisce e strappa al mondo il figlio di Mary Stearns, quel Dio cui ormai Emily non sa dare altro volto se non quello di uno "sconosciuto". Di una forza senza una fisionomia precisa, senza forma, dalla cui imprevedibile, capricciosa, inspiegabile volontà, dipende la sorte dell'uomo. Al 1881 viene fatto risalire un breve biglietto, destinatario sconosciuto, forse mai spedito. Scritto forse a se stessa, per sé. Lapidario: "Lasciami andare, sta spuntando il giorno" è parafrasi del versetto biblico "lasciami andare, sta spuntando l'aurora" (Genesi XXXII, 24). Alla stessa epoca la poesia che, nella sua versione finale, risale al 1882: "Gli Elisi non sono più lontani / della stanza attigua / se in quella stanza c'è un amico che attende / la felicità o la condanna finale – // Quanto capace e coraggiosa l'anima, / che a tal punto sopporta / l'arrivo di un passo che entra leggero – / Lo schiudersi di una porta" (n. 1760).

Come rispondere all'ingresso di quel visitatore da nulla preannunciato se non da quel sinistro "passo che entra leggero"? Emily che regala agli altri "bocconi" della sua energia e saggezza, che consola e sorride, ormai – nonostante la presenza luminosa e forte, in questi mesi della sua vita, di Otis P. Lord – sospetta di avere imparato, dalla vita, una lezione che sarà meglio non condividere con nessuno e affidare piuttosto ai versi della poesia. Sa che si è soli, sempre:

C'è una solitudine dello spazio,
una del mare,
una della morte, ma queste
compagnia saranno
In confronto a quel più profondo punto
quell'isolamento polare di un'anima
ammessa alla presenza di se stessa –
Infinito finito (n. 1695, non datata).

Così scrive in segreto. Tra sé e sé. Fuori, il mondo è come era apparso ad Amleto: "out of joint", pieno di eventi e di disordine, pieno di segnali e insieme vuoto di significato. Emily risponde a quei segnali, parla, commenta e racconta, cerca di farlo a suo modo, ma è sempre presente. È tutt'altro che la piccola, originale reclusa di Amherst. Scrive e continua a leggere di tutto: dalle poesie del dottor Holland e di illustri sconosciuti che vedono le stampe sullo "Scribner's", ai romanzi di W. D. Howells che escono a puntate, all'*Endymion* di Disraeli che Susan le ha regalato con una dedica tra l'affettuoso e l'indispettito: "A Emily che pur continuando a non incontrare, io continuo ad amare".

Legge i giornali: nell'estate James A. Garfield (1831-1881), presidente degli Stati Uniti, viene ferito in un attentato. Morirà il 19 settembre di quello stesso anno. Nell'agosto a Elizabeth Holland, Emily lucida e spiritosa, scrive: "Quando leggo il Giornale del Mattino per vedere come sta il Presidente, so che anche tu lo stai leggendo, e così per una volta al giorno so con certezza dove sei, che è un pensiero rassicurante. Sembra che l'Impero dei Pellegrini vacilli – mi auguro che non cada – C'è un nuovo Uomo Nero e gli stiamo cercando un Filantropo per dirigerlo, perché tutte le volte che compare io scappo e quando il capo della Nazione esita, il Piede incespica. Quando leggerai sulle 'cronache del Massachusetts' che ci ha mangiati, un'allegria postuma colorerà questi preliminari" (agosto 1881).

Più lucida che spiritosa, più tagliente che misteriosa "commenta" l'episodio con una poesia politica. Il primo verso è: "Il mio paese non deve cambiare mantello", ma quando la spedisce a Higginson con altre tre, in una lettera dell'estate del 1881, la intitola *Il guardaroba del mio paese* e con tale titolo Higginson la accluderà alla seconda edizione del novembre 1891 delle sue poesie curata con Mabel Loomis Todd.

Tuttavia, a dar fede ai giornali, risulta che in data 31 dicembre 1891 sul "Christian Chronicle" apparve, grazie alla memoria di un qualche redattore, o a un archivio ben ordinato, un trafiletto: "Conoscevamo quel curioso componimento poetico *La bandiera americana* (alias, *Il mio paese non deve cambiare mantello*; alias, *Il guardaroba del mio paese*); con il componimento l'autrice (Emily Dickinson) ci aveva spedito una bandiera fatta con le sue mani, tre striscioline di stoffa intrecciate, rossa, bianca e blu, fermate da una spina!". Naturalmente quando nel luglio del 1881 Emily lo spedì, nessuno decise di "notare" quella breve poesia, né tantomeno di pubblicarla. Che dire poi di quella bandiera? E della spina?

Per essere una persona – e lo si è da più parti scritto – che non si interessava di quanto capitava fuori dal giardino di casa, Emily era piuttosto attenta alla storia del suo paese. E se qualcuno avesse conservato quella bandiera intrecciata dalle sue "piccole, salde mani" e quella "spina", che immagine avremmo noi oggi della bianco-vestita Emily?

Forse non era così lontano dal vero il poeta Allen Tate quando nel 1932 sosteneva che, fosse esistita all'epoca della caccia alle streghe, nell'America del 1600, Emily Dickinson avrebbe subito la sorte di molti, in New England: l'impiccagione. Irrispettosa nei confronti di chiacchiere paludate, falsamente costruttive e ottimistiche, intellettualmente inquieta e irrequieta, non avrebbe chinato il capo di fronte a un processo farsa. Meglio l'eresia.

D'altra parte l'avrebbe anche lasciato scritto: "Nella Storia, le streghe le hanno impiccate, / ma io e la storia, / troviamo gli incantesimi / di cui abbiamo bisogno, ogni giorno" (n. 1583, 1883) e ancora: "La stregoneria non ha lignaggio. / È antica come la vita / e quelli che ci piangono la incontrano, / finalmente, il momento della nostra morte" (n. 1708, non datata).

...nessuno l'ha mai vista in tutti questi anni

Se l'arrivo ad Amherst di Kate Turner – Condor Kate – la bella, giovane donna vestita di nero, aveva confuso e alterato i già precari equilibri affettivi della cerchia dei Dickinson, quello di Mabel Loomis Todd (1856-1932), più di vent'anni dopo, nell'agosto del 1881, li sconvolse in maniera irreversibile. Funzionò da detonatore, come una scheggia impazzita, in una stanza satura di carbonio. Esplosero nel giro di pochi mesi le tensioni che anno dopo anno si erano andate accumulando fin dall'epoca del fidanzamento di Austin con Susan, mascherate da visite di cortesia, da una parte all'altra del giardino, allentate di volta in volta e temporaneamente dalla nascita nel 1861 di Ned, il primo figlio, e poi da Martha nel 1866, dopo dieci anni di matrimonio, e infine dell'adorato Gib nel 1875. Tensioni che correvano sottotraccia nella vita di tutti e che la morte di amici e parenti lontani, in momenti diversi, assopiva e che lo scambio di fiori, biglietti, libri, soprattutto tra Susan e Emily, sembrava esorcizzare. Ogni volta per sempre. Ogni volta inutilmente.

L'arrivo di Mabel da Washington, con al seguito il marito David Peck Todd (1855-1939) appena assunto dalla Amherst Academy come insegnante di astronomia e una piccola bimba di un anno, Millicent, sembrò in un primo momento coincidere molto semplicemente con una ventata di novità, un tocco di esotico che si aggiungeva alla raffinata e ormai stabile cerchia dei Dickinson: al loro ménage di *tea-parties*, piccoli ricevimenti per grandi ospiti, lunghi pomeriggi di chiacchiere e letture nel salotto di Susan per gruppi più o meno ristretti di amiche.

Mabel aveva venticinque anni. Era molto graziosa, piuttosto colta ma soprattutto molto curiosa, vivace, estroversa. E amava scrivere. Teneva piccole rubriche sui giornali femminili, la pagina dei libri su "Home Magazine" e brevi recensioni su "Nation". Era affascinata dall'Oriente. Amava viaggiare. Dipingeva su tela e su stoffa, ma soprattutto teneva un diario rimasto a preziosa testimonianza, fonte di ulteriori notizie sugli ultimi cinque anni della vita di Emily Dickinson. È a lei che dobbiamo l'informazione che, nonostante o proprio per via della sua riservatezza, fin dal 1881 Emily era considerata ad Amherst una specie di mostro sacro: "Devo raccontarti – scrive alla madre in data 6 novembre 1881 – di un personaggio di Amherst. È una signora che la gente chiama il *Mito*. Da quindici anni non esce di casa, tranne una volta e fu per andare a vedere una chiesa appena eretta (la prima Chiesa congregazionalista che il fratello Austin aveva progettato). Si dice che in quella occasione sia sgusciata di casa la sera e che il tutto sia avvenuto al chiarore della luna. Nessuno di quelli che vanno a trovare sua madre o sua sorella è mai riuscito a vederla; solo ai bambini, di tanto in tanto, e uno alla volta, dà il permesso di entrare nella sua stanza [...]. Veste unicamente di bianco e dicono che abbia un cervello come un diamante. Scrive molto bene, ma non si lascia vedere da nessuno, *mai*. Sua sorella, che ho incontrato a casa di Sue Dickinson, mi ha invitata a casa loro, perché cantassi per sua madre [...]. La gente dice che il *Mito* mi sentirà cantare, non perderà una nota, ma non si lascerà vedere". Mabel non riuscirà mai a vedere Emily, ma sentì fin dal suo arrivo ad Amherst che quella famiglia, di cui Emily faceva parte, era una famiglia molto particolare. E che Emily doveva essere una donna molto interessante.

Dapprima è Susan ad attrarla nella sua elegante Evergreens. Giovane ed entusiasta, Mabel che viene da Washington, da una famiglia molto benestante e ben introdotta negli ambienti dell'intellighenzia dell'epoca, sia a Washington che in New England, racconta al diario dei suoi primi incontri ad Amherst, come solo Alice avrebbe potuto fare, caduta nel "paese delle meraviglie": "Mi sembra, per finire, come se stessi vivendo in un romanzo. Tutto è così diverso dalla vita di prima!" (12 settembre 1881). E ancora scrive: "Poi sono arrivati a far visita Mr e Mrs Dickinson. Lui è il meglio che si possa pensare di un vero uomo di mondo. Quanto a lei, la sua presenza ha inondato la stanza di grazia ed eleganza indicibili. Suo marito è tesoriere del College, e sono anche molto ricchi. L'altra mattina l'abbiamo incontrata per strada. Una carrozza a due, due cavalli, il cocchiere negro. Dio, quanto mi è piaciuta" (29 settembre 1881). "Ieri sera siamo andati dai Dickinson. La nostra visita di cortesia a loro, questa volta. Vi ho già scritto quanto mi piacesse lei, fin dal primo incontro, bene, ora ne sono del tutto affascinata. Come sospettavo, vive con grande eleganza, è così disponibile, dolce e sincera – capisce tutto quello che provo. Ha un bellissimo piano. Con sua figlia abbiamo suonato e io poi ho cantato [...]. Suo marito non c'era – ma mi ha colpito sotto molti punti di vista. È un bell'uomo (molto bello) – un uomo forte, dalle maniere eleganti e anche un po' strano" (4 ottobre 1881). Così scrive alla madre, ma anche al diario continua a confidare lo stesso entusiasmo. Adora la vita del college in cui cultura e istruzione – le stesse che offre una grande città – si coniugano con i ritmi più lenti della campagna, con la "la bellezza lussureggiante della natura" (26 ottobre 1881).

Poi un giorno, l'8 febbraio del 1882, finalmente "incontra" Emily. Susan ne legge alcuni componimenti poetici durante uno dei suoi pomeriggi culturali. Mabel ne è impressionata. Le paiono poesie forti. Le figure di Susan e Emily si sovrappongono per qualche tempo nella sua immaginazione. Così nel marzo del 1882

Susan le appare "una donna rara" e "la sua casa un rifugio di dolcezza". Ci va tutti i giorni. Anche Mattie, la ragazzina, le piace. E così pure Ned che ormai ha ventun anni. Di Emily scrive: "Le sue poesie sono perfette, meravigliose. Tutti gli uomini di lettere le danno la caccia".

Mabel è contenta di conoscerle entrambe: due donne eccezionali. Si sente quel mese "felice come un'allodola". L'autunno sarà ancora più magico, perché sarà Austin a farsi avanti chiedendole di andare con lui alla Homestead. Dovrà cantare per sua madre, invalida al primo piano e per Emily che l'ascolterà dietro la porta del salotto. "È un genio," scrive Mabel, "sotto molti punti di vista. Nessuno l'ha mai vista in tutti questi anni, tranne i suoi familiari. È molto brillante. Una donna forte, ma poi ha cominciato a provare disgusto per la gente. Ha deciso di ritirarsi piuttosto giovane."

Quella visita, il 10 settembre 1882, è la prima di tante a venire. Anche Lavinia si affezionerà a Mabel, non solo Emily, cui Mabel comincerà a mandare piccoli doni tra cui un disegno: raffigura delle *indian pipes*, i mughetti selvatici che crescono in quella zona e che Emily ama. Quel disegno diventerà nel 1890 la copertina del suo libro di poesie.

In cambio Mabel riceverà fiori e poesie, solidarietà e gratitudine per aver reso finalmente suo fratello felice. Austin infatti, oltre che affezionarsi a Mabel, se ne innamorerà. Come d'altra parte Mabel di lui. In settembre Emily le scrive: "Pare quasi sovrannaturale che, senza lontanamente esserne colpevole, lei mi abbia spedito proprio il fiore che io preferisco al mondo, e la contentezza dolce che io ho provato incontrando quel fiore, non l'ho potuta svelare o dividere con nessuno. Mi è ancora oggi caro il modo in cui, Bambina, lo coglievo dal terreno e lo tenevo stretto tra le mani, mentre vagavo da sola, un premio misterioso e sovrannaturale, e poi gli anni adulti non fan altro che infittire il mistero che mai viene meno. Duplicarne la visione è quasi ancora più sorprendente e stupefacente perché i poteri di Dio, unici, sono troppo meravigliosi per meravigliare". Poi, quasi intuisse quanto rilevante sarebbe diventato il suo ruolo all'interno della grande famiglia Dickinson, aggiunge: "Non so come ringraziarla. *Non ringraziamo l'Arcobaleno, sebbene il Premio che esso concede sia un'insidiosa trappola*".

Una stagione tempestosa e intensa. Di amori e di viaggi. Dell'amore tra Austin e Mabel favorito dall'assenza dei rispettivi consorti – data la lontananza di Susan il 19 ottobre alla volta del West, a Gran Rapids per il matrimonio di un nipote per tre settimane, e di David Todd, in California per due settimane dal 10 novembre – darà ad entrambi spazio e possibilità di capire quanto forte è il legame che li unisce. Così come in quegli stessi mesi è forte l'amore di Emily e Otis che forse (non è sicuro) proprio allora, dopo la morte di Emily Norcross, il 14 novembre 1882, le chiede di sposarlo.

Paralizzata nel dolore per la morte della madre, nella confusione in cui la getta l'amore tra Austin e Mabel, nella gioia dell'amore che Otis le offre, Emily sembra incapace di un gesto che non sia quello di scrivergli, come se l'attesa – non la realizzazione – fosse la cifra vera del loro rapporto: "[...] Il mese in cui è morta nostra Madre, ha chiuso il suo Dramma giovedì e io non riesco a immaginarmi una forma di spazio senza il suo sguardo timido. Mentre ti parlo e dico quello che sento, Caro, senza indosso quell'Abito di Spirito che i più devono indossare, il Coraggio ha preso forma diversa. Il tuo Dolore fu in inverno – uno dei nostri in giugno e l'altro in novembre e il mio Ministro ha lasciato la Terra in Primavera, ma il dolore porta con sé i suoi freddi. Le Stagioni non lo riscaldano. Con la timidezza che amo mi hai detto chiedendomi di venire alla tua cara Casa, che avresti 'cercato di far sì che non fosse spiacevole'. Quanto è bello scorgere una diffidenza così delicata! Penso che neppure una Fanciulla di grande virtù sia capace di modestia così divina.

Ti scusi persino nel momento in cui mi vuoi tra le tue braccia! Di che cosa dovrà mai essere fatto il mio povero cuore? È vergogna preziosa che la persona nei cui confronti uno prova Modestia, debba a sua volta provarla come esperienza dolcissima e richiedere quanto è suo con tanta grazia. Il tenero Ministro della Speranza non ha bisogno di allettare per sollecitare le offerte dovutegli – sono sul tuo Altare prima ancora che le chieda. Spero che tu oggi abbia indosso le tue Pellicce. Insieme al mio amore, ti daranno dolcezza e calore, anche se il freddo di Oggi è pungente. L'amore che provo per te, voglio dire, il tuo amore per me, un tesoro che ancora porto dentro..." (3 dicembre 1882).

Piccola blasfema, eterna eretica, Emily sa chi è "il tenero Ministro della Speranza" al cui altare lei "si inginocchia". Lo scrive, ma la paura la paralizza. In maggio Otis aveva rischiato di morire. Emily l'aveva saputo dai giornali, dai conoscenti. Era come se il Signore della Morte avesse lasciato un segno, un graffio su di lui e di lei, che alle nipoti di Otis aveva scritto: "Ecco l'unica Lettera giuntami Stamane – Non è stata dunque sufficiente? Oh no – neppure un Bollettino orario mi basterebbe – ieri ho sperato di non ricevere notizie se non da te – L'ultima che abbiamo ricevuto era di Speranza, e sarebbe durata fino a Lunedì, ma appena sono scesa, Austin mi ha portato un giornale del mattino – 'Spero ci siano notizie del Signor Lord – darò qui un'occhiata,' ha detto, 'Forse te lo trovo più in fretta io', ho chiesto timidamente – E poiché lui cercava e non trovava nulla, mi ha passato il Giornale – e neanche io ci ho trovato nulla e mi sono sentita sollevata e insieme preoccupata – A quel punto capii che avrei avuto notizie Lunedì, ma il Lunedì non mi ha portato nulla, fatta eccezione per quel generico annuncio a un Mondo in ascolto – Se il nostro dolce Salem fosse al sicuro, sarebbe veramente 'Maggio' – Non dimenticherò mai 'Calendimaggio'. Tutti i fiori del nostro giardino sono stati coperti da drappi – Ma lui è in grado di parlare, di sentire voci e di dire 'Avanti' quando alla porta bussa il suo Amherst? Riempitegli la mano di un amore dolce come i Boccioli del Giardino, e lui lo dividerà con ognuna di voi – conosco i suoi modi che nessun argine è in grado di frenare – E se quasi insopportabile fu il dispiacere, così quasi la gioia –".

Che la lettera a Otis del dicembre 1882 sia stata spedita o no, ha poca importanza, visto che la brutta copia esiste e fu Austin a consegnarla a Mabel quando, dopo la morte di Emily, Mabel cominciò a raccogliere materiale sulla sua misteriosa, 'mitica' esistenza. Quella lettera porta alla luce l'ansia che sembra scorrere sottotraccia al benessere che quell'amore le dà. Come un presentimento, ancora una volta. Le toccherà aspettare. Silenziosa, nella sua stanza ad attendere, per sé e per gli altri. Anche l'amore è fatica, Emily lo sa e lo scrive a grandi lettere in un breve componimento: "Che amore è tutto ciò che c'è, / è tutto quello che sappiamo dell'amore, / è abbastanza, il carico in teoria / proporzionale al solco" (n. 1765, non datata).

La vicinanza di Austin, che ormai si incontra con Mabel alla Homestead, le dà gioia, ma anche preoccupazione. Emily non è una piccolo-borghese che si scandalizzi degli incontri clandestini del fratello. È una donna che crede nell'amore anche extraconiugale e non a caso continua a scrivere negli anni a Maria Whitney affinché si ricordi quanto le è vicina nel dolore in cui l'ha gettata la morte di Samuel Bowles. Ma la "confonde" il fatto che Austin passi più tempo alla Homestead che a casa sua e lo scrive a James D. Clark.

Il suo sogno di pubblicare passa ormai in secondo piano. Poco le importa che Thomas Niles (1825-1894), con cui è in rapporto epistolare da quando l'aveva inserita nell'antologia *A Masque of Poets*, solleciti una poesia e poi le risponda laconico. Ben altri problemi travolgono lei e la sorella Lavinia.

...derubata dalla vita

Nell'inverno del 1882 e agli inizi del 1883 un piccolo grande scandalo ha travolto la famiglia Dickinson. Un piccolo grande scandalo che di certo getta la raffinata comunità di Amherst nel più grande imbarazzo e in una altrettanto grande, pruriginosa curiosità. Amherst è piccola. Le case dei Dickinson sono vicine. Quella dei Todd poco distante. Sono al centro della cittadina e al centro dell'attenzione pettegola di tutti. È successo l'imprevedibile, dietro la facciata elegante e composta delle buone maniere e della buona "etica vittoriana". Il giovane Ned, fragile e nevrotico, problematico ed entusiasta di qualsiasi novità che lo sottragga all'apprensione e all'attenzione di sua madre, si è innamorato, come suo padre, di Mabel. Ned è il primo figlio, quello cui Susan aveva voluto dare il nome del nonno paterno. È un ragazzo particolare, soffre di crisi epilettiche. Da anni Susan e Austin si alternano al suo capezzale, quando di notte Ned perde contatto con il mondo. È l'amore e la croce di Susan.

Ned si aprirà con Susan. Le parlerà dei suoi incontri "innocenti" con Mabel, incontri forse sollecitati dalla stessa Mabel per coprire il suo rapporto con Austin, e Susan, come comprensibile, ne soffrirà. Da una casa all'altra passano le notizie, anche del confronto tra Susan e Mabel, che porterà a una "spiegazione". In qualche modo Mabel ammette di aver giocato col fuoco, senza rendersene conto, e chinerà il capo. Così come farà Susan, informata da Ned, anche se ormai tutta Amherst, lei compresa, era al corrente della relazione di Austin con Mabel.

Da quel momento, da veri borghesi, tutti cercheranno di salvare la facciata dei loro buoni rapporti educati. Meno *tea-parties* alla Evergreens, più silenzio. Lavinia, così riluttante a scrivere, per amore di Austin in aprile, scriverà a Mabel augurandole di rimettersi presto, dal dolore e dallo scandalo e in giugno, imitando i gesti di Emily, la congederà un pomeriggio con un grande mazzo di rose. D'altra parte Susan non le era mai piaciuta molto. E poi le faceva anche paura. Finché Austin visse, sentì che l'amore di Austin per Mabel la proteggeva dal livore e dall'ostilità di Susan.

Emily, per amore di Austin e Susan, scriverà, senza mai incontrare né Mabel né la cognata, a entrambe. Attraverserà solo due volte il giardino. L'8 settembre del 1883, dopo una grave crisi epilettica di Ned, per sapere se stesse meglio (resterà sulla soglia, al buio, per sparire non appena rassicurata). E poi ancora di lì a poco, il 4 ottobre, per vedere un'ultima volta il nipote più piccolo Gib che morirà di tifo, il pomeriggio del giorno dopo, all'età di otto anni. Raccontano che sia uscita per vederlo alle tre di notte e che poi, nauseata dagli odori dei medicinali, stremata dalla sofferenza abbia vomitato e sia andata a letto. E sia stata male tutta la notte, con un terribile dolore alla nuca. Raccontano che da quel momento non si rimise mai più.

Anche per Lavinia la morte del piccolo, intelligente Gib fu un trauma. Susan, in lutto, smise di "ricevere" ed Emily riprese a scriverle: "Quale fonte di ispirazione sono per la Mente clandestina quelle parole della Sacra Scrittura, 'Ti ringraziamo per aver nascosto queste cose'" e acclusa alla lettera, una poesia di quattro versi: "Candore – mio tiepido amico – / Non venire a giocare con me – / La Mirra e il Caffè sono l'ingiustizia Della Mente –".

Negli stessi mesi, ancora una lettera. Se la precedente invocava l'autorità delle Sacre Scritture (la citazione è dal Vangelo, Matteo II, 25: "*Ti rendo lode, o Padre Signore del cielo e della terra perché hai nascoste queste cose ai dotti e ai sapienti e le hai rivelate ai piccoli*"), ora sarà la parola di Shakespeare a guidarla (*Antonio e Cleopatra* II, 2): "La mia grande Sorella vorrà accettare le briciole della Devozione, insieme a una Timidezza che non esiste più? Le visite di Susan sono come la cena di Antonio – 'E paga col cuore quello che ha mangiato solamente con gli occhi –'" (novembre 1883).

E ancora, un altro biglietto: "Cara Sue – i tuoi piccoli corteggiamenti cerebrali, sono dolci come la Cavalleria, che per me è Parola piena di luce, anche se non ne conosco il significato – Qualche volta mi ricordo che ci tocca morire e allora mi affretto alla volta di quel cuore che come potrei mai corteggiare in un appuntamento dove non esiste Volto?".

Lettere brevi, affettuose. Poco per volta Lavinia si riprende.

Esce, fa lunghe passeggiate in slitta, sulla neve. Emily si occupa della serra, che coltiva con amore, quasi a scongiurare le stagioni. Quasi giocasse l'ultima partita con il tempo. Con la vita. Una serra è una scommessa: vivere con i giacinti è una tattica per scongiurare l'inverno: "Ho creato un Arcobaleno permanente – scrive nei primi mesi del 1884 a Elizabeth Holland – riempiendo una finestra di Giacinti e di questa la Scienza dovrebbe compiacersi, e poi ho un Carico di Garofani degni di Ceylon, ma la Scienza e Ceylon mi sono estranei, e li darei tutti e due in cambio di uno sguardo degli occhi di quelli che se ne sono andati, e ora brillano in Paradiso – e sono così tanti ormai che non riesco a contarli, e messi da parte i Numeri, li misuro a braccia –".

Emily scongiura dunque il freddo, l'assenza di luce, l'inverno e insieme a quella stagione la "fine" che puntuale l'aspetta. Nel marzo del 1884 Otis P. Lord incontrerà di persona il Signore della Morte. Una morte frettolosa, improvvisa. Un infarto il giorno 11, e due giorni dopo la fine.

Anche per Emily si conclude, con la morte di Otis P. Lord, il "presente". A quel mese viene fatto risalire un breve componimento poetico che allude alla morte non come momento di conoscenza o incontro – così come era raffigurata nella produzione anteriore – ma come irreversibile separazione: "E allora restituitemi alla Morte – / La Morte che non mi ha mai fatto paura / se non perché mi derubava di te – / E ora, derubata dalla Vita / Nella Tomba che è mia, respiro / E ne valuto la misura – / che è tutto ciò che l'Inferno si immagina – / E tutto ciò che il Paradiso era" (n. 1632). Non vuole più sapere né conoscere, né incontrare.

A Mary Hills scrive: "Mia cara, quando Gesù ci parla di suo Padre, noi ci fidiamo delle sue parole. Quando ci indica la sua Casa, gli volgiamo le spalle, ma quando ci confida di 'conoscere il Dolore', lo stiamo ad ascoltare perché quella è una Conoscenza anche nostra". La giovane donna che nel lontano luglio del 1862 a Higginson scriveva "Il mio problema è la Circonferenza" chiedendogli di aiutarla a "crescere", ora "cresciuta", proprio ora, trova la forza di scrivere una poesia che muova esattamente da quelle parole. Poco importa che la accluda a un breve biglietto allo scultore Daniel Chester French (1850-1931), amico delle cugine Norcross, forse a lei sconosciuto di persona. Due righe di congratulazioni per la sua statua a John Harvard che in quel mese di aprile è stata inaugurata nel cuore del campus dell'omonima università a Cambridge. Al centro del biglietto la poesia: "Circonferenza – Sposa / del Terrore, nel possesso / Sarai a tua volta posseduta / Da ogni cavaliere consacrato / che osi desiderarti" (aprile 1884).[1]

La poesia – questa poesia – sigilla la fine di un sogno e allo stesso tempo lo cristallizza nei versi. Un sogno sognato, conchiuso, terrorizzante e magico. Indimenticabile come le parole che Otis le scrisse poco prima di morire nella sua ultima lettera. Emily ne citerà una frase, in una lettera a Catherine Sweetser, a fine maggio, riportandola come magica. Otis le avrebbe scritto: "Nella mia passeggiata di ieri ho incontrato un fiore di croco e un bucaneve". E a Benjamin Kimball – parente ed esecutore testamentario di Otis P. Lord – nel febbraio del 1885 scriverà: "Le sue ultime parole, nel suo ultimo biglietto: '*A Caller comes*'".

...una vendetta di nervi

Chi fosse la persona che, poco prima della sua morte, era andata a trovare Otis P. Lord, non si seppe, né si saprà mai. Di certo quella frase – qualora Lord l'abbia davvero scritta – dovette risuonare all'infinito nella mente di Emily che, anno dopo anno, poesia dopo poesia, aveva prefigurato l'incontro con la morte in termini "medioevali": un uomo, un cavaliere, un passo leggero che si avvicina, una figura sconosciuta che viene a "far visita" e sarà il compagno dell'ultimo viaggio dell'uomo. Le settimane si trascinano e il 14 giugno, sono passati quattro mesi dal funerale di Otis, Emily sviene. "Una vendetta dei nervi," scriverà in luglio alle cugine Norcross. È l'inizio della fine.

Nell'autunno, in risposta a Helen Hunt – a sua volta immobile per una grave frattura della gamba – che dalla California le scrive chiedendole di essere il suo agente letterario, Emily risponde. È una lettera evasiva, anche se cortese. Della sua condizione fisica dice di essere intenzionata a rimettersi dall'"esaurimento nervoso" che l'ha trascinata lungo un'estate "ampia e profonda". Ma la malattia – una sorta di collasso generale – non l'abbandona. Più tardi la diagnosi sarà: "Morbo di Bright". I "nervi" che si augurava di "imbrigliare" e controllare – come aveva scritto a

---

[1] La poesia, raccolta con il n. 1620 nell'edizione Johnson, è identica ma accorpata in quattro versi, così come – in minuta – era stata rinvenuta tra le carte di Emily Dickinson. Ho scelto, in quanto inserita in una lettera datata con precisione, la versione che Emily Dickinson spedì, scrivendola di suo pugno, a D.C. French.

Helen Hunt – sono più forti di lei. Ha una ricaduta grave i primi di ottobre. In quei lunghi mesi, Mabel illumina con la sua presenza e i piccoli doni alle sorelle Dickinson – fiori, marmellate, disegni – la Homestead, dove sembrano essere scesi un silenzio e una notte infiniti.

Proveranno a curarla – come spesso in quegli anni – con l'omeopatia. Il medico le prescrive del "gelsemium" e dalle lettere sembra che qualcosa cambi, in meglio. E in quei mesi Emily riprende a scrivere. Di certo a quell'anno risale: "Poiché non so quando l'alba giungerà, / apro tutte le porte, / o forse possiede penne, come un uccello, / o frangenti, come una spiaggia?" (n. 1619, 1884) e forse anche un altro componimento di cui esiste solo la trascrizione fatta da Mabel Loomis Todd, apparso per la prima volta nel 1945 in *Bolts of Melody*, curato dalla figlia: "Il pensiero che mai più tornerà / è ciò che rende la vita più dolce. / Credere in ciò in cui si crede non è certo motivo di gioia. // Ma se così fosse, tutt'al più / sarebbe un patrimonio all'ablativo – / E questo stimola un desiderio / esattamente opposto" (n. 1741).

Su di Emily, accanto a Lavinia, sempre più vicina e innamorata di Austin, veglia Mabel. Anche i suoi genitori le faranno avere dei doni. In ottobre e poi ancora in novembre saranno ad Amherst e non mancheranno di far visita alle sorelle Dickinson. A Emily spediranno da Washington un'incisione dipinta a mano e poi un romanzo, *The Story of Ida* di Francesca Alexander con prefazione di John Ruskin. Fanno parte ormai della "famiglia" ed Emily sollecita, attenta ai rapporti del fratello, ringrazia. Scrive: "Cari amici – Vedendo il volto gioioso e la Lettera esultante, pensavo: Sottraetemi tutto, tranne l'Estasi, / E allora sarò più ricca di Tutti – Male mi si addice abitare in tanto splendore / Se alla mia Porta attendono nella più squallida miseria, / Coloro che molto più di me possiedono – / E in che altro consiste l'Estasi, se non nell'affetto e l'Affetto non è forse l'Embrione di questo breve Biglietto? / Una Lettera è una gioia terrena – / Negata agli Dei –" (2 gennaio 1885).

È gentile, affettuosa. Forse perché sa che il viaggio di Eben Jenks (1828-1912) e Mary Wilder Loomis, i genitori di Mabel, da Washington ad Amherst, ha gettato qualche ombra sul rapporto tra Austin e Mabel, e messo in crisi quello tra Mabel e i suoi. Pettegolezzi poco piacevoli devono aver preoccupato il padre, con cui Austin forse ha cercato di parlare, tanto che in una lettera del

25 ottobre rassicurava Mabel sulla purezza del loro amore e sulla necessità di diradare per qualche tempo i loro incontri. Poiché ciò che è stato raccontato è "pura illazione", Austin chiede a Mabel di essere esplicita con suo padre: "Non sarebbe meglio per lui – se te ne parla – capire come stanno le cose e se altro gli è stato raccontato, sapere che era menzogna, che lui sta soffrendo inutilmente, e così ti sta dando un grande dolore?".

Susan cerca conforto nel rapporto con la figlia che è lontana, al college a Farmington. Martha, diciottenne, è ormai l'unico vero legame che le resti. Le scrive in continuazione, le inculca, con un certo piglio, i suoi principi e anche la sua prepotenza. La vuole forte, diversa dalle compagne di scuola. Austin nel frattempo frequenta con regolarità la casa di Mabel. Raccontano che la fine del 1884 coincise con un'ulteriore rottura tra Emily e Susan. Emily non le avrebbe parlato per un anno, raccontano. Anche se qualche biglietto, laconico, è sopravvissuto, e alla fine del 1885 risale una breve lettera: "Cara Sue – la cena era delicata e strana. L'ho consumata con compunzione come consumerei una Visione. I Boccioli soltanto erano troppo forti – quelli li ho messi da parte per gli Uccelli – Con quale tenerezza ti ringrazio. Spesso mi auguro che tu stia meglio – Sotto le Alpi scorre il Danubio –". Laconica, criptica come sempre negli ultimi tempi con Susan, Emily la ringrazia per una pietanza che forse le ha fatto portare dalla sua domestica.

Mabel, invece, nel novembre del 1884, quasi le parti tra lei e Susan si fossero scambiate (non avevano forse Susan ed Emily costruito la loro amicizia, ragazze, parlando anche di libri?), le fa avere un romanzo che ha letto nell'autunno. Il titolo è *Called Back* (Richiamata, 1883) di Hugh Conway, pseudonimo di Frederick John Fargus (1847-1885).

Il romanzo ha visto le stampe a Newport, per i tipi della Henry Holt Company. E come quello di Ik Marvel, che Emily aveva letto ragazza, ha un grande successo presso il pubblico femminile: a metà strada tra il thriller e il romanzo rosa, racconta di un amore travolgente e insieme molto controllato tra Gilbert Vaugham, un inglese benestante che a Londra ha perso temporaneamente la vista in circostanze solo all'inizio misteriose, e una donna dalla bellezza inquietante: Pauline March, incontrata in Italia. Pauline è figlia di madre italiana e padre inglese. Vive in una sorta di *trance*, di amnesia irreversibile ed è una specie di docile automa, cui un trauma, a sua volta di origine solo all'inizio misteriosa, ha svuotàto la memoria di qualsiasi ricordo e sottratto anche un pur lontano barlume di identità. Il libro, una sorta di controcanto "popolare" ai romanzi di Henry James, vedrà uno *happy ending* non prima di aver sedotto il lettore in una storia in cui desiderio represso, rapporti sessuali sublimati, omicidi, sparizioni, trame politiche internazionali si intrecciano, va riconosciuto, con una certa eleganza. Emily lo leggerà e ne parlerà alle cugine in una lettera del 14 gennaio 1885, un libro "molto interessante", scriverà loro.

Come non sospettare che Emily fosse sincera e incuriosita, dal momento che per anni aveva lasciato cadere nelle lettere e nelle poesie riferimenti alle Alpi, al paesaggio europeo, al Mediterraneo, all'Inghilterra e agli scrittori inglesi che amava? Che dire poi della "cecità" da cui il protagonista guarisce, e della riservatezza misteriosa di Pauline?

La raffinata Emily è aperta a qualsiasi lettura. Si possono adorare i poeti metafisici e non disdegnare i *best seller*, soprattutto nei casi – come questo – in cui aiutano a riattraversare immagini e momenti della propria vita, vita che a quel punto, come di dovere, si ridisegna allo sguardo di chi legge così com'è: "normale". Più o meno avventurosa, più o meno felice, più o meno simile a quella di chiunque altro. Comune e insieme straordinaria. Come un romanzo.

Dunque la depressione e la spossatezza non le impediscono di continuare a scrivere e leggere. E altro ancora. Sembra che Emily non si arrenda mai. Nelle settimane in cui legge *Called Back*, sotto Natale, risulta abbia mandato dolci in dono a più di una famiglia di amici e vicini. "Fuori dal mondo", Emily continua a vivere ai ritmi del mondo, con una presenza, un'attenzione sconcertante. Mentre Austin il 4 dicembre del 1884 va a casa di Mabel a leggere per lei e la piccola Millicent *Le avventure di Huckleberry Finn* di Mark Twain, Emily si adopera perché i dolci – probabilmente preparati da lei (non è forse vero che suo padre voleva solo il pane che sapeva preparare lei, che era un'esperta cuoca tanto da vincere, ragazza, un premio per la migliore torta di Amherst?) – raggiungano le case di amici e vicini: degli Emerson, degli Hills e dei Jameson.

Generosa fino alla fine con gli altri, propositiva, rassicurante, tiene per sé la "paura" e la affida a una pagina, trovata tra le sue carte nel 1894 da Mabel. Destinatario sconosciuto: "Caro amico,

Ti ringrazio piena di meraviglia – Dovessi domandarmi come io capisca una notte stellata, Timore Reverenziale sarebbe la mia unica risposta, ed è lo stesso nei confronti del Libro possente – Rende silenziosi, esalta, accende l'ardore – una benedizione e una condanna al contempo. Come l'Affetto Umano non osiamo toccarlo, pure, se lo sfuggiamo, che altro rimane? Ma Ti prego di perdonarmi – è così limitato il mio sapere – Per favore fammi conoscere la *Tua* opinione – Quanto sconfinato il castigo della Bellezza che ci è stato dato dal nostro Creatore! Perché una Parola, se viene dal Mare, è un'alluvione – Pietro prese la Strada alla Volta del Mare a suo grande rischio" (inizi 1885).

Nonostante gli sforzi, sembra che la vita le scivoli tra le mani. Emily ricorda, cerca di raccogliere le fila delle esistenze che si sono intrecciate alla storia della sua. A Benjamin Kimball scrive nel marzo ricordandogli che Otis, a una sua domanda su che fare quando non sarebbe stato con lei, le aveva chiesto di "ricordarlo" e in una lettera a Helen Hunt, di cui resta solo la minuta, acclude la poesia che aveva spedito ai genitori di Mabel: "Sottraetemi tutto, tranne l'Estasi" (n. 1640, 1885).

È la primavera del 1885. Quasi le fosse sceso il buio nell'anima, Emily, che non possiede della propria immagine altro che il dagherrotipo dei suoi diciotto anni, si aggrappa ai ricordi e a quelle che per lei ne sono magiche duplicazioni: le fotografie. Ne manda in aprile una del padre a Kimball, in agosto ne chiederà all'editore Thomas Niles una di Helen Hunt, che ha trascinato la sua malattia, mese dopo mese, fino all'estate del 1885.

Helen lontana, Helen scrittrice di grande successo. Helen la donna che si era a suo modo battuta per lei, che aveva creduto nella sua poesia e usato la sua esemplare esistenza per farne un romanzo, è morta all'età di cinquantacinque anni. Ma a ucciderla non è stata la frattura alla gamba, bensì un cancro allo stomaco. Il 12 luglio, un trafiletto dello "Springfield Daily Republican" annunciava al mondo delle lettere dell'Est il peggioramento della sua salute: si parlava di "malaria" e, con l'usuale e mai sopito tono di ironica e malcelata supponenza verso tutto ciò che avveniva in California, si sottolineava come proprio in quel "paradiso salutistico" che era Los Angeles, curata di un male, Helen Hunt ne avesse contratto un altro. Quando Emily saprà della sua morte, avvenuta a San Francisco, si affretterà a scrivere a Higginson in data 6 agosto 1885: "Caro amico, mi ha sconvolto e lasciato senza parole questa notizia apparsa sul Giornale del Mattino – Mi aveva scritto in Primavera che non riusciva a camminare, ma non che sarebbe morta – Ero certa che lei ne sarebbe stato al corrente. La prego, mi dica che non è vero. Quale incredibile Rischio comporta una Lettera! Quando penso a quanti cuori su cui ha aperto brecce e poi affondato, mi prende paura alla semplice idea di allungare una Mano verso una busta e leggerne il Nome e l'Indirizzo. Nella speranza che nella sua amata dimora regni la quiete, con apprensione, La sua Allieva –".

In autunno Emily ha una ricaduta. Austin sente che la sorella – nonostante gli sforzi, i brevi biglietti per nascite e matrimoni, le piante e i mazzi di gelsomino spediti in quei mesi agli amici – si sta spegnendo, giorno dopo giorno. Rinuncia a un viaggio a Boston in novembre e, nei mesi a venire, a turno con Lavinia, sarà accanto a Emily. Si sparge la voce sullo stato precario della sua salute.

Alice Cooper, sorella del socio di Austin, le manda della frutta ed Emily le scrive: "Ma se 'l'amore della Piccola Margaret' è così vivo, non sarà pericoloso infiammarlo? Non ho mai preso in Mano una Pesca, così avanti nell'anno. Le mie labbra sono altrettanto innocenti di quella esperienza rosa – Dal momento che penso che la Mamma sia la sua delegata, posso affidare i miei sorrisi a lei?".

Mabel, tornata dall'Europa, dipinge per lei, le porta un'incisione e in cambio Emily le manda un giacinto. Scrive ancora un'ultima lettera a Higginson, lo ringrazia del sonetto scritto per Helen Hunt e ricevuto in ottobre. Gli parla di lei, dei ricordi che ha del padre di Helen, professore ad Amherst morto in Terra Santa: "'Sciupa la Solitudine sacra!'; 'Quale Elegia!' 'Dal Monte Sion, qua in terra, al Monte Sion lassù!' Furono queste le parole del rettore Humphrey a proposito del padre di lei – l'Orazione di Gabriele adornerebbe la Figlia – Aveva in Mano il 'Coro invisibile' quando entrai. Fu l'ultima volta che venne. 'Splendido,' disse mentre chiudeva il Libro e si inchinava per accogliermi, ma l'affetto e l'ansia mi tolgono il respiro. Grazie del 'Sonetto', l'ho deposto ai suoi piedi amati.

Poiché non so quando le sarà
Di persona possibile venire,
Spalanco ogni porta,
O forse avrà Piume come un Uccello,
Oppure Onde come una Riva –

Ho il sospetto che forse avrebbe preferito stare con noi, anche se probabilmente imparerà le Regole del Cielo, così come il Prigioniero di Chillon imparò quelle della Prigionia".

Di sé non racconta molto, solo tre righe: "Sono stata molto malata, Caro amico, da novembre, Libri e Pensiero mi erano stati sottratti, divieto del medico, appena ora comincio a muovermi per la Stanza –" e chiude con una citazione dalla Bibbia (Genesi XXXII, 27), "Non ti lascerò finché tu non mi benedici", ma la modifica: "Audacia della Benedizione divina, Giacobbe disse all'Angelo 'Non ti lascerò andare prima di averti benedetto' – Pugile e insieme Poeta, Giacobbe era nel giusto –". Un lapsus? Un ultimo guizzo di sottile ironia? Un'ultima battuta appena blasfema legata a quel suo desiderio, quel tratto della sua personalità, di rovesciare le parti, scambiare i ruoli delle persone?

È la primavera del 1886 quando Emily gli scrive. Poi ancora un biglietto nell'aprile dello stesso anno, scritto con mano incerta: contiene due brevi poesie in memoria di Helen Hunt. Infine i primi di maggio due righe: "Divinità – vive lei dunque ora? / Il mio amico Respira?". Una domanda e un augurio. Emily doveva aver letto di un malore di Higginson, nel numero dello "Springfield Daily Republican" del 30 aprile, o ne aveva avuto notizia da Lavinia.

Vicina alla sua fine, si preoccupa per la salute di Higginson, il "maestro" che tanto avrebbe potuto darle e tanto avrebbe potuto imparare da lei. Così è fatta Emily, "fragile", spossata dalla malattia, è presente a se stessa e agli altri di cui e per cui si preoccupa, fino agli ultimi momenti. Ancora una lettera a Mrs Holland in marzo e a Charles H. Clark il 5 aprile – gli parla di Wadsworth e del fratello – e il 15 dello stesso mese: "Grazie, amico Caro, sto meglio. Anche se la velocità di chi è malato è pari a quella della lumaca". E ancora gli scrive di Wadsworth: "Fatta eccezione per mia Sorella, che non vide mai il signor Wadsworth, il suo Nome è l'unico che rimanga. 'Ritornare a Casa', non era forse un Aborigeno del cielo? L'ultima volta che venne a trovarmi in Vita, io me ne stavo con i miei gigli e eliotropi, e mia sorella mi disse 'Emily, c'è il Signore dalla voce profonda, vuole vederti,' lo aveva sentito chiedere della donna di servizio. 'Da dove sei venuto?' gli dissi perché parlava come fosse un'Apparizione. 'Sono sceso dal Pulpito e sono salito in Treno,' fu la sua semplice risposta, e quando io gli chiesi 'per quanto tempo,' 'Vent'anni' rispose lui con tono furfante e indecifrabile – ma la Voce amata si è spenta, così è sta-

to dolce parlare con qualcuno che l'ha sentito 'Andare a Casa'".
È come se attraverso il ricordo di lui, tenesse in vita lui e anche
se stessa.

In quell'ultima settimana le visite di Mabel alla Homestead si
fanno sempre più frequenti. A volte si ferma in giardino con la
piccola Millicent. Un segnale chiaro di come stanno andando le
cose tra lei e Austin o una provocazione? Susan, che non va a
trovare le cognate, non ha difficoltà, da casa sua, a vedere i movimenti e gli spostamenti della rivale. Mabel ha preso il suo posto
nel cuore di tutti. Anche e soprattutto di Austin che il 14 aprile
del 1886 "vende" a David Todd un terreno poco distante da casa
sua, al di là dei suoi prati, sulla parte sud. Lui e sua moglie Mabel
potranno costruirvi una casa più ampia – tredici camere e un
giardino. Sulla legalità e sul senso di quella "vendita", come si vedrà, si scateneranno le ire di Susan e anche di Lavinia che, dopo
la morte del fratello nel 1895, sentendosi ormai sola, e insieme
forte del successo e dei copyright inaspettati che le arriveranno
dalle vendite delle poesie di Emily, volterà le spalle a Mabel. Si
riavvicinerà a Susan citando in tribunale i Todd e, nonostante il
disprezzo che la comunità nutre ormai nei confronti di Susan, ma
grazie al rispetto per la dinastia Dickinson, vincerà la causa.

...in queste giornate estatiche

Tre giorni dopo la "vendita" del terreno, Emily scrive ancora
una lunga lettera alla zia paterna Elizabeth Currier. Manca meno
di un mese alla sua morte e come sempre Emily è lucida e spiritosa. Vigila su quanto le accade attorno. Sembra che prenda appunti giorno dopo giorno su quanto capita ad Amherst. Ne racconta la bellezza celestiale del paesaggio e i piccoli scandali "terreni": un'esecuzione capitale per impiccagione di un uomo che
ne ha ucciso un altro, un processo nei confronti di un millantato-
re che avrebbe plagiato una vecchia signora di Amherst. Innamorata del giovane dottor De Vore, Miss Harriet Merrill – prima di
morire per cause misteriose – l'aveva nominato suo erede universale. Emily che sa cosa sia l'amore, e non a caso l'unica citazione
che lascia scivolare nella lettera è da *Romeo e Giulietta* (atto V,
scena I), sorride e racconta alla zia: "Il signor Hunt stava sta-
gnando un Puntello questa Mattina e ci ha detto che Libbie non
si era sentita bene come al solito e io non mi sono sentita bene

come al solito da quando sono maturate le Castagne, anche se non è stata colpa delle Castagne, ma i fiori di croco sono così marziali e le Giunchiglie al secondo Nodo, dunque diamoci una mano e cerchiamo di guarire. *'Mi ricordo di uno speziale'* disse il Pettirosso più dolce di Shakespeare, è stato uno di quei pezzi prediletti rimasti sul mio Cuscino tutto l'inverno, ma forse Shakespeare è stato 'in giro' più spesso di me, quest'inverno. La sorella più giovane di mio Padre ci crederebbe che nella 'Città di Contea', dove lui e Blackstone sono andati a scuola, è stato impiccato un uomo ieri per aver assassinato uno che si chiamava Dickinson e che la signorina Harriet Merrill è stata avvelenata da un Impostore di passaggio che andrà sotto processo la settimana prossima di fronte alla Corte Suprema? Non ti pare che siano cessate le Fumigazioni da quando è morto mio padre? Povera romantica signorina Merrill! Forse tutto sommato un Bollettino della Polizia ti sarebbe andato meglio di un saggio – Spero siate tutti e due più forti e in queste Giornate estatiche esigiate una parola di profitto. Vi mando il mio affetto ansioso e, insieme alla mia, la fedeltà di Vinnie".

Il 13 maggio entra in coma. Qualche giorno prima, il suo ultimo biglietto alle cugine: "Care cugine 'Richiamata'". Una citazione letteraria, il titolo dell'ultimo romanzo letto, quel *Called Back* che Mabel le aveva suggerito di leggere? Una reminiscenza della frase che Otis P. Lord, poco prima di morire, le scriveva, interrompendo forse così una sua lettera, *"A Caller comes"*, annunciandole l'arrivo di un misterioso visitatore? Oppure un riferimento all'appartenenza agli "eletti" (coloro appunto che sono "chiamati" a Dio) cui Emily si era sempre sottratta e a cui, per amore del padre, si era piegata in quel misterioso e curioso "colloquio" con il pastore Jonathan Jenkins?

Qualsiasi fosse la ragione, conscia o inconscia, che la spinse a usare quelle due precise brevi parole – *"Called Back"* – per congedarsi dalle cugine amate con devozione e allegria per anni, come non sospettare che quella frase, nella sua lucidità, raccogliesse le fila della sua esistenza? Che alludesse, ad esempio, alla sua passione per la letteratura, si trattasse di Shakespeare o di un romanzo "popolare" e di successo come *Called Back*, di cui in quell'anno venne portata sulle scene una versione musicale. Oppure che avesse a che vedere con il suo rapporto con Otis e con l'amore: l'attesa, il desiderio, l'incapacità di darsi se non negandosi e di negarsi scrivendo le più appassionate lettere che siano mai state scritte, a uomini e donne. Oppure ancora con la sua determinazione, nel confronto con l'autorità – paterna o divina –, di misurarsi sempre, faccia a faccia con un dio-padre severo, di affrontarne lo sguardo e piegarsi, obbediente e irriverente al contempo, con un sorriso e solo alle sue condizioni. Muore il 15 maggio alle cinque di pomeriggio. *Called Back.*

Discreta e coerente fino alla fine, chiese che il suo corpo fosse portato al cimitero passando attraverso i campi che si stendevano tra casa sua e la terra in cui sarebbe stata sepolta e non lungo la Main Street e le strade che sulla destra conducono al cimitero di Amherst.

Volle anche lasciare la casa, uscendo dal retro della Homestead. La stanza era piena di margherite e mughetti quel giorno, ricorderà Mabel e sul suo corpo, vestito di bianco, stretti tra le mani, due colorati eliotropi, tra i suoi fiori più amati che – secondo Lavinia – avrebbe portato con sé per consegnarli al giudice Lord. Sul suo diario Thomas Higginson, che durante la cerimonia funebre leggerà la poesia di Emily Brontë sull'immortalità, annota: "19 maggio; Amherst. Per il funerale di quello strano essere umano, raro che è Emily Dickinson. La campagna era stupenda, la giornata perfetta e c'era un'atmosfera molto particolare, curiosa e insieme piacevole, nella casa e nei prati tutto intorno – una specie di 'Casa Usher', più nobile, pia. L'erba del prati punteggiata di campanule viola e profumato geranio selvatico. In casa, sul pianoforte, mazzi di margherite e mughetti. Quanto al viso di Emily Dickinson, un miracoloso ritorno alla giovinezza. Ha cinquantacinque anni e ne dimostra trenta, non un capello grigio, non una ruga e la pace assoluta sulla bella fronte liscia. Vicino al viso, un mazzolino di viole e un cipripedio rosa".

8.

...la Stupidità è più tremenda del Dolore

Testimonianze su testimonianze, carte e documenti, verbali di processi e dichiarazioni sotto giuramento, lettere a centinaia, diari tēnuti con cura giorno dopo giorno – l'avrebbe mai sospettato Emily Dickinson? – accompagnano, dal giorno della sua morte, la "nascita" editoriale delle sue poesie. Dapprima fu la decifrazione di quelle carte trovate nascoste, poi la trascrizione su fogli battuti a macchina, e ancora la catalogazione e revisione anno dopo anno. E dopo le poesie, delle lettere richieste a tutti coloro a cui si sapeva avesse scritto. E poi ancora, più tardi, delle carte che il fratello Austin conservava. Tra queste, le *Master's Letters*.

Anno dopo anno, fino al giorno in cui, disgustata e stremata, Mabel Loomis Todd, il 15 aprile del 1898, decide di chiudere tutto quello di cui è ancora in possesso e inedito, circa quattrocento poesie, lettere e documenti, in un bauletto di legno di canfora.

Quel giorno segna la fine dei suoi rapporti con la dinastia Dickinson – ormai ridotta a Lavinia, Susan e i suoi due figli – e del processo che ha visto lei e suo marito David sul banco degli imputati. La persona che le ha fatto causa il 25 maggio 1896 e "vinto" quel fatidico 15 aprile del 1898 è Lavinia. La stessa che poco dopo la morte di Emily Dickinson si era precipitata a casa sua con centinaia di fogli, supplicandola perché li portasse "da un tipografo" – così chiamava Lavinia un potenziale editore degli scritti della sorella – e li rendesse "pubblici".

Sarà meglio procedere per gradi, poiché per paradosso, dal momento in cui, con tale precisione e possibilità di riscontro, "la storia" ci fornisce informazioni incontrovertibili – date e documenti – lo scenario che si disegna intorno alla figura di Emily Dickinson e alle vicende della sua poesia si fa molto più confuso.

Fu come se le persone che si adoperarono perché il suo lavoro vedesse finalmente la luce, per farlo, lasciassero scendere ombre sempre più inquietanti sulle proprie vite. Contraddizioni, menzogne, proiezioni. Ansia di apparire, di essere riconosciuti, di essere conosciuti si nascondevano – in molti casi – dietro le parole, i gesti, le scelte di chi sembrava profondere tutte le sue energie affinché la "verità" sulla vita e sulla poesia della "vergine di Amherst", il suo valore e il suo senso si svelassero finalmente ai suoi contemporanei.

Fu come se in vita Emily, con la sua presenza, avesse tenuto tutti lontani dalla follia di cui lei, ordinata e quieta, conosceva il fascino; lontani dal pettegolezzo che aborriva; dagli scandali da piccola grande provincia che non avrebbe mai suscitato e in cui non si fece mai coinvolgere. Dopo il suo funerale, anzi, poco prima, gli eventi cominciarono a precipitare, il panico e la frenesia a contagiare i più, e la storia a inquinarsi.

In data 14 aprile 1886, un mese e un giorno prima del funerale di Emily, Austin "vende" a David Todd – come segnalavo – parte del suo terreno, del terreno di famiglia. È in realtà una donazione, un regalo a entrambi, per l'amore di Mabel e il consenso di David alla loro relazione. Ci potranno costruire una casa. Sarà il Queen Anne Cottage che, con amore e perizia grafica e decorativa, Mabel arrederà dipingendone gli interni: magnolie e glicini. E Austin visiterà, dal 1887, anno in cui è terminato, la sera – è poco distante da casa sua – per incontrare Mabel. La figlia Millicent ha otto anni. Ricorderà, adulta, quelle sere. Ricorderà la madre che accoglieva Austin chiamandolo "Mio Re" e il fischiettare del padre che annunciava il suo ritorno dall'Osservatorio Astronomico del college. David sapeva, così come Susan sapeva. E anche Lavinia e i vicini. Sapevano e vedevano. Millicent – che come tutte le figlie sarà vicina alla madre fino alla fine, incapace però di perdonarle la disattenzione nei confronti suoi e del padre – ne ricorderà le mani: all'anulare della sinistra un diamante e una fede dono di Austin, alla destra l'anello del padre.

Quell'anno 1887, Mabel è già impegnata nel lavoro di trascrizione delle poesie – Lavinia l'ha convinta. Sarà, a dar fede alle parole di sua figlia (e come non farlo, vedendo gli originali lasciati da Emily?) un lavoro massacrante. Le sono state consegnate più di ottocento poesie. Né David né Austin sono convinti del progetto, ma Lavinia insiste e Mabel ci tiene. Per amore di Austin o della poesia? Per l'affetto che la lega a Lavinia e al ricordo di Emily? Oppure per il successo che potrà venirle – come accadrà – per essersi impegnata tanto?

Nel frattempo David pianifica la spedizione in Giappone, primo riconoscimento ufficiale della sua statura di studioso. Sarà, sotto gli auspici dell'Accademia Nazionale di Scienza e della Marina Americana, per l'estate e in occasione di un'eclissi solare, da giugno a ottobre di quello stesso movimentato anno. Un viaggio complicato, ovviamente per terra e per mare. Da Boston a Montreal, da Montreal a Vancouver, poi ad Alberta e infine Yokohama e il 18 luglio finalmente a Tokyo; Mabel andrà con lui, la lontananza da Austin la porterà a scrivere lettere infuocate, cui Austin risponderà con altrettanta passione. Prima di partire da Boston, in data 8 giugno 1887, con queste parole Mabel apre la sua lettera: "Mio tesoro, mio grandissimo amore – mio re e signore – mio dolce marito...". Un arrivederci appassionato e straziante, alla volta di un viaggio da lei stessa desiderato.

Della loro tempestosa relazione, che si accompagna, parallela, al lavoro di Mabel sulle poesie di Emily, esiste una documentazione epistolare sterminata: a differenza di Emily, Mabel conservava tutto, anche copie delle lettere appassionate che scriveva ad Austin. Quella relazione era il "romanzo" della sua vita e, grazie a quella relazione, Mabel passerà alla storia. I cinquant'anni che seguirono alla morte di Emily – scambi di meschinità, livore, aggressività, dichiarazioni e ritrattazioni, dedizione e disperazione, comportamenti spesso platealmente contraddittori di coloro che l'avevano conosciuta – di persona, per lettera o per sentito dire – meriterebbero un altro lavoro, certo molto interessante, di indagine e ricostruzione.

Difficile dire fino a che punto allora Mabel lavorasse, giorno dopo giorno, alle poesie della ormai simbolica "cognata" per amore suo o per amore di Austin o per gratitudine nei confronti dell'uomo che per lei contravvenne alle regole e ai principi di una grande rispettata famiglia come quella dei Dickinson. Nel novembre del 1887 Austin la nomina infatti erede della sua parte del patrimonio paterno, azioni e terreni, lasciando a Susan e ai figli la casa e i beni accumulati insieme. Austin lo comunica a Lavinia che acconsente. Tiene troppo al lavoro che Mabel sta facendo. Tiene anche alla fama che, se le poesie avranno successo, potrà ricadere su di lei, l'amata sorella che, a detta di Lavinia stessa, Emily non avrebbe mai lasciato per nessun uomo. Meglio non ostacolare le decisioni di Austin: potrebbe dissuadere Mabel, che nel frattempo lavora e viaggia in continuazione. Washington, New York e poi diversi, prolungati soggiorni a Boston e Chicago. Nell'ottobre del 1889 infatti, offesa perché non le è stato concesso di viaggiare con David durante la sua seconda importante spedizione come astronomo in Angola, un viaggio di quasi nove mesi, si trasferisce a Boston con la madre – sull'orlo della separazione dal padre – la nonna e la figlia. Continua a trascrivere poesie. Austin le scrive di continuo e la raggiunge appena può. Susan tace, accetta e aspetta tutti al varco.

Nel novembre del 1889, finalmente i primi contatti con le case editrici. Dietro pressioni di Lavinia, nel mese di aprile del 1890, Thomas Higginson accetta di entrare nell'impresa "Dickinson". Incontra Mabel il 30 maggio. Approva il suo lavoro e suggerisce di accorpare le poesie in quattro sezioni: Vita, Amore, Natura, Tempo ed Eternità, come ha già scritto a Lavinia in data 8 aprile 1890. Vorrebbe anche che le poesie avessero un titolo. Scriverà la prefazione e sarà coeditore del volume, per quanto il lavoro fosse già pronto. Tuttavia, Higginson non se la sente, dopo il rifiuto della casa editrice di cui è consulente, la Houghton Mifflin Company, di rivolgersi alla Roberts Brothers. Temporeggia. Ci andrà Mabel, o forse David Todd stesso. Chi dei due l'abbia fatto non è stato accertato, quello che è invece sicuro è che anche David Todd è ormai coinvolto nel lavoro della moglie, a sua volta partecipe dell'affermazione professionale del marito. Così, quando dopo il successo del primo volume uscito il 12 novembre 1890 – una scelta di un centinaio di poesie – se ne pianificherà un secondo, ci sarà David vicino a Mabel. Higginson, di lontano, sorveglia. Di tanto in tanto si abbandona a suggestivi – divertenti se letti con il senno di poi – consigli a Mabel che, grazie al successo del primo volume, è restia a ripetere quel processo di sottile ammorbidimento, ricomposizione, addolcimento del dettato dickinsoniano, così da andare incontro al gusto del lettore. Nella seconda edizione, oltre tutto, Mabel vuole inserire *Wild Nights – Wild Nights* (n. 249) e Higginson le scrive: "Una sola poesia ho un po' paura di dare alle stampe, quella splendida 'Notti Selvagge – Notti Selvagge!' Non vorrei che i maligni vi leggessero più di quanto quella vergine reclusa si sia mai sognata di mettervi".

Meno pavido, David assisterà la moglie sfinita dall'entusiasmo e dalle pressioni di Lavinia, eccitata anche dalla fama che sta ricadendo su di lei. Oltre a curare le centosessantasei poesie che appariranno il 9 novembre del 1890 nel secondo volume, preparano insieme l'indice di altre mille poesie, un lavoro prezioso per i curatori a venire.

Niles, che ha condotto le trattative per l'uscita del volume, si affretterà, dopo la più che favorevole accoglienza da parte di critici e lettori, a progettarne un'immediata seconda ristampa e una terza. A metà gennaio del 1891 Emily Dickinson è diventata un caso letterario. Sono state vendute 1298 copie del libro. In marzo uscirà la sesta ristampa. Lavinia è pronta a dividere i diritti anche con Mabel. Il suo senso della parsimonia, inculcatole in famiglia, è travolto dal piacere che le dà il successo della sorella e quindi, indirettamente, il suo. È forse la prima volta da quando è nata che si trova al centro dell'attenzione pubblica, che – per interposta persona – riceve denaro. È venuto anche per lei il momento di prendere posizioni forti, di fare scelte "coraggiose", come quella di ripagare il lavoro di Mabel, non solo con mazzi di fiori, ma con parte dei proventi dei diritti d'autore.

Piovono recensioni, interviste, dichiarazioni. Emily Dickinson è ora più famosa di Helen Hunt. Più misteriosa e affascinante. Del suo fascino Lavinia si sente partecipe. Con l'uscita del secondo volume di poesie, si pensa a una raccolta di lettere. Austin, ancora una volta, è incerto. Mabel pronta al lavoro.

Invitata a parlare delle poesie di Emily Dickinson, si scopre conferenziera di successo. Nel giro di un anno, sei conferenze su Emily e sei sul Giappone. Ormai è anche lei un personaggio pubblico, la donna di fascino cui persino W. D. Howells aveva sottoposto, perché l'approvasse, una recensione al volume di poesie. Anche Thomas Higginson apprezza il suo lavoro, plaude e scrive dei suoi incontri con Emily, della qualità del suo dettato poetico. Improvvisamente "ricorda". Ricorda quanto sia stato vicino a Emily. Quanto e quante volte lei si sia rivolta a lui. Ritrova tutte le lettere e le poesie. Ricorda anche di averle lette lui – le poesie – a Helen Hunt nel lontano 1866 a Newport.

Mabel, tra una conferenza e l'altra, viaggia con David. Alle

Isole Bermuda e poi nell'estate del 1893 sarà con lui a Chicago alla World Fair: è stato allestito un padiglione per lo Amherst College. Austin li raggiunge. Raccontano anche che a quel punto Austin avesse proposto un ménage a tre. Mabel tuttavia ripartirà con il marito alla volta del Colorado. Forse sente la stanchezza di un rapporto che si è trascinato, tra un sotterfugio e l'altro, una gita in carrozza e qualche piccola fuga e incontro clandestino, per quasi dieci anni, senza che Austin, nonostante se lo fosse ripromesso, fosse mai riuscito a lasciare Susan e i figli. Di lontano sembra voler citare Emily, quando annota alla fine del 1893, a proposito della sua storia d'amore con Austin: "Una lunga battaglia, e dolore e insoddisfazione e desiderio. E un Dio sordo".

Nel febbraio del 1894 è a New York per sottoporre le bozze del volume di lettere ad Albert J. Lyman. Ne desidera l'opinione e l'aiuto. Raccontano che, oltre a essere un uomo attraente e colto, sarà "molto vicino" a Mabel quando Austin uscirà dalla sua vita. Nel frattempo, da New York, Mabel scrive ad Austin chiedendogli di andare ad aspettarla alla stazione di Northampton, con David. Le lettere di Emily Dickinson, in due volumi, vedranno le stampe il 21 novembre. Mille copie, cura – questa volta – solo di Mabel Loomis Todd, che in quell'anno terrà ben tredici conferenze sulla poetessa di Amherst e l'anno seguente trenta.

A casa, tra la Homestead e l'Evergreens, la tensione si è fatta insopportabile. Susan è fuori di sé. Poiché si considera il destinatario privilegiato delle poesie di Emily, ritiene l'operazione volgare. Anche Lavinia è fuori di sé. Gelosa del lavoro e della fama della sorella, non sopporta i rimproveri e le scenate della cognata: di fronte alla quale tuttavia adotterà un atteggiamento sottomesso, dopo il funerale di Austin. Il 18 luglio Mabel lo incontra alla Homestead per l'ultima volta.

Sarà un'agonia lenta fino al 16 agosto. Raccontano che fu solo grazie a Ned che Mabel riuscì a vedere per l'ultima volta, prima del funerale, Austin. Mentre Susan intratteneva conoscenti in soggiorno, Ned l'avrebbe fatta entrare nella stanza in cui giaceva Austin, facendola passare dal retro della casa. Raccontano che da quel giorno – un'ulteriore sfida a Susan – Mabel abbia portato il lutto.

Quando il terzo volume di poesie è pronto – uscirà nel settembre del 1896 – Mabel parte con David per un lungo viaggio di otto mesi, in Giappone, del tutto all'oscuro di quanto l'attende al ritorno. Del processo voluto da Lavinia, per compiacere Susan, per via dell'eredità, del terreno, dell'invidia, ma soprattutto per il desiderio di vendetta covato da Susan per anni. Brutta storia, di quelle che piacevano ai giornali e ai frustrati e benpensanti di Amherst e dintorni. Brutto processo, a leggerne gli atti, con cadute e contraddizioni sia da parte di Lavinia che dei coniugi Todd. Non fu mai fatto cenno alla relazione tra Austin e Mabel – Susan non l'avrebbe sopportato – e i Dickinson vinsero la causa, ufficialmente chiusa il 15 aprile 1898. Mabel e David Todd lasciano il Queen Anne Cottage due mesi prima. Con sé portano le carte inedite di Emily, ancora lettere e poesie.

Saranno le due figlie Millicent Todd e Martha Dickinson a riprendere, in nome delle madri, le schermaglie editoriali, spartendo il corpus della produzione di Emily tra la Jones Library di Amherst e la Houghton Library di Harvard. Altri patimenti. Altri dolori. Altri insulti. Altre mezze verità e mezze bugie, ricerche, ristampe e riedizioni. Ritrovamenti misteriosi, versioni dubbie di componimenti di cui le rispettive madri avrebbero perso, nascosto, conservato, distrutto gli originali dopo averli trascritti. Sessanta poesie Susan Dickinson; sessantacinque Mabel Loomis Todd. Un'odissea non sempre edificante che avrebbe di certo sorpreso quell'essere fragile, divertito e divertente, affascinato dal buio della morte e innamorato della vita che era Emily Dickinson.

D'altra parte lei, prima di andarsene, aveva avvertito tutti, lasciandolo "scritto", che "La Stupidità è più tremenda del Dolore, perché è la stoppia su cui il dolore è cresciuto".

Il biografo racconta

So con certezza che è lavoro di grande presunzione quello di un biografo. E insieme di grande, necessaria modestia. Come pensare, sospettare di essere in grado di far luce sull'esistenza di una figura misteriosa, appartata e forte come quella di Emily Dickinson? Un'intelligenza adamantina, un modello di sicurezza e discrezione per tutti, uomini e donne, contemporanei e lettori a venire. E insieme una donna "qualunque" vissuta nell'Ottocento, in un'America travolta – così ci raccontano i libri – dal suo stesso sogno: dalla corsa all'oro, dalla bellezza del disegno di una cultura finalmente sua, originale, lontana e alternativa a quella europea; dal progressivo rinsaldarsi, assestarsi e prosperare della sua economia; in un'America insieme sofferente, lacerata nel corpo, nella fede e nell'immagine di sé, dalla Guerra civile, dalle contraddizioni autolesioniste dell'etica vittoriana.

Passano decenni, ormai più di un secolo, dalla sua nascita e morte, cinquantasei anni di un'esistenza spesa nel nome della poesia, della lettura e dell'attenzione e cura nei confronti di chi incontrò sul suo cammino. Decenni in cui si sono accumulate traduzioni e "tradimenti" della sua produzione poetica ed epistolare. Interpretazioni tendenziose, amorose, amorevoli, risentite, invidiose e proiettive di quanto aveva scritto e di ciò che aveva cercato di comunicare.

Con presunzione ho scavato: ho indossato ora i panni dell'archeologo, ora quelli dell'antropologo, oppure quelli del ladro e del pettegolo. O dell'adolescente che – di nascosto a se stesso –

cerca in soffitta o in cantina giocattoli dimenticati dell'infanzia. Come qualsiasi biografo l'ho fatto con presunzione e amore: anche a nome dei lettori delle poesie di Emily. E delle sue lettere. Ho cercato di raccogliere tutto il materiale reperibile, anche i dati più banali, le testimonianze più frettolose, le briciole accanto ai ben più assertivi, accertati documenti e interpretazioni che di quel lavoro e di quella vita, più avanti negli anni, studiosi eminenti hanno lasciato.

Ma nel caso di Emily Dickinson il lavoro del biografo è complicato dalla ridda di ipotesi e interpretazioni che si sono andate formando intorno al mistero della vita di quell'eterna ragazza che è stata. Si cercò infatti, fin dagli inizi, di strappare le coordinate di quel mistero e di quella vita alle poesie che aveva lasciato dietro di sé. Poi alle lettere. Poi ai ricordi delle persone che l'avevano conosciuta, dalla sarta ai vicini di casa. Dai parenti ai conoscenti di Amherst. E ai loro conoscenti. Chi era Emily Dickinson? A chi parlava? Di chi e cosa parlavano le sue poesie? Ipotesi e interpretazioni riguardavano, più che la sua poesia e la natura della sua intelligenza, ciò che lei aveva tenuto "privato", cioè la sua "vita privata": i suoi amori platonici e non per diverse figure maschili, i rapporti (omosessuali?) con le donne, la sua "verginità". Quest'ultima fu l'etichetta vincente, a ridosso del successo "editoriale": quelle luminose, terrorizzanti, lucide poesie potevano essere state scritte solo dalla "vergine di Amherst". Il tratto fermo e preciso le differenziava, allora come ancora oggi, dalle poesie scritte da qualsiasi altra donna. O uomo.

Le edizioni complete di poesie e lettere curate da Johnson e Ward furono un punto fermo. Di arrivo. Così parve almeno allora. Poiché tutto il reperibile era stato raccolto e catalogato, si sarebbe potuto lavorare su sabbie meno mobili. Ma così non fu. E così ancora non è.

Araba fenice, mistero irrisolto della letteratura e della storia di una donna americana, Emily rinacque proprio in quegli anni, gli anni cinquanta del nostro secolo, quando le edizioni complete date alle stampe dalla Harvard University Press sembrarono assegnarle il suo spazio ufficiale, riconosciuto, canonico, nella storia della cultura americana. Enigmatica e ribelle sollecitava ancora una volta – lei che si era sottratta allo sguardo di tutti, per anni –

lo sguardo e l'attenzione di lettori e studiosi, continuando così a impedire la sua "santificazione" accademica ed editoriale. Proverò a spiegare perché.

Con la presunzione del biografo, quasi Emily Dickinson fosse presente tra noi (non si muove sempre il biografo con la sicurezza di chi ha visto e controllato le carte, gli orari, i ritmi della vita di colui/colei di cui scrive?), lascerò ora che sia una delle sue poesie ad aprirci la strada nei meandri della sua affascinante e assai complessa esistenza, nonostante l'abito bianco, la fama di vergine eremita, nonostante il mito di quella porta, a seconda delle ore del giorno e della sera, chiusa o semiaperta:

> Ero io sua ospite – o lui il mio,
> fino a oggi
> se lui avesse invitato me
> o io lui, non ero in grado di dire.
>
> Così infinito il nostro rapporto
> così intrinseca di fatto,
> l'equazione, come tra capsula
> e guscio del seme.

La poesia, raccolta senza titolo, come tutte quelle lasciate da Emily Dickinson, e indicata nell'edizione Johnson con il n. 1721, mi obbliga infatti a riconsiderare immediatamente il mio ruolo. Mi costringe alla "modestia" del biografo che, se da un lato è in qualche modo "padrone di casa" (quindi legittimato nello spostare carte, mobili, aprire stipi e cassetti, sistemare fotografie e vasi di fiori, decidere l'ora di pranzo e di cena), è anche o soprattutto "ospite" (non è forse così che intende Emily Dickinson?) obbligato, dal fatto stesso di essere uno tra gli invitati, ad attenersi ai ritmi, alle richieste di chi lo riceve, a rispettarne tempi e gusti. Per questo motivo dovrò fare a me e al lettore un paio di confessioni, che da un lato riguardano la biografia in genere e come genere, e dall'altro i modi e i nodi intricati incontrati, che ho provato a sciogliere per tracciare il disegno della vita di Emily Dickinson.

Prima confessione: la poesia sopra citata non ha "data". È stata trascritta da Mabel Loomis Todd, e poiché non esiste l'originale, la sua "datazione", dunque "collocazione" nella storia e nella vita di Emily, impossibile. Gli altri componimenti in gran parte sono stati datati, come sappiamo, su basi grafologiche. Di questi otto versi, infatti, si dà per certo che Emily sia l'autrice. Lo credo anch'io, con la presunzione del biografo innamorato; ma con la modestia del biografo, sento il dovere di ricordare al lettore che potrebbe averla scritta Mabel, sua sincera ammiratrice e attenta studiosa. Fu lei, prima ancora di innamorarsi del fratello, a sospettare che Emily fosse un essere geniale, una poetessa di grande statura. Fu Mabel, dopo la morte di Emily, a dedicare il resto dei suoi anni a raccogliere, trascrivere le carte affidatele. A mettersi in contatto immediatamente con le persone cui Emily aveva scritto sollecitando aiuto e materiali. Senza mai chiedere nulla in cambio, né agli editori, né a Lavinia, la sorella, che da un certo punto in avanti non disdegnò gli assegni che le arrivavano per i copyright e le ristampe delle poesie. Mabel lavorava per intere giornate a quei fogli stracciati, a quei quadernetti trovati per caso. A quelle poesie scritte sul retro di una busta, su un pezzetto di carta strappato. Le amava. Le conosceva a memoria. Sarebbe dunque potuta essere lei l'autrice della poesia sopra citata.

Seconda confessione: la biografia. Come raccontare la vita di uno scrittore che, come in questo caso, ha lasciato dietro di sé solo poesie e lettere private, ma nessuna testimonianza pubblica, discorso o "pubblicazione" ufficiale? E ancora, come non pensare che una biografia, per quanto fedele alle carte lasciate e alle testimonianze raccolte dopo la morte di Emily, non sia in qualche modo una versione romanzesca di quella vita, una sorta di interpretazione, di lettura personale? Il percorso tortuoso e difficile di quella vita – e per questo molto affascinante non solo per una donna – non è forse anche il percorso tortuoso e difficile di tutti noi, ieri e oggi? Di tutti coloro che non hanno trovato il modo di lasciare traccia scritta dei giorni bui di solitudine, insieme a quelli illuminati da un regalo, un sorriso, un'attesa soddisfatta di qualsiasi genere? Come dimenticare che Emily fu la persona che dichiarò che "si sarebbe più soli senza la solitudine"? E intendeva la solitudine quieta, quella cercata, per raccogliersi in sé, per "conoscere", capire, per guardare all'altro, amarlo, desiderarlo, senza esserne travolti, all'altro che è fuori e dentro di noi? Come cancellare dalla memoria, scrivendone la frase "Forse il desiderio è il dono desiderato che nessun dono potrà soddisfare" la consapevolezza che nessun documento, né voce, né illazione ci autorizza a ipotizzare che la donna che la scrisse sia mai stata "desiderata" con analoga intensità da un uomo o da una donna? Come dimostrare che chi scrive di un altro che non c'è più e che non ha mai incontrato, in qualche modo al contempo cerca di riconoscere in quella vita il labirinto della propria e insieme guarda a quella vita per allontanare lo sguardo dalla propria, così da far luce sull'ombra che avvolge appunto il fantasma dell'altro?

Il problema del biografo è che necessariamente lavora su sabbie mobili. Che a quelle, modesto o presuntuoso che sia, è destinato, per il fatto stesso di voler rovistare nelle carte e nei segreti altrui, costretto a muoversi a tentoni, nel buio, nel silenzio, nel segreto della solitudine. A cercare quanto si è ripromesso di recuperare con circospezione, interrogando mappe e percorsi incerti e insidiosi. A sporcarsi le mani, affondandole tra macerie e materiali spesso del tutto estranei a ciò di cui è in cerca. Rischiando di perdersi per strada, di perdere la strada. In fondo è vero, un biografo è al contempo un ladro e un archeologo: tutti e tre alla ricerca di verità e oggetti preziosi che la storia ha negato loro, e che qualcuno, qualcosa ha chiesto inseguissero, recuperassero. Possibilmente intatti così da evitare di sprofondare in sabbie mobili che, richiudendosi, portassero con sé il segreto del loro lavoro e di quei "preziosi" di cui erano alla ricerca. A differenza del ladro, il biografo, come l'archeologo, si muove per portare alla luce ciò di cui non si sapeva o si temeva perso, affinché altri vedano, sappiano, si lascino trasportare dal fascino del reperto recuperato e ricostruito. Condividano la sua passione e la facciano propria. Interrogandosi a loro volta e interrogando all'infinito. Con decisione, anche se la decisione sfiora a volte la presunzione, e con modestia: senza mai chinare il capo davanti a chi parla troppo dall'alto, e senza mai parlare dall'alto a chiunque abbia voglia di capire, aggiungere un tassello al mosaico del proprio sapere, così come ci ha insegnato Emily Dickinson.

Ringrazio Angela Negro, Veronica Geraci e Lisa Ginzburg per essermi state vicine nella redazione e composizione del mio lavoro. Grazia Giua per il tempestivo reperimento a stesura quasi terminata, a Mount Holiohoke, di carte preziose e introvabili. Rossella Bernascone e Susanna Basso, un tempo mie studentesse e oggi grandi amiche, per avere condiviso, negli anni, la mia passione per Emily.

Indice

Stampa Grafica Sipiel
Milano, maggio 2000